相続法改正
対応!!

税理士のための
相続をめぐる民法と税法の理解

税理士・公認会計士・弁護士
関根 稔 [編著]

ぎょうせい

はしがき

　前著は多数の方々の評価を得て驚くほどの販売部数を達成しました。私たちは、日々、taxML というメーリングリストで実務の知識と情報をやり取りしていますが、そこで議論している実務の知識が評価されたものと喜んでおります。今回は、民法相続編の改正を受けて、その部分を加えたことと、その他の項目についても前著の出版後の実務を加筆し、民法相続編についての民法と税法の基本書を目指しました。3分の1を民法の解説、3分の2を税法の解説にするという前著の方針は維持されています。

　民法相続編と資産税は、ただ、条文を理解するだけではなく、その条文の立法趣旨を理解し、さらに相続に関する自分の価値観を樹立し、かつ、それを実感として味わえるまで学習しなければ良きアドバイザーにはなれません。可能な限り、それらを書き込むべく努力をしましたが、その一方で、常識的な法律解釈から離脱しないように調整し、現場の実務に必要な知識として整理したのが本書です。

　逐条解説ですから、一度に、本書の全てを読む必要はなく、本書を手元に置いて頂き、必要の度に、必要な項目を読んで頂くことでも支障はありません。ただ、民法相続編の全体を学習するのであれば、本書の民法上の理解だけを読んで頂ければ数時間の努力で読み通すことが可能です。それに加えて税法も理解してしまいたい。その場合は税法上の理解も読んで頂く必要がありますが、おそらく、その場合は、税法の理屈に取り込まれて、面白くて本書が手放せなくなってしまうはずです。

　私たちは、知識は面白い、実務は面白いというスタイルで、日々、実務の議論を続けています。本書から実務の面白さを理解して頂けたら執筆の努力が報

われたことになります。

　ただ、民法の改正部分については、まだ、実務が存在しないことと、条文の解釈についても参考書籍が出版されていないことから、私共の独自の見解になっていることを怖れます。その意味では、民法改正が実務に定着してから執筆することも考えましたが、アドバイスは、常に、先行する知識を必要とします。そのための無謀な挑戦としてご容赦頂きたいと思います。

平成 30 年 9 月吉日

編著者　関根　稔

民法第5編／相続 条文　CONTENTS

§1　総　則

第882条	相続開始の原因	2
第883条	相続開始の場所	4
第884条	相続回復請求権	7
第885条	相続財産に関する費用	8

§2　相続人

第886条	相続に関する胎児の権利能力	14
第887条	子及びその代襲者等の相続権	17
第889条	直系尊属及び兄弟姉妹の相続権	20
第890条	配偶者の相続権	22
第891条	相続人の欠格事由	25
第892条	推定相続人の廃除	26
第893条	遺言による推定相続人の廃除	28
第894条	推定相続人の廃除の取消し	29
第895条	推定相続人の廃除に関する審判確定前の遺産の管理	30

§3　相続の効力

第1節■総　則

第896条	相続の一般的効力	34
第897条	祭祀に関する権利の承継	39
第898条	共同相続の効力	41
第899条	共同相続の効力②	47
第899条の2	共同相続における権利の承継の対抗要件	50

第2節■相続分

第900条	法定相続分	51

第901条	代襲相続人の相続分 ……………………………… 55
第902条	遺言による相続分の指定 ………………………… 57
第902条の2	相続分の指定がある場合の債権者の権利の行使 … 59
第903条	特別受益者の相続分 ……………………………… 61
第904条	特別受益者の相続分② …………………………… 68
第904条の2	寄与分 ……………………………………………… 69
第905条	相続分の取戻権 …………………………………… 71

第3節■遺産の分割

第906条	遺産の分割の基準 ………………………………… 74
第906条の2	遺産の分割前に遺産に属する財産が処分された場合の遺産の範囲 ……………………………… 82
第907条	遺産の分割の協議又は審判等 …………………… 84
第908条	遺産の分割の方法の指定及び遺産の分割の禁止 … 91
第909条	遺産の分割の効力 ………………………………… 95
第909条の2	遺産の分割前における預貯金債権の行使 ……… 98
第910条	相続の開始後に認知された者の価額の支払請求権 … 99
第911条	共同相続人間の担保責任 ………………………… 102
第912条	遺産の分割によって受けた債権についての担保責任 … 104
第913条	資力のない共同相続人がある場合の担保責任の分担 … 106
第914条	遺言による担保責任の定め ……………………… 107

§4 相続の承認及び放棄

第1節■総　則

第915条	相続の承認又は放棄をすべき期間 ……………… 110
第916条	相続の承認又は放棄をすべき期間② …………… 113
第917条	相続の承認又は放棄をすべき期間③ …………… 115
第918条	相続財産の管理 …………………………………… 117
第919条	相続の承認及び放棄の撤回及び取消し ………… 119

第2節 相続の承認

第1款 単純承認

| 第920条 | 単純承認の効力 | 120 |
| 第921条 | 法定単純承認 | 123 |

第2款 限定承認

第922条	限定承認	125
第923条	共同相続人の限定承認	131
第924条	限定承認の方式	132
第925条	限定承認をしたときの権利義務	133
第926条	限定承認者による管理	134
第927条	相続債権者及び受遺者に対する公告及び催告	135
第928条	公告期間満了前の弁済の拒絶	136
第929条	公告期間満了後の弁済	138
第930条	期限前の債務等の弁済	140
第931条	受遺者に対する弁済	141
第932条	弁済のための相続財産の換価	142
第933条	相続債権者及び受遺者の換価手続への参加	144
第934条	不当な弁済をした限定承認者の責任等	145
第935条	公告期間内に申出をしなかった相続債権者及び受遺者	146
第936条	相続人が数人ある場合の相続財産の管理人	147
第937条	法定単純承認の事由がある場合の相続債権者	148

第3節 相続の放棄

第938条	相続の放棄の方式	149
第939条	相続の放棄の効力	152
第940条	相続の放棄をした者による管理	154

§5 財産分離

| 第941条 | 相続債権者又は受遺者の請求による財産分離 | 158 |

第942条	財産分離の効力	160
第943条	財産分離の請求後の相続財産の管理	160
第944条	財産分離の請求後の相続人による管理	161
第945条	不動産についての財産分離の対抗要件	162
第946条	物上代位の規定の準用	163
第947条	相続債権者及び受遺者に対する弁済	163
第948条	相続人の固有財産からの弁済	165
第949条	財産分離の請求の防止等	166
第950条	相続人の債権者の請求による財産分離	167

§6 相続人の不存在

第951条	相続財産法人の成立	170
第952条	相続財産の管理人の選任	172
第953条	不在者の財産の管理人に関する規定の準用	173
第954条	相続財産の管理人の報告	175
第955条	相続財産法人の不成立	176
第956条	相続財産の管理人の代理権の消滅	177
第957条	相続債権者及び受遺者に対する弁済	177
第958条	相続人の捜索の公告	178
第958条の2	権利を主張する者がない場合	179
第958条の3	特別縁故者に対する相続財産の分与	180
第959条	残余財産の国庫への帰属	184

§7 遺言

第1節 総則

第960条	遺言の方式	188
第961条	遺言能力	191
第962条	遺言能力②	192

第963条	遺言能力③	193
第964条	包括遺贈及び特定遺贈	193
第965条	相続人に関する規定の準用	196
第966条	被後見人の遺言の制限	199

第2節■遺言の方式

第1款●普通の方式

第967条	普通の方式による遺言の種類	200
第968条	自筆証書遺言	202
第969条	公正証書遺言	205
第969条の2	公正証書遺言の方式の特則	208
第970条	秘密証書遺言	209
第971条	方式に欠ける秘密証書遺言の効力	211
第972条	秘密証書遺言の方式の特則	212
第973条	成年被後見人の遺言	212
第974条	証人及び立会人の欠格事由	214
第975条	共同遺言の禁止	215

第2款●特別の方式

第976条	死亡の危急に迫った者の遺言	216
第977条	伝染病隔離者の遺言	217
第978条	在船者の遺言	218
第979条	船舶遭難者の遺言	219
第980条	遺言関係者の署名及び押印	220
第981条	署名又は押印が不能の場合	220
第982条	普通の方式による遺言の規定の準用	221
第983条	特別の方式による遺言の効力	221
第984条	外国に在る日本人の遺言の方式	222

第3節■遺言の効力

| 第985条 | 遺言の効力の発生時期 | 223 |

第986条	遺贈の放棄	227
第987条	受遺者に対する遺贈の承認又は放棄の催告	229
第988条	受遺者の相続人による遺贈の承認又は放棄	230
第989条	遺贈の承認及び放棄の撤回及び取消し	230
第990条	包括受遺者の権利義務	231
第991条	受遺者による担保の請求	234
第992条	受遺者による果実の取得	235
第993条	遺贈義務者による費用の償還請求	236
第994条	受遺者の死亡による遺贈の失効	237
第995条	遺贈の無効又は失効の場合の財産の帰属	239
第996条	相続財産に属しない権利の遺贈	240
第997条	相続財産に属しない権利の遺贈②	241
第998条	遺贈義務者の引渡義務	243
第999条	遺贈の物上代位	245
第1001条	債権の遺贈の物上代位	247
第1002条	負担付遺贈	249
第1003条	負担付遺贈の受遺者の免責	253

第4節 遺言の執行

第1004条	遺言書の検認	254
第1005条	過料	256
第1006条	遺言執行者の指定	257
第1007条	遺言執行者の任務の開始	258
第1008条	遺言執行者に対する就職の催告	259
第1009条	遺言執行者の欠格事由	260
第1010条	遺言執行者の選任	261
第1011条	相続財産の目録の作成	262
第1012条	遺言執行者の権利義務	264
第1013条	遺言の執行の妨害行為の禁止	266

第1014条	特定財産に関する遺言の執行	269
第1015条	遺言執行者の行為の効果	270
第1016条	遺言執行者の復任権	271
第1017条	遺言執行者が数人ある場合の任務の執行	271
第1018条	遺言執行者の報酬	272
第1019条	遺言執行者の解任及び辞任	274
第1020条	委任の規定の準用	275
第1021条	遺言の執行に関する費用の負担	276

第5節 ■遺言の撤回及び取消し

第1022条	遺言の撤回	278
第1023条	前の遺言と後の遺言との抵触等	280
第1024条	遺言書又は遺贈の目的物の破棄	281
第1025条	撤回された遺言の効力	283
第1026条	遺言の撤回権の放棄の禁止	284
第1027条	負担付遺贈に係る遺言の取消し	286

§8　配偶者の居住の権利

第1節 ■配偶者居住権

第1028条	配偶者居住権	290
第1029条	審判による配偶者居住権の取得	293
第1030条	配偶者居住権の存続期間	294
第1031条	配偶者居住権の登記等	295
第1032条	配偶者による使用及び収益	295
第1033条	居住建物の修繕等	296
第1034条	居住建物の費用の負担	297
第1035条	居住建物の返還等	298
第1036条	使用貸借及び賃貸借の規定の準用	299

第2節 配偶者短期居住権

第1037条	配偶者短期居住権	299
第1038条	配偶者による使用	301
第1039条	配偶者居住権の取得による配偶者短期居住権の消滅	301
第1040条	居住建物の返還等	302
第1041条	使用貸借等の規定の準用	302

§9 遺留分

第1042条	遺留分の帰属及びその割合	304
第1043条	遺留分を算定するための財産の価額	305
第1044条	遺留分を算定するための財産の価額②	307
第1045条	不相当な対価による有償行為	312
第1046条	遺留分侵害額の請求	313
第1047条	受遺者又は受贈者の負担額	316
第1048条	遺留分侵害額請求権の期間の制限	321
第1049条	遺留分の放棄	323

§10 特別の寄与

| 第1050条 | 特別の寄与 | 328 |

民法・税法用語索引 331

凡　例

国税通則法1条2項3号→通則法1②三
国税通則法基本通達→通基通
国税徴収法1条2項3号→徴収法1②三
所得税法1条2項3号→所法1②三
所得税法施行令1条2項3号→所令1②三
所得税基本通達1－1－1→所基通1－1－1
法人税法1条2項3号→法法1②三
法人税基本通達1－1－3→法基通1－1－3
相続税法1条2項3号→相法1②三
相続税法施行令1条2項3号→相令1②三
相続税法施行規則1条2項3号→相規1②三
相続税法基本通達1－1－3→相基通1－1－3
財産評価基本通達11－3→評基通11－3
消費税法1条2項3号→消法1②三
消費税法基本通達1－1－3→消基通1－1－3
租税特別措置法1条2項3号→措法1②三
租税特別措置法施行令1条2項3号→措令1②三
租税特別措置法施行規則1条2項3号→措規1②三
地方税法1条2項3号→地法1②三
家事事件手続法1条2項3号→家事手続法1②三
家事審判規則1条2項3号→家審規1②三
労働者災害補償法1条2項3号→労災法1②三
不動産登記法1条2項3号→不登法1②三
信託法1条2項3号→信法1②三
中小企業の経営の承継の円滑化に関する法律1条2項3号→経承法1②三

本書の内容は、次が改正された前提です。

改正民法（債権関係）は
平成29年6月2日公布され
施行日は2020年4月1日

民法相続編の改正
民法の一部を改正する法律は
平成30年7月13日公布され
遺言書の方式緩和は平成31年1月13日から施行され
配偶者の居住の権利は2020年4月1日以降の相続から
その余の改正は2019年7月1日から施行される

18歳で成人とする改正
民法の一部を改正する法律は
平成30年6月20日公布され
施行日は2022年4月1日

法務局における遺言書の保管等に関する法律は
平成30年7月13日に公布され
2020年7月10日に施行される

執筆者一覧

税理士	小笠原　光規		税理士	堺田　幸志
税理士	水戸　圭介		税理士	菅野　真美
税理士	長尾　幸展		税理士	川嶋　利洋
税理士	西澤　友晴		税理士	三村　雄一
税理士	末廣日出則		（税法部分編集責任者）	
税理士	本村　昌子		税理士・公認会計士・弁護士	
税理士	木村　幹雄		関根　稔	
税理士	國田　修平		（編集責任者）	

（順不同）

§1 総　　則

民法第882条（相続開始の原因）

> （相続開始の原因）
> 第882条 相続は、死亡によって開始する。

民法上の理解

　相続は死亡によって開始します。旧民法は家督相続の制度を置き、生前の相続の開始を認めていましたが、現行民法は、これを否定し、死亡を唯一の相続開始原因としました。しかし、死亡の時期がいつかは常に明らかというわけではありません。例えば、失踪宣告（民法30）の場合です。

　失踪宣告は、①生死が7年以上明らかでない不在者の場合と、②船舶の沈没などの危難に遭遇した者で、その後、生死が1年以上明らかでない場合に、利害関係人の請求によって家庭裁判所が死亡を宣告する制度です。①の場合は7年が経過した時点、②の場合は危難が去ったときに死亡したとみなされます。利害関係人の請求に限ったのは、家族がその者の生存を信じている段階で、第三者による請求を認めるのは不合理だからです。

　なお、②の場合、つまり、台風や水難のような事変によって死亡したことが推定される場合は、死体によって死亡が確認できない場合でも、事変の調査に当たった官公署が死亡を認定するという制度が準備されており、これを認定死亡といいます（戸籍法89）。

　認定死亡によって戸籍に記載されれば、死亡の事実が推定されるため（最高裁昭和28年4月23日判決・判例時報4号9頁）、失踪宣告の手続きを経ることなく、不動産の相続登記などが行えるようになります。

　ここで同時死亡の規定についても触れておきます。自宅の焼失による父と子の死亡のように、死亡の時間的な前後が明らかでない場合は、その者は同時に死亡したものと推定されます（民法32の2）。この場合は、これらの者の間には相続は発生しないことになります。しかし、父子が同時に死亡した例について、仮に孫が存在する場合は、その孫は子を代襲して、父の財産を相続することになります（民法887）。

税法上の理解

　死亡の時期が明らかな相続の場合は、相続税の申告期限は、相続人が、その相続の開始を知った日の翌日から10ヶ月以内となります。失踪宣告の場合は、失踪宣告の審判が確定したことを知った日（相基通27－4）、認定死亡の場合は官公署から市町村長に対して死亡の報告がなされたことを知った日が、それぞれ相続税の申告期限の起算日になります。

　しかし、相続人が、相続の開始を知らない場合は、いつになっても相続税の申告期限が到来しないというのでは、いつまでも相続税が課税できないことになってしまいます。そこで、相続の開始後10ヶ月を経過した場合は、相続人が相続の開始を知らない場合であっても、課税庁からの相続税の決定処分が行えることになっています（相法35②一）。この場合は、相続税の法定申告期限は到来していないのですから、無申告加算税などは課税されません。

　さて、このような場合に、相続税についての課税処分は、いつ、除斥期間が成立するのでしょうか。民法上の基本的な理解では、権利者が権利行使が可能な日から時効期間が進行することになっていますので、課税庁において課税処分が可能になる相続開始後10ヶ月を経過した日から時効の進行が始まることになるはずです。

　しかし、そのような考え方を国税通則法70条は採用していないようです。もし、そのような考え方を採用すると、①相続人が相続の開始を知った日が、②実際の相続開始日より5年と10ヶ月を経過している場合は、相続人は相続税の納税義務を負わないことになってしまうからです。

　自宅の焼失による死亡の例について、課税関係を捕捉すれば、相続財産は家屋なのか、火災保険金請求権なのか。これについて「火災保険金については、当該支給額が火災の鎮火後に引受保険会社の査定等により具体的に定まる」ことから、火災保険金の請求権を相続財産に含めるのは適切ではないとする解説があります。家屋についても「災害減免法」によって評価の対象とされない場合が大部分だと思われます。

民法第883条(相続開始の場所)

> (相続開始の場所)
> 第883条　相続は、被相続人の住所において開始する。

民法上の理解

　被相続人の住所は、相続や遺言などに関する訴訟(民訴法5十四)、あるいは相続放棄等の手続きを管轄する裁判所を決定する基準になります。相続に関する審判は、全て、被相続人の住所地を管轄する家庭裁判所に申し立てることになります(家事手続法191)。

　相続放棄や限定承認の申述、あるいは遺言書の検認(民法1004)などの手続きです。

　ただし、調停事件は、相手方の住所地を管轄する家庭裁判所、あるいは当事者が合意で定めた家庭裁判所に申し立てることになります(家事手続法245)。したがって、仮に、遺産分割の調停であれば、相続人の中の1人の住所を選択し、その住所地を管轄する裁判所に調停を申し立てることができます。調停が不成立になった際には、調停が係属した家庭裁判所が審判事件を扱うことになるのが通例です(家事手続法272)。

　裁判手続の実務では管轄は大きな意味を持ちます。仮に、群馬県に居住する当事者が札幌家庭裁判所で調停手続を行う場合を想定すれば明らかです。群馬の弁護士を依頼した場合には、弁護士は宿泊しての裁判手続が必要になり、報酬の他に交通費と日当が必要になります。札幌の弁護士に処理を依頼した場合は依頼者本人が打合せのために札幌に通う必要があります。

　家庭裁判所における家事事件の管轄については、一般の訴訟事件とは異なり、家庭裁判所に幅広い裁量権が認められています。管轄に属しない事件の申立てを受けた場合でも、その家庭裁判所は、事件を処理するために特に適当であると認めるときは、自ら事件を取り扱うことができるとされています(自庁処理・家事手続法9)。

　自庁処理が認められる場合としては、申立人が経済的あるいは身体的な理由

で遠方の相手方住所地の家庭裁判所に出頭できない場合などがあります（大阪高裁昭和36年11月28日決定・判例時報286号24頁）。

税法上の理解

　被相続人の住所地は、相続税の納税義務の判定と、相続税の申告書の提出先、小規模宅地等の課税価格の計算の特例の適用関係、さらには居住用財産の譲渡所得の特別控除等（空き家特例　措法35③）の適用において問題になります。

　相続税の納税義務は、遺産の取得者である相続人等や被相続人の住所が日本国内にあるか否かで判定されます。

　日本に居住する相続人は全世界の財産について相続税を負担（無制限納税義務者）し、日本に居住しない相続人は日本国内に所在する財産についてのみ相続税を負担（制限納税義務者）するのが基本です。

　しかし、その基本のみでは、①日本国籍の者が国外に居住して相続税を免れるという節税策が実行されることと、②外国国籍の者が日本に駐在する場合に全世界の財産が相続税の課税対象になるという不合理な結果が生じてしまいます。つまり、外国からの駐在員が死亡した場合に、彼が所有する世界の財産が日本の相続税の対象になってしまうのです。

　そこで、①の日本国籍を有する者については、相続人と被相続人の両者について国外での居住実績を10年について要求しました。つまり、日本を出国して10年を経過しないと制限納税義務者にはなれないのです。

　②の日本国籍を有しない者については、相続人と被相続人の両者について「相続の開始前15年以内に日本国内に住所を有していた期間の合計が10年以下」の要件を満たせば、制限納税義務者に該当します。つまり、日本国内にある財産のみが相続税の課税対象です。

　しかし、これだと「相続の開始前15年以内に日本国内に住所を有していた期間の合計が10年を超え」ている者が、母国に帰国直後に死亡し場合は、その相続人は全世界の財産が相続税の課税対象になってしまいます。そこで、彼が母国に帰国直後に死亡し、日本国外にある財産を外国に居住する相続人が取得した場合には、日本の相続税が課されないように除外規定を設けました。

　つまり、外国に住所を有する外国人が、相続開始時に外国に住所を有する外

国人である被相続人から相続又は遺贈により取得する日本国外にある財産については、その被相続人が死亡前に日本国内に住所を有していた期間にかかわらず、相続税は課税されないこととされました（相法1の3①一、二、三、四）。

さらに、相続の開始前10年以内に、相続人等が国内に住所を有せず、日本国籍もない場合で、かつ、遺産として財産を取得していない場合でも相続税の納税義務を負うことがあります。相続時精算課税制度の適用を選択し、被相続人から生前に贈与を受けていた場合です（相法1の3①五、21の9、21の16）。これを特定納税義務者と呼びます。

無制限納税義務者に対して、外国に所在する財産について、その地の相続税に相当する税が課された場合は、外国税額控除の適用があります（相法20の2）。

申告書の提出先については、財産の取得者の住所地の所轄税務署長に提出（相法27）するのを原則としていますが、それを修正し、被相続人の住所が国内にある場合は、被相続人の住所地の税務署長が申告書の提出先とされています（相法62①、附則3）。

被相続人の住所が国内にない場合は、相続税の申告書は、取得者の住所地の税務署長に提出することになりますが、取得者も国内に住所がない場合は、納税者の選択によります。選択がなければ、国税庁長官が指定します（相法62①、②）。

小規模宅地等の課税価格の計算の特例のうち、被相続人の居住を要件とするものについては、相続人が取得した宅地が被相続人の生活の本拠でないと適用が受けられません（措法69の4）。住民票を移転しないまま子供の家に転居する事例も多いと思いますが、小規模宅地等の特例の適用の有無に関する事例では、住民票の所在に関わらず、生活の本拠が、どこであったかが総合的に判定されることになります（平成14年12月5日裁決・裁決事例集No.64.519頁・措令40②一、二）。

民法第884条（相続回復請求権）

（相続回復請求権）
第884条 相続回復の請求権は、相続人又はその法定代理人が相続権を侵害された事実を知った時から5年間行使しないときは、時効によって消滅する。相続開始の時から20年を経過したときも、同様とする。

民法上の理解

　相続回復請求権は、相続人の請求権を基礎づけるものではなく、相続人の請求権を制限する趣旨の制度です。
　相続回復請求権は、真正な相続人からの個々の遺産の引渡請求に対し、請求の相手方（表見相続人）が、相続回復請求権についての消滅時効を主張するという場面で利用されることになります。
　相続回復請求権について短期の消滅時効が採用されている理由は、表見相続人が外見上、相続によって相続財産を取得したという事実状態が生じ、それが相当の期間について継続した後に、真正の相続人からの請求によって、この事実状態を転覆することが、相続財産について利害関係を有することになった第三者の権利を害することになるからです。
　例えば、表見相続人から遺産を買い受けた者は、表見相続人の取得権限が否定されてしまえば、それを根拠として取得した所有権を失ってしまうことになります。そのような利害関係人の立場を長期間にわたって不安定にしないことが、この条文の存在理由です。
　表見相続人が遺産を取得するという問題は、いわゆる藁の上からの養子、つまり、他人の子を実子として出生届を提出した場合や、遺言書の効力が後になって否定された場合に生じる問題です。
　しかし、登記関係書類を偽造した場合などを短期消滅時効によって保護することは相当でないことから、相続回復請求権についての消滅時効を相続人間において主張する場合について、最高裁は次のような加重された要件を要求しています。

相続回復請求権の消滅時効を援用しようとする者において、他に共同相続人がいることを知らず、かつ、これを知らなかったことに合理的な事由があったことを主張立証しなければならない（最高裁平成11年7月19日判決・判例時報1688号134頁）という要件です。これは、相続不動産が第三者に譲渡された場合も同様で、単独相続をしたと信ずる合理的な事由の存否については表見相続人について判断することになります（最高裁平成7年12月5日判決・判例時報1562号54頁）。

税法上の理解

　実務において相続回復請求権が問題になることは、実例としては極めてまれにしか想定し難いというのが実際です。

　税務の分野においても、相続税の課税権の除斥期間が5年であることを考えれば、相続回復請求権が課税関係において問題になる場面は、通常は想定されません。

　本来の相続人ではない者が、相続回復請求権について消滅時効を援用した場合においては、取得時効についての課税の理屈に従えば、時効援用時に所得が発生するという理解もあり得ないことではありません。

　しかし、現在の権利関係を維持するだけの相続回復請求権に関する消滅時効の援用について、課税庁が所得を認識することは、常識的には考えられないことです。

民法第885条（相続財産に関する費用）

> （相続財産に関する費用）
> 第885条　相続財産に関する費用は、その財産の中から支弁する。ただし、相続人の過失によるものは、この限りでない。

民法上の理解

　相続財産に関する費用とは、相続開始後、遺産分割によって遺産の帰属が決まるまでの相続財産の管理に関する費用で、相続財産から支弁されることにな

ります。

　具体的には遺言の執行に関する費用（民法1021）や、相続財産に関する訴訟の費用、遺贈義務の履行に関する費用などの財産管理に係るさまざまな費用が挙げられます。しかし、相続後に生じた果実は分割財産に含めないのが判例の考え方（最高裁平成17年9月8日判決・判例時報1913号62頁）なので、その収益に対応する固定資産税などの費用については当然分割という考え方もあり得ます。

　さらに、相続財産に含まれる居宅等について、相続人の中の特定の者が独占的に使用している場合は、その資産に関する費用は、その者の使用の収益と相殺されると考えることになります。

　葬式費用が本条にいう費用に含まれるかどうかについては、「実質的な葬儀主宰者が負担すべきものであり、相続財産に関する費用には含めない」とする判決（東京地裁昭和61年1月28日判決・判例時報1222号79頁）や、「葬式費用を相続財産の負担としても許容される」とした判決（東京地裁昭和59年7月12日判決・判例時報1150号205頁）など、判断が分かれています。

　相続財産の名義変更費用など、相続人自身の権利保全のための費用は、その相続人の負担に属するものであり、相続財産に関する費用には含まれません。

　ただし、土地を遺贈により取得した原告（受遺者・財団法人）が、その土地を原告名義に変更する登記を行う際に負担した登録免許税（約1億5,000万円）について、土地を遺贈により取得した原告（受遺者）と、土地以外の財産を相続により取得した被告（法定相続人）のどちらが負担すべきかが争われた事例で、これを被告（法定相続人）の負担とした判決（東京高裁平成26年7月16日判決）があるので注意が必要です。裁判所は、「原告が立替払をした本件登録免許税は、遺留分を侵害しない限り（筆者注　改正前の本条但し書きの制限）、相続開始時点において遺贈の目的物が相続財産から離脱した後の相続財産の負担となり（民法1021）、また、遺言執行者は、委任事務の遂行に関して生じた費用は、最終的には委任者の負担であることから（民法1015、650）、遺言執行費用は委任者とされる相続人の負担となる」と判示しました。判決の理屈が、相続や、遺贈で不動産を取得したすべての事例に適用になるとしたら、相続登記についての登録免許税を取得者の負担と考えている実務に大きな影響

を与えることになります。

　相続税は、もちろん、相続人の負担ですが、相続税については連帯納付の義務の制度を置き、相続や遺贈によって相続財産を取得した者は、相続税について、相続や遺贈によって受けた利益を限度として、相互に連帯納付の義務を負うとしています（相法34）。

税法上の理解

　相続税法では、承継した債務を、課税価格の計算において控除することを認めています（相法13）。

　しかし、本条に定める相続財産の中から支弁する相続財産に関する費用については、相続人が負担すべき債務であるという理由から、相続財産から控除することを認めていません（相基通13－2）。

　相続税の計算において控除できる費用には、被相続人の債務で相続開始の際に存在するものと、葬式費用があります。相続税の取扱いでは、相続税の申告に関する費用はもちろん、遺言執行者に対する報酬も、債務控除の対象に含めていません。

　被相続人に所得がある場合には、相続開始後4ヶ月以内の準確定申告が必要で、この場合の所得税などが被相続人の債務として控除できることは当然です。しかし、準確定申告を遅滞したために課税された過少申告加算税や延滞税は、相続人の債務であり、相続税における債務控除の対象にはなりません（相令3）。

　葬式費用については詳細な通達があり、葬式費用として控除できるものには、お布施や住職に対する戒名などの葬式費用の他に、通夜など葬式の前後に生じた出費や、死体の捜索や遺骨の運搬に要した費用も含まれます（相基通13－4）。

　ただし、香典返しに用いた費用や、墓碑や墓地の買入費、初七日や法事などの費用は、葬式費用には含まれません（相基通13－5）。

　債務や葬式費用の扱いについて注意を要する点は、債務や葬式費用を控除できるのは相続や、相続人に対する特定遺贈、それに包括遺贈によって財産を取得した場合に限ることです（相法13）。つまり、特定遺贈を受けたり、みなし相続財産を取得して相続税の申告義務があっても、相続人でなければ債務や葬

式費用の控除はできません。

　これは、相続人又は包括受遺者以外の者が被相続人の債務を引き継ぐことがないからです。

　ただし、相続人以外の者が資産と共に債務を負担する場合は、負担付遺贈（民法1002）として救済される場合が多いと思います。仮に、自宅の遺贈を受けるのと同時に、自宅についての住宅ローン債務を承継するような場合です。さらに、第三者が特定遺贈を受けるのと同時に、他の者に代償金を支払うことを命じた遺言も負担付遺贈と理解することができます。

　例えば、内縁関係にあった者が生命保険金を受け取った場合には、その生命保険金は相続税の課税の対象になります。

　しかし、その中から葬式費用を負担したとしても、その費用を相続税の課税価格から控除することはできません。

　ただし、相続を放棄した者が、生命保険金などを受け取り、相続税の納税義務者になった場合は、その者が現実に負担した葬式費用は債務控除の対象に含まれます（相基通13－1）。

§2 相 続 人

民法第886条（相続に関する胎児の権利能力）

> （相続に関する胎児の権利能力）
> 第886条　胎児は、相続については、既に生まれたものとみなす。
> 2　前項の規定は、胎児が死体で生まれたときは、適用しない。

民法上の理解

　民法では、胎児は、相続については、既に産まれたものとみなされます。したがって、相続開始時に既に出生している兄弟姉妹と胎児との間には不公平はありませんし、代襲相続人となることもできます。ただし、死産のときは相続人として扱われることはありません。

　本条における「既に生まれたものとみなす」とは、生きて産まれることを停止条件として、産まれたものとみなすものと理解されています（大審院大正6年5月18日判決・大審院民事判決録23－831）。

　つまり、実際に出生するまでの期間はまだ相続資格はなく、出生することによって生じた権利能力が、相続に関しては、相続開始の時に遡って認められることになります。

　保存された夫の精子を用いて、夫が死亡した後に行われた人工生殖によって出産した子について、最高裁平成18年9月4日判決（判例時報1952号36頁）は「死後懐胎子と死亡した父との間の法律上の親子関係の形成は認められない」と判断しています。相続時点で確定した相続関係が、後の人工生殖によって覆されることは現行法制に整合しないという判断です。

税法上の理解

1　胎児が相続の開始のあったことを知った日

　相続税法27条は、相続税の申告期限を相続の開始のあったことを知った日の翌日から10ヶ月以内と規定しています。しかし、胎児が相続の開始を知ることができないことは明らかです。

　そこで、相続について既に産まれたものとみなされる胎児については、法定

代理人がその胎児の産まれたことを知った日を相続の開始のあったことを知った日とすることにしています（相基通27－4(6)）。

このため、一般には出生日の翌日から10ヶ月以内に法定代理人が相続税の申告をすればよいことになります。

したがって、胎児以外の相続人がいる場合には、胎児と他の相続人とでは申告期限が異なることになります。この場合には、胎児の出生を待ってから申告を行う方法と、胎児の出生を待たずに胎児以外の相続人だけで胎児がいないものとして申告を行う方法があります。

相続税の申告期限である相続の開始のあったことを知った日の翌日から10ヶ月以内という期間と、人の妊娠期間とを比較してみますと、相続の開始のあった時に懐胎していた胎児の出産予定日から申告期限までにはある程度の日数のあることが多いでしょう。

したがって、実務的には、出生を待って相続人に含めて申告する準備を優先しながらも、念のため、出生を待たずに、胎児以外の相続人だけで申告する用意も必要になります。

何らかの事情で、胎児の出生を待たずに胎児以外の相続人だけで相続税の申告を行う場合の相続税の計算では、その胎児は相続税法第15条第1項に規定する相続人の数には算入しないこととして取り扱う（相基通15－3）とされています。

したがって、遺産に係る基礎控除は胎児がいないものとして計算することになります。さらに課税価格の計算においても、胎児がいないものとした場合における各相続人の相続分によって計算します（相基通11の2－3）。

この取扱いは、胎児には相続権はなく、生きて産まれた時に相続開始時に遡って相続権を取得すると考える停止条件説に立つものと考えられます。胎児は一人であるとは限りませんし、また生きて産まれるかどうかも不明の段階の申告としては妥当な解釈です。

2 胎児の出生を待たずに申告した場合

胎児の出生を待たずに胎児以外の相続人だけで相続税の申告を行っていた場合に、胎児が出生したならば、胎児以外の相続人は、過大な相続税額を申告したことになってしまいます。

さらに、胎児が出産するか否かで相続人が異なってしまう場合があります。子がいない場合は、第2順位の相続人である父母祖父母、第3順位の相続人である兄弟姉妹が相続人になり、相続税の納税義務者になるからです。
　そこで、相続税法基本通達32－1は、相続税法第32条第1項第2号に規定する「その他の事由により相続人に異動が生じたこと」とは、民法第886条に規定する胎児の出生により相続人に異動を生じた場合などをいうとしています。この場合は、胎児が出生したことを知った日の翌日から4ヶ月以内に更正の請求を行うことになります。
　胎児が産まれたものとして相続税額を計算した場合には、基礎控除の増額などによって相続税額が算出されない場合があります。
　その場合、胎児以外の相続人の申告書の提出期限は、胎児の産まれた日後2ヶ月の範囲内で延長することができます（相基通27－6）。
　胎児が出生するまでは遺産分割協議を行うことはできません。
　また、出生後であっても相続税の申告期限までの間に、出生した胎児も含めたところでの遺産分割協議を行うことが困難な場合もあります。その場合には、遺産未分割の状態で相続税の申告を行うことになります。

③　胎児がいるときの遺産分割

　胎児が出生すれば、未成年者控除の適用を受けることができます。産まれたばかりであれば、その控除額は最大の200万円になります（相基通19の3－3）。
　その子の相続税額から控除し切れなかった残りの控除額があれば、扶養義務者の相続税額から控除することもできます（相法19の3②）。
　しかし、その産まれた子が遺産を全く取得しない場合は、その子本人にも、扶養義務者にも未成年者控除の適用はありません。相続財産を取得しない者は、そもそも相続税の納税義務者にはならないからです。したがって、産まれたばかりの子であっても、少しでも遺産を取得させる遺産分割をした方が税法上は有利です。
　しかし、産まれた子と、その親権者との間には、遺産分割について利益相反の関係が生じる場合が通例です。
　そのような場合は、家庭裁判所に特別代理人の選任を申し立てなければ遺産分割協議は行えません（民法826）。

したがって、通常は、未分割遺産としての相続税の申告書を提出することになりますので、産まれた子も相続財産の一部を取得し、未成年者控除を受けることになります。

民法第887条（子及びその代襲者等の相続権）

> （子及びその代襲者等の相続権）
> 第887条　被相続人の子は、相続人となる。
> 2　被相続人の子が、相続の開始以前に死亡したとき、又は第891条の規定に該当し、若しくは廃除によって、その相続権を失ったときは、その者の子がこれを代襲して相続人となる。ただし、被相続人の直系卑属でない者は、この限りでない。
> 3　前項の規定は、代襲者が、相続の開始以前に死亡し、又は第891条の規定に該当し、若しくは廃除によって、その代襲相続権を失った場合について準用する。

民法上の理解

被相続人の子は第1順位の相続人になります。実子、養子を問いません。他の者の養子になっている者であっても、被相続人の子であれば相続人になります。ただし、他の者の特別養子（民法817の2）になった者は相続人ではなくなります。特別養子は、実親と実子の親族関係が終了する縁組みだからです。

被相続人の子が、①既に死亡している場合、②相続欠格者となり相続権を失っている場合（民法891）、③相続から廃除され相続権を失っている場合（民法892）には、被相続人の孫が相続人になります。これを代襲相続といい、代襲相続した者を代襲相続人といいます。

しかし、被相続人の子が相続放棄をした場合（民法939）は、被相続人の孫は代襲相続人にはなりません。したがって、被相続人が債務超過の状態にある場合でも、子が相続を放棄してしまえば、被相続人の債務の承継が孫まで及ぶことはありません。

この場合は、第2順位の父母祖父母、第3順位の兄弟姉妹が相続人に繰り上がりますので、第1順位の子が相続放棄を行ったことを知った日から3ヶ月以内の相続放棄手続が必要になります。

代襲相続人になるためには、被相続人と代襲相続人との関係が直系卑属の関係にあることが必要です。つまり、祖父と孫との関係が要求されます。例えば、被相続人の養子の連れ子は、被相続人の孫には該当せず（民法727）、代襲相続人にはなりません。何故なら、養子縁組をした時点で既に出生している養子の子は、養親の親族にはならないからです。ただし、養子縁組後に出生した養子の子は、養親と養子との間の親族関係が生じた後に生まれていますから、その効果が及び、代襲相続権を持つことになります。

　自分の孫を養子にした場合に、その孫に子がいる場合、つまり、ひ孫が存在する場合は、養親とひ孫の間には直系卑属の関係があるので、ひ孫は代襲相続人になります。

　子も孫も既に死亡している場合には、ひ孫が代襲相続人になります。ひ孫が既に死亡している場合は、玄孫が代襲相続人になります。

税法上の理解

① 相続税の計算における基礎控除

　相続税の計算において、課税価格の合計額から一定の金額を基礎控除として差し引くことが認められています。その額は、3,000万円の定額控除額に加えて、600万円に法定相続人の数を乗じて計算した額です（相法15）。配偶者と3人の子が相続人である場合なら、相続税の基礎控除は5,400万円になります。

　また、生命保険金や死亡退職金については、相続税の計算を行うについて、それぞれ500万円に法定相続人の数を乗じて計算した額を非課税財産として差し引くことになっています（相法12）。上記の例であれば、生命保険金、それに退職金から各々2,000万円を差し引くことができます。

　したがって、法定相続人の数が多ければ多いほど、相続税の計算では有利な結果になります。ただし、養子については次のような3つの制限が置かれています。多数の者と養子縁組をして、相続税額を軽減するという相続税対策に対抗して導入された制限です。

② 相続税の基礎控除等の制限

　まず1番目が、相続税の基礎控除を計算するについての制限です（相法15②）。被相続人に実子がある場合には養子が2人以上いても養子の数は1人と

し、被相続人に実子がない場合には養子の数が3人以上でも養子の数は2人として数えます。

ただし、次の場合には、養子であったとしても、実子として数えることができます（相法15③、相令3の2）。①特別養子縁組（民法817の2）によって養子になった者、②被相続人の配偶者の実子で被相続人の養子になった者、③被相続人の配偶者と特別養子縁組による養子になった者で、被相続人とその配偶者との婚姻後に被相続人の養子となった者、④相続人の養子で代襲相続人の地位を兼ねる者の4つの場合です。

なお、相続税の負担を不当に減少させる結果になると認められる場合には、税務署長が、相続税の計算において養子の数を否認することができるとする包括規定が設けられています（相法63）。しかし、この規定が実際に適用された事例はないようです。

2番目が、生命保険金と死亡退職金についての非課税枠の計算です。これらについては、法定相続人1人当たり500万円の非課税枠が設けられていますが、この計算をするについても、上記の養子の数の制限があります。

3番目が、相続税の2割加算の問題です。まず、前提として、相続又は遺贈によって財産を取得した者が、その相続又は遺贈に係る被相続人の1親等の血族、あるいは配偶者以外の者である場合は、その者について算出された相続税額に対して2割を加算します（相法18①）。

この規定を逃れるため、孫を養子にして、1親等の親族にしてしまうことが想定されますが、そのような手法についての制限が、この3番目の制限です。孫、あるいはひ孫を養子にした場合は、1親等の親族になりますが、その場合でも、この養子は、相続税の2割加算の対象に含められてしまいます（相法18②）。孫を養子にすることによって2度の相続を1度にしてしまうという相続税対策について、その効果を減殺するために導入された制度です。したがって、養子が、被相続人の直系卑属である場合に限って適用される条項です。

ただし、孫を養子にした場合であっても、被相続人の子が相続開始以前に死亡し、その孫が、養子の地位と代襲相続人の地位を兼ねる場合は、相続税の2割加算の対象にはなりません（相法18②但書き）。

③ 離縁した元養子の相続税申告義務

養子が離縁された場合は、その後に元養親が死亡しても、元養子は相続人にはなりません。そのため、元養子が元養親の相続について相続税の申告を要することは通常はあり得ないことです。

しかし、養子であった期間中に、養親から贈与を受け、それについて相続時精算課税を選択していたのであれば、元養子にも相続税の申告納税義務があります（相法1の3①五）。

養親から養子への贈与についても相続時精算課税の適用がありますが、いったんその適用を選択すると、もはや撤回することができなくなります（相法21の9⑥）。離縁したとしても、相続時精算課税における特定贈与者と受贈者との関係を切断する方法はありません。この制度の性格上、課税関係が精算されるのは将来の相続時となりますから、元養子は、元養親が死亡すると、かつて受けたことのある贈与について相続税の申告義務を負うことになります。

民法第889条（直系尊属及び兄弟姉妹の相続権）

（直系尊属及び兄弟姉妹の相続権）

第889条 次に掲げる者は、第887条の規定により相続人となるべき者がない場合には、次に掲げる順序の順位に従って相続人となる。

一　被相続人の直系尊属。ただし、親等の異なる者の間では、その近い者を先にする。

二　被相続人の兄弟姉妹

2　第887条第2項の規定は、前項第2号の場合について準用する。

民法上の理解

第1順位である子が存在しない場合は第2順位として直系尊属が相続人になり、さらに第1順位、第2順位ともに存在しない場合には、第3順位として兄弟姉妹が相続人になります。

直系尊属の中で、親等が異なる者がいる場合は、近い順に相続人になりますので、例えば、父親と母方の祖父が存命である場合には、1親等の距離にある父親のみが相続人になります。直系尊属については代襲相続の適用はありませ

ん。兄弟姉妹については、民法887条2項が準用されていますが、同3項が準用されていない点に注意が必要です。

　つまり、代襲相続人になるのは甥姪までの一代に限り、再代襲は認められていません。被相続人と縁が遠い相続人が遺産を取得するという、いわゆる「笑う相続人」の出現を避けるためです。

　配偶者に子供がなく、兄弟姉妹が相続人になってしまう場合には、遺言書の作成が不可欠です。兄弟姉妹には遺留分がないので、遺言書を作成しておけば、全ての遺産を配偶者が取得することが可能です。しかし、遺言書がない場合には、被相続人の兄弟姉妹、あるいは甥姪にまで相続人の幅が広がってしまうので、その収拾に難儀する可能性があります。

　子のいない夫婦が同時に死亡した場合に、夫が加入し、妻が受取人になっていた生命保険金について、受取人である妻の相続人、つまり、妻の兄弟が受取人になってしまった事件（最高裁平成5年9月7日判決・判例時報1484号132頁）があります。その事案に限らず、子がいない場合に、夫からの財産が妻を通じて、妻の兄弟に財産が流れてしまうことを嫌う人達は多いと思います。そのよな場合に備えて遺言書が必要ですが、夫の遺言書では妻の相続にまでは言及できません。そこで信託の利用が想定されます。妻が財産を相続するが、妻が死亡した場合は、その財産（受益権）は夫の関係者に承継されるという内容の受益者連続信託（信託法91）です。そのような事案に限らず、相続について信託の知識は不可欠です。

税法上の理解

　直系尊属つまり、父母が相続人である場合の課税上の問題点としては、相続時精算課税（相法21の9）を利用した生前贈与が行われていた場合の二重課税の問題が挙げられます。

　仮に、子が、父親から1億円の現金の生前贈与を受けていた場合に、贈与者（父）よりも先に受贈者（子）が死亡した場合には、父母つまり、贈与者自身は、子に生前贈与した財産（相続時精算課税を受けていた場合なら税引後の8,500万円）を相続することになってしまいます。

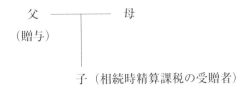

さらに、母親は、相続時精算課税の受贈者としての地位を承継します（相法21の17、相基通21の17－2）。

ただし、贈与者である父親は、相続時精算課税の受贈者としての地位を承継しないとされています（相法21の17の但書き）。

したがって、母親は、父親（夫）が死亡したときには、父親から子に生前に1億円の贈与を受けていたという相続時精算課税者の受贈者として、その1億円についても相続税の納税義務を負うことになってしまいます。

つまり、一つの贈与について、①子の死亡による相続時点での贈与資産の取戻しと、②夫の相続時における相続時精算課税についての相続財産への加算という2度の相続税の課税を受けることになってしまうわけです。

このような場合でも、子が死亡した段階で、第2順位の相続人である父母が相続を放棄してしまえば、①上記の税引後の8,500万円と、②1億円の贈与について相続時精算課税の適用を受けていたという受贈者の地位は、第3順位の相続人である兄弟姉妹が承継することになります。

ただし、兄弟姉妹が相続人となる場合は、被相続人の1親等の血族ではないことから、相続税額について2割増しの課税が行われることに注意が必要です（相法18）。

民法第890条（配偶者の相続権）

（配偶者の相続権）
第890条　被相続人の配偶者は、常に相続人となる。この場合において、第887条又は前条の規定により相続人となるべき者があるときは、その者と同順位とする。

民法上の理解

配偶者は、他の相続人である子、父母、あるいは兄弟姉妹と共に、常に、相

続人になります。他の相続人がいない場合は単独で相続人になります。

　内縁関係（婚姻届のない事実上の夫婦）については、婚姻に準ずるものとして一定の法律上の保護が広げられてきた経緯があります。特に、社会保障面では、遺族補償の受給権が法定されている場合があり（労災法16の2等）、また内縁解消時の財産分与なども認められています。

　しかし、相続については、法律婚主義が厳格に守られています。内縁関係にすぎない場合、新設された特別寄与者（民法1050）としてか、あるいは他に相続人がいなければ特別縁故者として財産分与を受ける途はありますが、相続権は認められていません。

税法上の理解

1　配偶者の相続税額の軽減

　配偶者には、贈与税の配偶者控除（相法21の6）、あるいは配偶者に対する相続税額の軽減（相法19の2）等の優遇措置が設けられています。

　贈与税の配偶者控除は、婚姻期間が20年以上の配偶者に対して、居住の用に供する土地や家屋を贈与した場合の特例です。贈与税の基礎控除（措法70の2の4）と併せて2,110万円までは贈与税が課税されないことになっています。この贈与は、相続開始の3年以内、あるいは相続が開始した年度で行われた場合であっても、相続開始前3年以内の贈与の相続財産への加算（相法19）の特例の適用がありません。したがって、相続開始の直前であっても利用することが可能です。

　相続税額の軽減措置は次のような内容です。まず、配偶者が相続したのが法定相続分までの遺産であれば、納税額は算出されません。したがって、相続人が配偶者のみであれば、仮に数千億円の遺産があったとしても、配偶者には相続税は課税されません。さらに、配偶者の取得分が法定相続分を超える場合であっても、配偶者が取得した遺産が1億6,000万円までであれば、配偶者には相続税が課税されないことになっています。

　配偶者に対する相続税額の軽減ですから、税額軽減を受けるためには、遺言、あるいは遺産分割によって配偶者の相続分が確定している必要があります。したがって、遺産分割協議が紛糾する可能性がある場合は遺言書を作成しておく

必要があります。

　遺産の一部について分割が完了した場合は、その部分については配偶者の相続税額の軽減の適用を受けることができます。配偶者が受取人になっている生命保険金や、配偶者に対して支払われた死亡退職金は、遺産分割協議などを要せず、配偶者が確定的に取得した相続財産とみなされます。

　相続人の中に未成年者がいる場合には、特別代理人を選任しないと遺産分割協議ができないことも考慮する必要があります（民法826）。特別代理人の選任は家庭裁判所に申請して行う必要があります。家庭裁判所の取扱いは、各々の家庭裁判所によって微妙に異なることがありますが、選任申立書に遺産分割協議書案を添付することと、その内容が未成年者の法定相続分を満足させるものであることが要求されるのが原則的な取扱いです。

② **遺産分割が未了の場合**

　相続税の申告期限までに配偶者の取得分が確定しないときは、配偶者の相続税額の軽減の適用を受けないまま相続税額を一旦は納付（相法55）し、その後、配偶者の相続分が確定した時点で、確定した日から4ヶ月以内の更正の請求を行うことになります（相基通32－2）。

　配偶者に対する相続税額の軽減は期限後申告でも適用が受けられます。これは居住用資産の小規模宅地の特例についても同様です。ただし、この適用を受けない相続税の申告書を提出する場合は「申告期限後3年以内の分割見込書」を添付することが必要です。更正の請求は、原則として申告期限から3年以内に行う必要がありますが、遺産分割調停が終了していないなど、止むを得ない事情によって3年以内の遺産分割が困難な場合は、その旨を記載した承認申請書を申告期限から3年を経過する日の翌日から2ヶ月以内に税務署長に提出しておく必要があります（相法19の2②、相令4の2②）。

　承認申請の提出については宥恕規定の適用がありません。承認申請書の提出を失念し、配偶者の軽減規定の適用が受けられなかった事例（東京地裁平成13年8月24日判決・税務訴訟資料251号）があります。さらに、相続税の申告時点において、申告期限後3年経過時の届出の手続きについて説明していなかったことについて、税理士の過失が問われた訴訟（東京地裁平成15年9月8日判決・判例タイムズ1147号223頁）があります。この判決では税理士の

説明義務は否定されましたが、実務を行う上では注意を要するところです。

民法第891条（相続人の欠格事由）

> （相続人の欠格事由）
> 第891条　次に掲げる者は、相続人となることができない。
> 一　故意に被相続人又は相続について先順位若しくは同順位にある者を死亡するに至らせ、又は至らせようとしたために、刑に処せられた者
> 二　被相続人の殺害されたことを知って、これを告発せず、又は告訴しなかった者。ただし、その者に是非の弁別がないとき、又は殺害者が自己の配偶者若しくは直系血族であったときは、この限りでない。
> 三　詐欺又は強迫によって、被相続人が相続に関する遺言をし、撤回し、取り消し、又は変更することを妨げた者
> 四　詐欺又は強迫によって、被相続人に相続に関する遺言をさせ、撤回させ、取り消させ、又は変更させた者
> 五　相続に関する被相続人の遺言書を偽造し、変造し、破棄し、又は隠匿した者

民法上の理解

　相続欠格は、法律上、当然に相続資格を奪うという制度で、1～5号に該当した場合には、相続時に遡って相続資格を失うことになります。

　1号では、被相続人、あるいは先順位・同順位の相続人を故意に死亡させ、あるいは死亡させようとした場合に相続権を失うとしています。したがって、交通事故によって同乗者である被相続人を死亡させた場合のように、過失による死亡事故の場合は欠格事由にはなりません。2号では、被相続人が殺害されたことを知ったにも関わらず告発・告訴をしなかった者も相続権を失うこととしています。3号～5号は、被相続人の自由な意思による遺言を妨害したことに対する制裁です。3号は、相続に関する遺言をすること等を「妨げ」た場合で、4号は、遺言などを「行わせ」た場合です。5号は、遺言書を偽造したり、隠匿したような場合が該当し、いずれも相続欠格となり相続権が失われます。

　5号の隠匿に関しては、他の相続人から遺留分減殺請求を受けることを恐れ、遺言書の存在を公表しなかったことが、これに該当すると判断された判決があ

ります(東京高裁昭和45年3月17日判決・高等裁判所民事判例集23-2-92)。遺言書があった場合には、できるだけ早い時期に他の相続人に示し、また自筆証書遺言であれば、すみやかに検認手続(民法1004)を行っておくべきと言えるでしょう。

> 税法上の理解

　相続欠格が生じた場合は、民法887条の規定により、欠格者に直系卑属がいる場合には、その者が代襲相続人になります。したがって、直系卑属が複数いる場合には、法定相続人が増加することになります。
　その結果、相続税の基礎控除(相法15)や、適用される税率区分(相法16)、みなし相続財産とされる生命保険金や死亡退職金の非課税枠(相法12①五、六)に影響を及ぼすことになり、トータルでの相続税負担が増減することになります。
　欠格となった者は、本来、相続人とはならず、財産を相続することはできませんが、生命保険金の受取人となっている場合には、みなし相続財産を受け取ったことにより、相続税の納税義務が生じることになります。この場合には、生命保険金の非課税枠の適用はありません。ただし、1親等の血族に該当する場合には2割加算の規定は適用されません(相基通18-1)。
　相続税の申告後に、欠格の事実が確定した場合は、その事実が確定した日から4ヶ月以内に、相続税について更正の請求を行うことが必要です(相法32)。

民法第892条(推定相続人の廃除)

> (推定相続人の廃除)
> 第892条　遺留分を有する推定相続人(相続が開始した場合に相続人となるべき者をいう。以下同じ。)が、被相続人に対して虐待をし、若しくはこれに重大な侮辱を加えたとき、又は推定相続人にその他の著しい非行があったときは、被相続人は、その推定相続人の廃除を家庭裁判所に請求することができる。

民法上の理解

廃除は、家庭裁判所の審判又は調停によって、推定相続人の相続権を奪う制度です。

被相続人は遺言書を作成することによって、自己の遺産を自由に処分することができます。しかし、遺留分の限度で、遺言者が行う処分には制限が加えられています。その遺留分を奪う制度が廃除です。

相続人から遺留分を消失させるという点では、遺留分の放棄（民法1049）と同様の効果が生じますが、遺留分の放棄が推定相続人から申し立てる手続きであるのに対し、廃除は、被相続人もしくは遺言執行者が申し立てる点で大きく異なります。

廃除の場合は、前条の欠格のように、推定相続人の相続権を当然に失わせるものではなく、被相続人の請求と家庭裁判所の審判又は調停という手続きが必要です。

家庭裁判所が廃除を認めるには、虐待、重大な屈辱、著しい非行行為等が要件となります。非行行為が一時的な場合や、被相続人にも責任がある場合には廃除は認められません。

廃除の申立人は、廃除が確定した日から10日以内に、被相続人の本籍地の市区町村に推定相続人廃除届を提出する必要があります（戸籍法97）。この届に基づき、推定相続人の戸籍の身分事項欄に、廃除事項が記載されるので、戸籍を確認すれば、廃除が行われたことが明らかになります。

ただし、廃除した相続人に対して、遺言をもって遺産を相続させることは禁止されていませんので、廃除した相続人に対しても、遺産の一部を相続させることは可能です。

税法上の理解

廃除の効果は、廃除された相続人の子供には及びませんので、廃除された推定相続人の子は、代襲相続人（民法887）として相続権を有することになります。

代襲相続人は、相続税の2割加算（相法18）の対象にもなりませんので、

廃除は、相続税の課税を一代分だけ省略できることや、法定相続人の数の増加と併せて、相続税法的には有利な結果になります。

民法第893条（遺言による推定相続人の廃除）

(遺言による推定相続人の廃除)
第893条　被相続人が遺言で推定相続人を廃除する意思を表示したときは、遺言執行者は、その遺言が効力を生じた後、遅滞なく、その推定相続人の廃除を家庭裁判所に請求しなければならない。この場合において、その推定相続人の廃除は、被相続人の死亡の時にさかのぼってその効力を生ずる。

民法上の理解

民法892条で推定相続人の廃除の手続きを認めていますが、この手続きは遺言によって行うこともできます。

被相続人が遺言によって推定相続人を廃除する旨の意思を表示した場合は、遺言の効力が発生した後に、遺言執行者が家庭裁判所に廃除の請求を行うことになります。

遺言書に遺言執行者の指定がない場合は、他の相続人などの利害関係人が家庭裁判所に遺言執行者の選任を請求することになります（民法1010）。

税法上の理解

家庭裁判所が廃除の決定を行ったときは、その効力は被相続人の死亡の時に遡ります。

このため、遺産分割が行われた後に、推定相続人を廃除する旨の記載がある遺言が見つかった場合は、相続税にも影響が生じる可能性があります。

例えば、遺言によって推定相続人が廃除された場合に、直系卑属がいる場合には、その者が代襲相続人になります（民法887）。この場合は、基礎控除の額が、代襲相続人の人数によって増減することになります（相法15）。

また、みなし相続財産である生命保険金や死亡退職金が支払われていた場合の非課税枠（相法12①五、六）も、代襲相続人の人数によって増減すること

になります。

 このため、推定相続人の廃除により相続人に異動が生じた場合は、更正の請求（相法32）が行えることになっています。廃除を受けた者が更正の請求を行った場合は、他の相続人の相続税額が増加することになりますが、この場合は、通常の更正処分について除斥期間が成立している場合についても、更正の請求の日から1年以内に限り、税務署長は更正処分を行うことができることになっています（相法35③）。

民法第894条（推定相続人の廃除の取消し）

> （推定相続人の廃除の取消し）
> 第894条　被相続人は、いつでも、推定相続人の廃除の取消しを家庭裁判所に請求することができる。
> 2　前条の規定は、推定相続人の廃除の取消しについて準用する。

民法上の理解

 廃除は被相続人の意思を尊重する制度なので、被相続人は、生前でも、遺言でも、いつでも、廃除の取消しを家庭裁判所に申し立てることができます。

 廃除の取消しを申し立てるか否かは、被相続人の自由であり、廃除の原因となった事実が止むなどの事由の発生は必要としません。

 廃除の取消しは、被相続人（遺言による取消しの場合は遺言執行者）が家庭裁判所に請求することによって行います。家庭裁判所への請求を要求しているのは、他の相続人の相続権に影響を与えることから、手続きに慎重を期し、権利関係を明確にするためです。

 取消理由を必要としませんので、家庭裁判所は、取消しの請求が被相続人の真意に基づくものかどうかだけを審理すれば足り、それが真意に出たものであることが確認された場合には、必ず取消しの審判をしなければなりません。

 取消しの審判は、被廃除者に対する告知によって効力を生じ、被廃除者は、告知された時以降の将来に向かって、推定相続人たる地位を回復します。ただし、遺言による取消しの場合には、相続開始の時に遡って廃除がなかったもの

とされます。

税法上の理解

　相続人の欠格と廃除や、それらの取消しは、相続税の基礎控除（相法15）などに影響を与えますので、遺言によって廃除が取り消された場合は、取消しが確定した日から4ヶ月内の更正の請求が必要になります（相法32）。
　なお、廃除の取消しに関する裁判の確定により相続開始後に相続人になった者については、その者が裁判の確定を知った日が「相続の開始があったことを知った日」となります（相基通27－4（4））。

民法第895条（推定相続人の廃除に関する審判確定前の遺産の管理）

（推定相続人の廃除に関する審判確定前の遺産の管理）
第895条　推定相続人の廃除又はその取消しの請求があった後その審判が確定する前に相続が開始したときは、家庭裁判所は、親族、利害関係人又は検察官の請求によって、遺産の管理について必要な処分を命ずることができる。推定相続人の廃除の遺言があったときも、同様とする。
2　第27条から第29条までの規定は、前項の規定により家庭裁判所が遺産の管理人を選任した場合について準用する。

民法上の理解

　推定相続人の廃除や、その取消しが確定する前に被相続人が死亡した場合は、相続人の範囲が確定せず、遺産分割に支障をきたすことになります。また、遺言による廃除や取消の意思表示があった場合も同様です。
　そこで本条は、廃除、あるいはその取消しが確定するまでの間について、利害関係人の請求によって、家庭裁判所が必要な処分が行えることを規定しました。通常は、相続財産管理人が選任されることになります。

税法上の理解

　財産管理人に対し報酬が支払われることになっても、この費用は相続税の計算について相続債務には該当しません（相基通13－2）。また、管理期間中の所得について、所得税計算のための必要経費としても認められません。

　本条が適用される場面では、相続人が確定しませんので、そのまま相続税の申告期限を迎える場合には、審判確定前における戸籍の記載によって相続人の範囲を判定し、未分割遺産（相法55）として相続税を申告することになります。

　また、廃除等の審判が確定しない段階で不動産所得、あるいは資産の譲渡所得について所得税の申告を行う場合には、審判確定前の戸籍の記載に従って相続人の範囲を判定して所得税を申告することになります。

　その後、審判等によって相続人の範囲が確定した場合は、その確定によって、相続人と扱われることとなった者を共有計算に取り込み、または、相続人から廃除された者を共有計算から排除して、所得税について更正の請求、あるいは修正申告を行う必要が生ずることになります。

　更正の請求については、法定申告期限から5年以内、あるいは審判確定の日の翌日から2ヶ月以内に行うことが必要です（通則法23）。相続税についての更正の請求は審判確定の日から4ヶ月以内（相法32）です。

　期限後申告、あるいは修正申告を行う場合は、無申告加算税あるいは過少申告加算税の課税が気になりますが、これについては加算税を課税しない正当な理由（通則法65④、66①）が認められるべきと考えます。

§3 相続の効力

民法第896条（相続の一般的効力）

> （相続の一般的効力）
> 第896条 相続人は、相続開始の時から、被相続人の財産に属した一切の権利義務を承継する。ただし、被相続人の一身に専属したものは、この限りでない。

民法上の理解

　相続が開始した場合は、相続人は、被相続人に属していた一切の権利義務を包括的に承継します。被相続人に属していた一切の権利義務には、所有権などの物権、債権・債務という財産上の権利義務に限らず、契約上の地位や意思表示の相手方である地位なども含まれます。

　例えば、被相続人が売買契約を締結した後、履行前に相続が開始した場合は、相続人は、売買契約に基づく売主、あるいは買主としての地位を相続することになります。

　ただし、被相続人の一身に専属していたものは、承継されません。損害賠償請求権の内の慰謝料請求権については、生前に請求する意思を表示していた場合を除き、相続されないというのが過去の判例でした。しかし、残念事件（大判昭和2年5月30日・評論全集16巻775頁）等を経て、現在は、これも相続されることになっています。

　相続による資産の取得は、一般承継なので、借地権や借家権の相続の場合も、地主、あるいは家主の承諾は必要としません。譲渡制限のある株式を相続した場合も取締役会の承認を必要としません。

　包括承継の例外として、祭具及び墳墓等の所有権は、相続人ではなく慣習に従って祖先の祭祀を主宰すべき者が承継します（民法897）。

　生命保険金や死亡退職金などは相続財産ではありません。生命保険契約は、保険契約者と保険会社の間に締結された第三者の為にする契約（民法537）であり、保険事故を原因として第三者である受取人が固有の権利として取得するものです。死亡退職金は、雇用契約を原因として支払われるものですが、支払請求権が発生した時点では相続が開始していますので、遺族が、直接に請求権

を取得するという理解になります。

税法上の理解

1 相続税の課税対象になる財産の範囲

相続税法は、相続又は遺贈により取得した財産に対して相続税を課税すると規定しています（相法2）。

相続税の課税対象となる相続財産は、金銭的に見積もることができる経済的価値のあるもの全てです（相基通11の2－1）。

法律上の根拠がなくても、経済的価値があるものとして、例えば営業権のようなものについても、相続税の課税対象になることがあります。低金利の影響で、さほどの利益を計上していない会社でも、営業権が計上されてしまうという不合理が指摘されていましたが、財産評価基本通達の改正で、その点は改善されました。

相続税の課税対象となる財産には、民法と同じく、身分などの一身専属的な権利は含まれません。営業権の評価においても、医師、弁護士等のようにその者の技術、手腕又は才能等を主とする事業で、その事業者の死亡と共に消滅すると認められる営業権は評価しないとされています（評基通165）。

2 売買契約の途中での相続

土地等の売買契約を締結したところ、買主への引渡しの日より前に、売主又は買主に相続が開始したとします。このような場合の相続財産は、次のようになります。

① 売主に相続が開始した場合は、売買契約に基づく相続開始時における残代金請求権

② 買主に相続が開始した場合は、土地等の引渡請求権等とし、被相続人から承継した債務は相続開始時における残代金債務とする。ただし、土地等を財産評価基本通達によって評価した価額による申告があったときは、それを認める（国税庁資産税課税情報第1号、平成3年1月11日）。

国税庁資産税課税情報は、売買契約を締結した後、その履行前に相続が開始した事例についての一連の判決、つまり、売主が死亡した事案（最高裁昭和61年12月5日判決・訟務月報33巻8号2149頁）と、買主の相続の場合（最

高裁昭和61年12月5日判決・判例時報1225号56頁）を受けて発表されていますので、これらの判例理論が存在することを前提とした課税庁側の見解と理解することができます。

譲渡所得については、売買契約の効力発生の日と、資産の引渡しがあった日のいずれかを選択することが認められていますが、その中間に相続が開始した場合も同様の取扱いになります。相続開始前の売却とした場合は地方税が課税されないことと、相続開始後の売買とした場合は相続税の取得費加算が認められることなどを比較衡量し、いずれの時期の売買とするかを選択する必要があります。

3 配偶者居住権の評価

配偶者居住権（民法1028）が認められたことから、その評価も問題になります。配偶者の取得財産として配偶者居住権を計上した場合は、土地と建物を相続した者について居住権相当の控除が必要になるからです。しかし、配偶者がいつまで生存するのか、その途中で配偶者居住権を放棄した場合は、どのような課税関係が生じるのか、家賃の年金現価で計算するとしても、その割引率を幾らとするのかなど、解決が困難な問題が生じるように思います。その詳細は1028条以下で検討します。

4 相続税の非課税財産

相続財産であるにも関わらず、相続税の課税対象とならないものには、相続税の非課税財産の規定があります。典型的なものとしては、墓所、霊廟及び祭具などや、宗教等の公益を目的とする事業を行う者が取得した公益目的の用に供される財産が挙げられます（相法12）。

民法では相続財産とはされない生命保険金や死亡退職金などは、被相続人の死亡を起因として生じるものであるため、みなし相続財産として相続税の課税対象になります（相法3）。ただし、みなし相続財産とされる生命保険金や死亡退職金には、一定額までを非課税とする規定が設けられています（相法12①五、六）。

5 年金訴訟とその後の実務

被相続人が加入していた生命保険から年金が支払われるという事案について、年金の現在価値に相続税が課税された上に、毎年の年金の支給額に所得税が課

税されるのは二重課税になると争った事案について、最高裁平成22年7月6日判決は納税者勝訴の判決を言い渡しました。生命保険から支払われる年金は、本来、所得税が課税されるべきものを、みなし相続財産として相続税に取り込んでいるのですから、みなし相続財産として相続税を課税した上に、支給時に所得税を課税するのは二重課税になります。

この判決を受けて次のような2つの訴訟が提起されました。被相続人からの相続により土地等を取得し、相続税を申告（評価額は合計4,020万円）したのに、その後に不動産を4,150万円で譲渡した段階で譲渡所得課税を受けるのは二重課税だと主張した事案（東京地裁平成25年7月26日判決）と、相続により取得した株式（清算手続結了前の株式）に相続税が課税され、その後に会社の解散による残余財産の分配に配当所得課税を受けたのは二重課税だと主張した事案（大阪地裁平成27年4月14日判決）です。いずれも二重課税にはならないとして納税者の請求は棄却されてます。これらはみなし相続財産として、相続税の課税対象に取り込まれて相続税が課税された年金訴訟の事案とは異なるので、判決の結論は妥当なものだと理解されます。

6 相続税の計算で債務として控除できるもの

債務などの消極財産について、民法では、被相続人の債務その他の財産上の義務も承継しますが、相続税の計算における債務控除は、被相続人の債務のうち、相続開始時に現に存するもので、かつ、確実と認められるものに限られます（相法13①一、14①）。

被相続人の保証債務については、それを相続人が承継しただけでは債務控除はできません。主たる債務者が弁済不能の状態のため、保証人がその債務を履行しなければならないときで、かつ、求償権の行使をしても返還を受ける見込みがない部分に限って債務控除できるとされています（相基通14－3）。被相続人が会社を経営し、会社の債務を保証していた場合で、会社が債務超過の場合などは、相続後、会社を解散し、保証債務についての求償権が行使不能であるという事実を確定することで、相続税の計算において、債務控除を認めるのが実務です（週刊税務通信・平成20年10月20日号）。

相続開始時点において訴訟が係属し、被相続人が被告となっている場合には、「課税時期の現況により係争関係の真相を調査し、訴訟進行の状況をも参酌し

て原告と被告との主張を公平に判断して適正に評価する」のが財産評価基本通達210の取扱いですが、実務は、その判決が確定した時点での更正の請求を認めています（週刊税務通信・平成11年1月1日号）。「課税標準等又は税額等の計算の基礎となつた事実に関する訴えについての判決により、その事実が当該計算の基礎としたところと異なることが確定したとき」に該当するという理解です（通則法23②）。

7 無限責任社員の地位

　合名会社や合資会社の無限責任社員の場合に、会社財産をもって会社の債務を完済することができない状態にあるときは、無限責任社員の相続について、無限責任社員が負担すべき持分割合の債務超過額は、相続税の計算上、被相続人の債務として相続税法13条の規定によって相続財産から控除することができる。そのような国税庁の回答事例があります。

　さらに、無限責任社員が有限責任社員となった場合には、社員変更登記後2年（会社法583④）を経過した時点で無限責任社員としての責任が消滅し、無限責任社員は債務弁済の責任が消滅するという経済的利益を受けることになることから、無限責任社員に対し贈与税の課税が生じることとなる。そのような内容の仙台国税局の文書回答事例（平成21年2月4日付）があります。

　この場合の債務超過が、相続税の課税問題であることから資産を相続税評価額で算定した場合の債務超過なのか、あるいは会社法の問題であって実勢価額で評価した場合の債務超過なのか疑問があります。しかし、借金で土地を取得すれば相続税評価額での債務超過は作り出せてしまいますので、これは実勢価額を採用すべきと考えます。

8 相続による一般承継の税法上の効果

　相続により取得した財産は、相続人が引き続き所有していたものとみなされます（所法60①、67の4、所令126②）。被相続人の取得費と所有期間を相続人が引き継ぎますので、相続の直後に相続財産を売却したとしても、所有期間は相続開始時から売却までの期間ではなく、被相続人がその財産を取得した時から相続人が売却した時までの期間が通算されます。

　相続人における所有期間と取得費の引継ぎの例外は、相続人が限定承認をした場合です。限定承認をした場合は、被相続人が相続時点において資産を譲渡

したものとみなされ（所法59①一）、相続人は、相続開始時においてその資産を時価で取得したとみなされます。

9 税法上の届出の効力

被相続人が行った税法上の届出や申請の効果は相続人には及びません。例えば、被相続人が青色申告の承認を受けていたとしても、事業を承継した相続人は、改めて青色申告の承認を受けなければなりません（所法144）。

青色申告の承認申請は、新たに事業を開始した日から2ヶ月以内に提出するのを原則としますが、被相続人が青色申告の承認を受けた者であった場合は、その事業を承継した相続人は、被相続人の死亡による準確定申告書の提出期限まで、青色申告の承認申請の提出期限も延長されます（所基通144－1）。ただし、翌年の2月15日を超えることはできません（所法147）。

その他に届出を要する手続きとして、青色事業専従者給与に関する届出、減価償却資産の償却方法の選定、棚卸資産の評価方法の選定、有価証券の評価方法の選定、さらに源泉所得税の納期の特例承認などがあります。消費税についても、簡易課税の選択届の提出が必要になる場合があります。それぞれ提出期限が異なるので注意が必要です。

民法第897条（祭祀に関する権利の承継）

（祭祀に関する権利の承継）
第897条　系譜、祭具及び墳墓の所有権は、前条の規定にかかわらず、慣習に従って祖先の祭祀を主宰すべき者が承継する。ただし、被相続人の指定に従って祖先の祭祀を主宰すべき者があるときは、その者が承継する。
2　前項本文の場合において慣習が明らかでないときは、同項の権利を承継すべき者は、家庭裁判所が定める。

民法上の理解

祖先崇拝の用具として特別に感情的な価値を有する系譜、祭具及び墳墓については、通常の遺産の承継（民法896）とは、異なる取扱いとしています。

祭具等について、その所有者が死亡した場合は、被相続人の指定に従って祖

先の祭祀を主宰すべき者が承継します。指定された者がいない場合は、慣習に従って祖先の祭祀を主宰すべき者を定めます。いずれの方法でも、承継者が決まらない場合は、家庭裁判所の指定する者が承継することとされています。なお、祭具等の承継を生前に行うこともできます。

また、通常の相続と異なる点として、共同相続には適さず、1人の承継者による単独承継を前提としていると解されます。ただし、特別の事情があれば2人以上で分割承継することも、共同承継することも実務上は認められています。

被相続人が行う祭祀主宰者の指定は、生前行為でも、遺言でも行えます。指定の意思が推認されればどのような手法でもかまいません。被指定者については資格の制限もなく、相続人である必要もありません。

なお、都立霊園など墓地の承継は、遺言がないと手続きが面倒になることがあります。

祭具等の承継が通常の遺産相続と異なる点は、①遺留分の算定に影響を与えないこと、②相続を放棄しても祭具等の承継は行えること、③限定承認をした相続人であっても、相続によって得た財産とは区別され、責任財産から除外されることなどです。

遺骨は慣習に従って祭祀を主宰すべき者に帰属し、遺言書による遺贈の対象には含まれません（平成元年7月18日最高裁第三小判決）。

税法上の理解

墓所霊廟や祭具等は、相続税では非課税（相法12①二）とされています。先祖崇拝の慣行を尊重する趣旨から、民法と同様に、祭具等を一般の相続財産と区別しているわけです。

金塊の仏具などの新聞広告を見かけることがあります。「礼拝目的で所有するなら問題ないが、投資や骨董などの目的ならば課税対象」というのが一般的な解説ですが、そもそもインゴットの価額に比較して加工賃だけ割高になっている仏具の購入が経済的に有利なのか否かには冷静な判断が必要です。

祭具等で非課税となるのは、相続税法基本通達12－2で例示されています。相続税法にいう、墓所霊廟には、墓地、墓石、おたまやのようなもののほか、これらの尊厳の維持に要する土地などを含むものとしています。また、祭具に

は、庭内神し、神棚、神体、神具、仏壇、位牌、仏像、仏具、古墳等で日常礼拝の用に供しているものが含まれるとしています。

庭内神しの「敷地」は相続税の課税対象になっていましたが、東京地裁平成24年6月21日判決を受け、国税庁は、平成24年7月に「庭内神しの敷地」も相続税法12条第1項第2号の相続税の非課税の対象になると取扱いを変更しました。

民法第898条（共同相続の効力）

（共同相続の効力）
第898条　相続人が数人あるときは、相続財産は、その共有に属する。

民法上の理解

1　相続財産の共有の意味

複数の相続人がいる場合は、遺産分割前の相続財産は共有の関係になります。遺産の共有について、学説では合有とみる見解と、通常の共有（民法249以下）と同一とみる見解とが対立しています。判例は、一貫して通常の共有と同一と判断しています（最高裁昭和30年5月31日判決・判例時報53号14頁）。

したがって、個々の遺産について、相続人の一人が自らの相続分（共有持分）を第三者に譲渡することも可能です。持分の譲渡を受けた第三者は民法909条の但書きによって保護されることになります。

相続財産の共有は、通常の共有と同一ですから、例えば、相続人の1人が、相続財産である家屋を単独で使用する場合も、他の相続人は明渡しを請求することはできません（最高裁昭和41年5月19日判決・判例時報450号20頁）。何故なら、共有者は、共有物の全部について使用収益をする権利を有するからです。他の相続人は、遺産分割を請求するか、あるいは使用料相当の収益に対する不等利得返還請求をする以外にありません。

2　相続財産の処分と管理

共有状態にある資産から収益が生じた場合は、その収益は共有持分に応じて相続人に帰属することになります（最高裁平成17年9月8日判決・判例タイ

ムズ1195号100頁)。相続人の全員の合意がある場合を除き、相続後の収益は遺産分割の対象に含めず、共有物の収益として相続人に帰属させるというのが家庭裁判所における審判手続です。

　株式について、共同相続が生じたときは、株主権を行使すべき者一人を定め、その氏名を会社に通知することが必要です(会社法106)。相続した株式については、この届出をするか、あるいは遺産分割を完了しなければ、議決権を行使することができません。

　なお、会社法106条は但し書きをもって「株式会社が当該権利を行使することに同意した場合」には株主の権利行使が可能と定めていますが、この但し書きの解釈については、会社が、自らにとって好都合の意見を有する準共有者に議決権の行使を認めることを相当ではないとして、「当該権利の行使が民法の共有に関する規定に従ったものでないときは、株式会社が同条ただし書の同意をしても、当該権利の行使は、適法となるものではないと解するのが相当である」と判示するのが最高裁平成27年2月19日判決(判例時報2257号106頁)です。

　株主権を行使する者の決定は、「持分の価格に従いその過半数をもってこれを決する」とするのが判決です(最高裁平成9年1月28日判決・判例時報1599号139頁、最高裁平成11年12月14日判決・判例時報1699号156頁)。

　「準共有者のうちの一人でも反対すれば全員の社員権の行使が不可能となる」のは「会社の事務処理の便宜を考慮して設けられた規定の趣旨にも反する」からです。ただし、「共同相続人間の権利行使者の指定は、最終的には準共有持分に従ってその過半数で決するとしても、……準共有が暫定的状態であることにかんがみ、またその間における議決権行使の性質上、共同相続人間で事前に議案内容の重要度に応じしかるべき協議をすることが必要であって、この協議を全く行わずに権利行使者を指定するなど、共同相続人が権利行使の手続の過程でその権利を濫用した場合には、当該権利行使者の指定ないし議決権の行使は権利の濫用として許されないものと解するのが相当である」という判決(大阪高裁平成20年11月28日判決・判例時報2037号148頁)があるので、多数の横暴は避けるべきは当然です。

　譲渡制限の付いた株式について相続が発生したときは、会社が株式を買い取

る旨を定款で定めることができること（会社法174）と、公開会社ではない株式会社については、相続人からの株式の買取りについて、他の株主の売主追加請求権が排除されること（会社法162）について注意を要します。

③ 預金の分割

預金等の金銭債権については、相続によって当然に分割され、相続人各人は、銀行などに対し、自己の相続分について預金の払戻しを請求することができるとするのが従前の実務でした（最高裁昭和29年4月8日判決・判例タイムズ40号20頁）。ところが、相続人が2人の事案で、一方の相続人Aが生前に5,000万円を超える贈与を受けている事案について、相続時の財産である預金4,000万円が当然分割になり、それをもって相続は終了と考えるのは不公平と、他方の相続人Bが訴訟を起こした事案があります。その事案について最高裁平成28年12月19日大法廷判決（判例時報2333号68頁）は「共同相続された普通預金債権、通常貯金債権及び定期貯金債権は、いずれも、相続開始と同時に当然に相続分に応じて分割されることはなく、遺産分割の対象となるものと解するのが相当である」と判示し、従前の判例を変更し、相続人間の公平を確保することにしました。

しかし、ここで幾つかの問題が生じてしまいました。1つは、当然分割になる金融債権と、遺産分割に取り込まれる金融債権の区分が必要になったことと、2つ目は、相続税の納税のために預金の払い戻しが必要な場合に、従前であれば、自己の相続分についての払い戻しが可能だったのに、最高裁判決以降、遺産分割が完了しない限り、預金の払い戻しができなくなってしまったことです。

第1点の問題点は、最高裁判決に従えば、遺産分割の対象に含まれるのは預貯金債権に限り、貸金債権などは当然分割という理屈が維持されることになりますが、そこに理論的な整合性があるのか、そもそも全ての金銭債権を相続財産として遺産分割すべきではないのかという疑問が残ります。金銭債権は、回収可能性の評価が難しく、遺産分割の対象から除外し、審判手続などの手間を省略するという実務的な必要性があることを認めたとしても、理論的な整合性を無視した最高裁判決にはご都合主義という批判が成立しそうです。

第2点については、平成30年の民法改正で、債権額の3分の1に限った預金の仮払い（民法909の2）が導入されたのですが、多数の銀行に多数の預金

口座がある場合の3分の1の計算など、その運用は、これからの実務を見ることになります。

相続した預金について、相続人の一部の者が金融機関に対して取引経過の開示を求めることができるか否かについては、これを肯定するのが判決です（最高裁平成21年1月22日判決・判例タイムズ1290号132頁）。「共同相続人全員に帰属する預金契約上の地位に基づき、……取引経過の開示を求める権利を単独で行使することができる」と判示しています。

4 債務の分割

債務については、法定相続分に従って当然に分割して承継されることになります（最高裁平成21年3月24日判決・判例タイムズ1295号175頁）。

これは連帯債務についても同様です。遺産分割によって債務を承継する者を定めても、それは相続人内部の合意であり、債権者には対抗できません。ただし、債務者が複数になってしまうことは、債権者にとって、債権管理上は不都合です。全ての者に対して時効の管理を行うなどの手間が生じてしまうからです。そこで実務では、相続人間で債務を承継すると決められた者を債務者として、他の者を免責する免責的債務引受の処理を行うのが通例です。これは遺言書による相続分の指定があって債務の承継者が特定されている場合も同様です。今回の民法改正で、遺言書によって相続分の指定がある場合について、「債権者が共同相続人の1人に対してその指定された相続分に応じた債務の承継を承認したときは」、その承継者を単独の債務者として権利行使をすることが認められることになりました（民法902の2）。

税法上の理解

1 共有状態における課税関係

賃貸物件の家賃収入については、相続人が、その持分に応じて収益を獲得したものとして所得税を申告することになります。同様に、相続した建物等を売却した場合は、共有持分に応じて譲渡所得を申告することになります。その後、遺産分割が行われた場合においても、遡って（民法909）、所得税について更正の請求をすることは認められていません。家賃収入、あるいは売却代金は、その収入時点での持分に応じて収入が帰属すると考えるためです。

したがって、居住用資産の譲渡所得の特別控除など、どの相続人が売却するかによって所得税額が異なる場合には、売却前に遺産分割を行うことが必要です。ただし、所得税の法定申告期限までに遺産分割が行われた場合は、遺産分割後の取得割合による所得税の申告が認められています。

　申告期限までに遺産分割が行われていないときは、各相続人は、法定相続分に応じて遺産を相続したものとして課税価格を計算します（相法55）。その後、遺産分割が行われたときに、相続税の修正申告、あるいは更正の請求（相法32）の手続きを行うことになります。

　配偶者の相続税額の軽減特例や、小規模宅地の評価減特例などの適用を受ける場合は、遺産分割の結果によって相続税の総額が異なってきます。したがって、更正の請求が不可欠ですが、それ以外の場合で、相続税額の総額について変動がない場合は、更正の請求と修正申告書の提出という手続きを経ずに、相続人間で相続税額相当の精算を行ってしまうことも実務では認められています。

　遺産が未分割の状態で、相続人の内の1人が死亡した場合は、第2次相続については、死亡した相続人の第1次相続における相続分を、第2次相続における相続財産として、相続税を申告します。

　その後、第1次相続について遺産分割が成立した場合は、第1次相続について相続税法32条に基づいて更正の請求ができます。この場合は、第1次相続の遺産分割の結果が第2次相続にも影響を与えますが、その場合について、第2次相続についての更正の請求を認める条文が見あたりません。ただし、実務では、この場合も更正の請求を認めています（第1次相続の分割確定に伴い第2次相続に係る相続税額に変動が生じた場合の更正の請求の可否　資産税質疑事例平成14年9月）。

2　**取引相場のない株式が共有になっている場合**

　取引相場のない株式については、その持分によって評価額が異なってきます。同族株主が所有する株式の価額には原則的評価方法が採用され、その他の少数株主が取得した株式については配当還元価額が採用されるという差異です。

　さらに、同族株主に該当しても、他の中心的な同族株主が存在し、かつ、自己の議決権が5％未満の場合で、自身が役員でないときは配当還元価額を採用することができます（評基通188）。

つまり、持株数、正しくは議決権数（東京地裁平成21年2月27日判決・判例集未掲載）によって原則的評価方法が採用されるか、配当還元価額が採用されるかの差異が生じるのですが、その判定については、相続前から所有する株式数に、相続によって取得した株式数を合計して判定することになっています。配当還元価額は、1年間の配当金額を10%で除して計算しますので、会社が所有する資産や会社が計上する所得額などの影響を受けず、非常に低廉に計算されるのが通例です。

さらに、未分割の株式については、各々の相続人が、未分割の株式の全株を相続したとみなして議決権数が判定されます。

仮に、相続前から所有する議決権の数が3%である長男と、1%である次男が相続人の場合に、被相続人が所有する株式の議決権が3%である場合は、6%の議決権を有すると判定される長男には原則的評価方法が適用されることになります。

同族株主とは、株主の1人及びその同族関係者が有する議決権が50%超の場合の株主グループをいいます。ただし、50%超の株主グループが存在しない場合は、30%以上の議決権を有する株主グループが同族株主になります。

中心的な同族株主というのは、課税時期において同族株主の1人並びにその株主の配偶者、直系血族、兄弟姉妹及び1親等の姻族の有する議決権の合計がその会社の議決権総数の25%以上である場合におけるその株主です。

つまりは、一緒に食卓のテーブルを囲む人達を中心的な同族株主と定義し、それ以外の同族株主（6親等）の人達とは区別したのです。なお、同族株主に該当するか、さらに中心的な同族株主に該当するかは相続後の持株で判定します。従って、兄が90%の株式を所有し、弟が10%の株式を所有する場合は、弟の子ども達が各々5%未満の株式を取得する旨の遺産分割をすれば、弟の子

ども達は兄を中心とした中心的な同族株主に含まれず、中心的な同族株主以外の同族株主として配当還元価額での評価を受けることが可能です（失敗した事案として最高裁平成11年2月23日判決・税務訴訟資料240号856頁）。

したがって、取引相場のない株式について、配当還元価額の採用を受けようと思ったら、①の少数株主になること、さらには中心的な同族株主がいる会社の中心的な同族株主以外の同族株主（上記の②）になることです。

民法第899条（共同相続の効力②）

（共同相続の効力②）
第899条　各共同相続人は、その相続分に応じて被相続人の権利義務を承継する。

民法上の理解

1　当然分割になる債権

相続分については、法定相続分（民法900）、指定相続分（民法902）、さらには特別受益と寄与分までも含めた具体的相続分（民法903、904の2）などの多様な概念があります。

相続した債権債務は、それが可分債権、あるいは可分債務であるときは、民法427条（分割債権及び分割債務）の規定に従って、「法律上当然に分割され各共同相続人がその相続分に応じて権利を承継」します（最高裁昭和29年4月8日判決・判例タイムズ40号20頁）。

つまり、可分な債権債務は、遺産分割を要することなく、当然に分割されることになります。一方、不可分な債権債務については、相続開始後、共同相続人全員に不可分なものとして帰属することになります。

2　預貯金債権は例外

ただし、預貯金債権については「共同相続された普通預金債権、通常貯金債権及び定期貯金債権は、いずれも、相続開始と同時に当然に相続分に応じて分割されることはなく、遺産分割の対象となるものと解するのが相当である」と最高裁平成28年12月19日大法廷判決（判例時報2333号68頁）が判示したことは第898条の箇所で説明したとおりです。つまり、当然分割になる金融債

権と、遺産分割に取り込まれる金融債権の区分が必要になったことと、相続税の納税のために預金の払い戻しが必要な場合に、従前であれば、自己の相続分についての払い戻しが可能だったのに、最高裁判決以降、遺産分割が完了しない限り、預金の払い戻しができなくなってしまったことなどです。そして、これを受けて預金の仮払いの制度（民法909の2）が導入されたことです。

相続人によって保管されている現金については、遺産分割までの間は、自己の相続分に相当する金額の支払いを求めることはできないものとされています（最高裁平成4年4月10日判決・判例時報1421号77頁）。これは、その相続開始時には現金として保管されていたものが、後に銀行に預金された場合も同様です。

③　分割割合について民法と税法のずれ

可分な債務は、前述のとおり、相続分に従って当然に分割して承継されることになります。これは連帯債務についても同様で、例えば1,000万円の連帯債務を2人の子が承継したとすると、この債務は分割され、子はそれぞれ500万円の限度で他の連帯債務者と連帯して債務を負担することになります（最高裁昭和34年6月19日判決・判例時報190号23頁）。

承継すべき債務の割合は、民法上は法定相続分と理解されています。しかし、国税通則法5条2項は、租税債務の承継について、遺言書による相続分の指定（民法902）がある場合は、その指定相続分によるとされています。また、国税通則法基本通達5条9も、包括遺贈の割合又は包括名義の死因贈与の割合は指定相続分に含まれるものとするとしています。ただし、租税債務の承継については、特別受益（民法903）や寄与分（民法904の2）は考慮されません。

このように、当然に分割されるのが相続財産に含まれる可分債権と可分債務です。もっとも、遺産分割協議においては、可分債権や可分債務も遺産分割の対象に含め、遺産分割によって相続人の帰属割合を定めるのが通例です。家庭裁判所の審判においても、共同相続人の合意があれば、債権を遺産分割の対象に含める取扱いになっています。

④　債務の分割と債権者の関係

しかし、遺産分割によって債務を承継する者を定めても、それは相続人内部の合意であって、債権者には対抗できません。例えば、居宅を相続した者が住

宅ローンを引き継ぐという遺産分割をした場合には、その後、銀行との間に免責的な債務引受契約を締結し、債務を承継する相続人を債権者（銀行）との関係でも確定しておかなければ、全ての相続人が相続分に応じて債務を負担し続けることになります。ただし、遺言書による相続分の指定があって、債務の承継者が特定されている場合は、「債権者が共同相続人の1人に対してその指定された相続分に応じた債務の承継を承認したときは」、その承継者に対して権利行使をすることが認められます（民法902の2）。この場合は他の相続人は免責されることになります。

税法上の理解

相続税の申告期限までに遺産分割が行われていないときは、各相続人は相続分に応じて遺産を相続したものとして課税価格を計算し、相続税の申告を行います（相法55）。

この場合の相続分は、民法第900条から第903条までに規定する相続分をいうとされています（相基通55－1）。すなわち、法定相続分（民法900）、代襲相続分（民法901）、相続分の指定（民法902）、特別受益者の相続分（民法903）に従った相続分ということになります。寄与分（民法904の2）の規定は適用されないことになります。生前贈与、あるいは遺贈によって財産を取得した相続人がいる場合は、その特別受益を考慮した上で、その他の相続財産を按分計算することになります。仮に、長男が5,000万円の預金の遺贈を受けている場合は、その他の相続財産1億円は、長男が2,500万円、弟が7,500万円の按分を受けることになります。しかし、生前贈与の場合に、その資産が「相続開始の時においてなお原状のままであるもの（民法904）」と見なしての時価の算定は難しいことから、その他の相続財産を法定相続分割合で単純に按分して相続税を申告するのが実務です。

後日、遺産分割が行われたときには、修正申告、あるいはその日から4ヶ月以内に更正の請求（相法32）を行うことになります。

民法第899条の2（共同相続における権利の承継の対抗要件）

> （共同相続における権利の承継の対抗要件）
> **第899条の2** 相続による権利の承継は、遺産の分割によるものかどうかにかかわらず、次条及び第901条の規定により算定した相続分を超える部分については、登記、登録その他の対抗要件を備えなければ、第三者に対抗することができない。
> 2 前項の権利が債権である場合において、次条及び第901条の規定により算定した相続分を超えて当該債権を承継した共同相続人が当該債権に係る遺言の内容（遺産の分割により当該債権を承継した場合にあっては、当該債権に係る遺産の分割の内容）を明らかにして債務者にその承継の通知をしたときは、共同相続人の全員が債務者に通知をしたものとみなして、同項の規定を適用する。

民法上の理解

「相続させる遺言」の場合は、不動産を取得した者は、登記なくしてその権利を第三者に対抗できる（最高裁平成14年6月10日判決・判例時報1791号59頁）と解釈されていましたが、本条によって、それが改正されました。登記なくして対抗できる部分は法定相続分に限り、それを超えた部分の取得を第三者に対抗するためには相続登記等の対抗要件が必要になりました。これは不動産に限らず、預貯金等の債権を相続した場合も同様で、債権譲渡の対抗要件を必要とします。

相続による権利の承継の場合は、遺言によるものであっても、遺産分割によるものであっても、相続人と取引をしようとする第三者が承継内容を把握することは困難です。このため法定相続分による権利の承継があったと信頼した第三者が不測の損害を被るなど、取引の安全を害するおそれがあるほか、相続人が登記をしなくても第三者にその所有権を対抗できることになり、登記制度に対する信頼が害されるおそれがありました。本条によって法定相続分を超える部分については、登記しない限り第三者に対抗できなくなりました。

包括遺贈と特定遺贈は、登記などの対抗要件を充足しなければ財産の取得を第三者に対抗することはできない（最高裁昭和46年11月16日判決・判例時報673号38頁）ことは従前のとおりです。これも不動産に限らず、預貯金等

の債権の遺贈を受けた場合も同様です。

　債権について、相続分の指定、遺贈あるいは遺産分割によって法定相続分と異なる割合で承継があった場合には、「遺言の内容を明らかにする書面」を添付して、その内容を債務者に通知した場合には、相続人の全員が通知した場合と同様に、その者が債権者としての権利を確保することになります。ただし、債権を承継したことを第三者に対しても対抗するためには確定日付を付した通知を行うことが必要です（民法467②）。確定日付を付した通知をしておかないと、法定相続人の1人が自己の相続分を第三者に譲渡し、あるいは第三者が相続人の法定相続分を差押えしてきた場合に対抗できません。債務について民法902条の2が同様の定めをおいて「その債権者が共同相続人の1人に対してその指定された相続分に応じた債務の承継を承認したときは、この限りでない」としています。債権と債務の違いはありますが立法趣旨は同じです。

税法上の理解

　本条は、財産の帰属ではなく、対抗要件を定めた規定ですので、課税関係には影響を与えません。相続税の課税では、遺言書に従い、あるいは遺産分割に従って、財産を取得した者が相続税の納税義務者として、相続税の申告義務を負うことになります。

民法第900条（法定相続分）

（法定相続分）
第900条　同順位の相続人が数人あるときは、その相続分は、次の各号の定めるところによる。
　一　子及び配偶者が相続人であるときは、子の相続分及び配偶者の相続分は、各2分の1とする。
　二　配偶者及び直系尊属が相続人であるときは、配偶者の相続分は、3分の2とし、直系尊属の相続分は、3分の1とする。
　三　配偶者及び兄弟姉妹が相続人であるときは、配偶者の相続分は、4分の3とし、兄弟姉妹の相続分は、4分の1とする。

> 四　子、直系尊属又は兄弟姉妹が数人あるときは、各自の相続分は、相等しいものとする。ただし、父母の一方のみを同じくする兄弟姉妹の相続分は、父母の双方を同じくする兄弟姉妹の相続分の2分の1とする。

民法上の理解

1　法定相続分の内容

相続分には、民法の規定による法定相続分（本条）と、遺言によって指定される指定相続分（民法902）があります。相続分の指定がない場合は法定相続分に従うことになります。

第1順位	配偶者が2分の1	子が2分の1
第2順位	配偶者が3分の2	親が3分の1
第3順位	配偶者が4分の3	兄弟姉妹が4分の1

　子の相続分は均等です。直系尊属が相続人の場合は、実父母と養父母の区別がなく均等に相続します。兄弟姉妹が相続人の場合に、父母の一方のみを同じくする半血の兄弟姉妹は、父母の双方を同じくする全血の兄弟姉妹の2分の1になります。配偶者のみが相続人の場合は、配偶者は、相続財産の全てを相続します。

　非嫡出子の相続分は嫡出子の相続分の2分の1とされていました。法の下の平等を定めた憲法14条1項に違反するか否かが争われた最高裁平成7年7月5日判決（判例時報1540号3頁）は、これを合憲としていましたが、最高裁平成25年9月4日判決（判例時報2197号10頁）で判例を変更し、「立法府の裁量権を考慮しても、嫡出子と嫡出でない子の法定相続分を区別する合理的な根拠は失われ」たと判示しました。最高裁判決を受けて本条は改正され、4項にあった「嫡出でない子の相続分は、嫡出である子の相続分の2分の1とし」という文言が削除されました。

2　二重資格がある場合の相続分

　一人の相続人が、配偶者としての相続分と兄弟としての相続分を有することがあります。婿養子について、妻が死亡したが、その夫婦の間には子供がいな

いという場合です。相続人は配偶者と兄弟姉妹になりますが、夫は、配偶者の地位と兄弟姉妹の地位を有することになります。

相続人と代襲相続人の地位を兼ねる相続人もいます。孫を養子にしたが、祖父の死亡の前に父親が死亡してしまったという場合です。養子は、養子としての相続分と、父の子としての代襲相続人としての地位を有します。

登記の実務では、前者については配偶者としての相続分のみを有し（昭和23年8月9日付民事甲2371号民事局長回答）、後者については二重の相続分を有すると取り扱っています（昭和24年9月15日付民事甲2040号民事局長回答　相基通15－4）。

判断の基準は、あり得る関係と、あり得ない関係の違いではないかと推察します。つまり、夫婦で兄弟はあり得ませんが、子で代襲相続人はあり得る関係です。

③　生命保険金の相続分

生命保険金の相続が問題になることがあります。「保険契約において、保険契約者が死亡保険金の受取人を被保険者の『相続人』と指定した場合は、特段の事情のない限り、右指定には、相続人が保険金を受け取るべき権利の割合を相続分の割合によるとする旨の指定も含まれ」ることになります（最高裁平成6年7月18日判決・判例時報1511号138頁）。

類似の事案で混乱してしまいますが、これとは異なる事案として、生命保険金の受取人が先に死亡し、その後、保険契約者が受取人を指定せずに死亡したという事案があります。この事案では、指定受取人の法定相続人で、被保険者の死亡時に現存する者が生命保険金の受取人になり（商法676②）ますが、その場合の「各保険金受取人の権利の割合は、民法427条の規定の適用により、平等の割合」になると解釈されています（最高裁平成5年9月7日判決・判例時報1484号132頁）。

税法上の理解

①　相続人の数

相続税法では、配偶者が相続した部分については相続税額の軽減の規定（相法19の2）がおかれており、配偶者が取得した相続財産については、①法定

相続分、あるいは②法定相続分を超える場合でも1億6,000万円までは相続税が課税されません。したがって、配偶者だけが法定相続人の場合は、遺産が幾らあっても、相続税は課税されません。

相続税の基礎控除額は、法定相続人の数に応じて計算され、法定相続人1人について600万円を乗じた金額に、さらに3,000万円を加えた金額です（相法15）。したがって、法定相続人の数が増えれば基礎控除額も多くなります。代襲相続人も、基礎控除額を計算する場合の法定相続人の数に加えます。

相続を放棄した者がいる場合であっても、その放棄がなかったものとして相続人の数を計算します。例えば、子が相続を放棄し、そのため、被相続人の兄弟姉妹が相続人に繰り上がった場合でも、相続税の基礎控除額は子の数を基礎に計算します。相続放棄という納税者に選択可能な手段で、基礎控除額を増減することはできないという理屈です。

その他に、法定相続人の数が相続税額に影響を与える事項として、法定相続人1人について500万円の生命保険金や死亡退職金についての非課税枠（相法12）があります。

2 養子の数の計算

民法では、実子と養子について区別はありません。しかし、相続税法は、養子縁組をして相続税の基礎控除を増やすという節税策が行われたことから、それを防止するために、法定相続人の数に含める養子の数を、実子がある場合には1人、実子のない場合には2人に制限しています（相法15②）。ただし、特別養子縁組（民法817の2）により養子になった者と、被相続人の配偶者の実子で、被相続人の養子になった者については、養子の数の制限はありません（相法15③）。

相続税対策の為の養子縁組がされることがあります。これが動機不純として、養子縁組は無効になるのか。そのことについて最高裁平成29年1月31日第3小判決（判例時報2332号13頁）は、養子縁組の無効原因にならないと次のように判示しました。

「相続税の節税の動機と縁組をする意思とは、共存し得るものである。したがって、専ら相続税の節税のために養子縁組をする場合であっても、直ちに当該養子縁組について民法802条1号にいう当事者間に縁組をする意思がないと

きに当たるとすることはできない」。

　被相続人が外国人である場合については、①相続税の総額の計算は日本の民法の規定による相続人及び相続分を基に計算し、②各人の課税価格を計算する場合においては本国法の規定による相続人及び相続分を基に計算するとされています（法の適用に関する通則法36、相法55）。さらに、所得税法の適用について、一夫多妻制の国民が2人以上配偶者を有する場合であっても、配偶者控除は1人分しか適用がないとされています。

　なお、前述した二重資格のある相続人の場合は、相続税の基礎控除等の計算では1人として計算されます（相基通15－4）。

民法第901条（代襲相続人の相続分）

> （代襲相続人の相続分）
> 第901条　第887条第2項又は第3項の規定により相続人となる直系卑属の相続分は、その直系卑属が受けるべきであったものと同じとする。ただし、直系卑属が数人あるときは、その各自の直系尊属が受けるべきであった部分について、前条の規定に従ってその相続分を定める。
> 2　前項の規定は、第889条第2項の規定により兄弟姉妹の子が相続人となる場合について準用する。

民法上の理解

　相続人が、相続の開始以前に死亡している場合は、その相続人の子、さらには孫などの直系卑属が代襲相続人（民法887）になりますが、その相続分は、代襲の原因になった相続人が受けるべき相続分と同じです。

　つまり、相続人が長男、次男、三男の場合に、相続の開始以前に長男が死亡している場合は、長男の子は、長男が受けるべきであった相続分を代襲相続人として取得することになります。さらに、長男の子が複数存在する場合は、その子達の代襲相続による相続分は民法900条（法定相続分）の規定に従うことになります。

　代襲相続人になるのは、直系卑属に限りますので、上記の例で説明すれば、

長男の配偶者は代襲相続人にはなりません。さらに、長男が養子の場合は、養子縁組前に生まれている子供は代襲相続人にはなりません（民法727）。しかし、養子になった後に生まれた子供は代襲相続人ですし、養子が、さらに養子を迎えた場合も、その養子は代襲相続人になります。

相続人が兄弟姉妹の場合は、その子供に限って、代襲相続が認められます（民法889）。つまり、甥姪までが代襲相続人であり、甥姪の子については代襲相続権が認められません。いわゆる「笑う相続人」を生じさせないためです。

税法上の理解

代襲相続人は、法定相続分に従って債務を承継するので、相続を放棄することも認められています。相続を放棄しても、相続税の基礎控除を計算する場合の法定相続人の数に含まれることは、一般の相続人と変わりません。それに、相続を放棄した場合は、生命保険金等の非課税枠500万円が利用できないことも、一般の相続人と変わりません。

代襲相続人は、被相続人との関係で2親等、あるいは3親等の関係にありますから、相続税法18条によって相続税の2割加算を検討する必要がありますが、同条は括弧書きで、代襲相続人を2割加算の対象から除外しています。しかし、代襲相続人が相続を放棄した場合は、同条の相続人には含まれず、2割加算の対象に含まれてしまうことになります。遺贈、あるいは生命保険金を受け取っている場合に注意を要する箇所です。

では、長男の子（孫）が父親の養子になり、その後、長男が死亡し、さらに父親が死亡した場合の相続人の数と、相続分はどのように計算されるのでしょうか。孫は、養父の相続について、養子として相続人である地位と、孫として代襲相続人の地位の二重の地位を有するからです。

この場合について、相続税の基礎控除は1人として計算するが、相続分の計算では、相続人と、代襲相続人の地位の二重の相続分を有するとされています（相基通15－4）。不動産登記の取扱いでも、この者は二重の相続権を有するとされています（昭和26年8月18日民事局長回答）。

民法第902条(遺言による相続分の指定)

> (遺言による相続分の指定)
> 第902条　被相続人は、前2条の規定にかかわらず、遺言で、共同相続人の相続分を定め、又はこれを定めることを第三者に委託することができる。
> 2　被相続人が、共同相続人中の一人若しくは数人の相続分のみを定め、又はこれを第三者に定めさせたときは、他の共同相続人の相続分は、前2条の規定により定める。

民法上の理解

　遺言により指定できる項目は10種類ほどあります。

　その一つが相続分の指定及び指定の委託です。指定相続分は、被相続人の意思により、法定相続分とは異なる割合によって共同相続人の相続分を定めることができる制度です。

　相続分を指定する方法としては、被相続人が自ら指定しても、又は第三者に指定を委託してもかまいませんが、必ず遺言による必要があります。

　相続分を指定する場合、例えば自分の財産の5分の3を配偶者に、5分の2を子供に相続させるといったように相続財産全体に対する分数的割合によりなされることが想定されます。

　しかし、実務上は「株式を長男に与える」など、特定の相続財産を特定の相続人に与える内容の遺言がなされるのが一般です。

　相続財産を特定する個別的指定が、相続分の指定、遺贈(民法964、985以下)、又は遺産分割方法の指定(民法908)のいずれに該当するのかは、具体的な事案の解釈によって判断されます。

税法上の理解

1　相続分の指定と遺産分割の要否

　相続分の指定が割合で示された場合は、遺産分割協議が必要になりますが、それが未分割のままで申告期限を迎えた場合は、相続税法55条に基づき、指定相続分による相続税の申告が必要になります。

未分割財産がある場合に留意すべき税法上の注意点は次のとおりです。

　まず、税法上の優遇規定との関係です。配偶者に対する相続税額の軽減規定（相法19の2）や小規模宅地等の減額の特例（措法69の4）を有効利用しようとして相続分の指定をしても、これらの規定は分割された財産を対象としているため、相続分の指定を割合で行っただけであれば優遇措置の恩典は受けられません。もちろん、特定の遺産を特定の相続人に与える旨の指定であれば配偶者の相続税額の軽減等の適用が受けられます。

　債務との関係も問題になります。

　例えば、遺産の10分の7を長男に相続させると指定した場合に、債務が法定相続分で承継されるのか、あるいは指定相続割合で承継されるのかについて議論が分かれます。

　民法上の議論では法定相続分に従うとする説が多いようですが、課税の実務では、債務は、指定相続分に従って承継すると考えているようです（相基通13－3、通則法5②、通基通5条関係9）。

2　遺言に反する遺産分割

　遺言書に反する遺産分割は可能なのか。これを理屈で考えると相当に面倒な設問です。遺言内容が特定遺贈であれば、遺贈を放棄（民法986）して、遺産分割を実行してしまえば良いのですが、「相続させる遺言」の場合はいかがでしょう。

　訴訟の分野では、「相続させる遺言」が存在する場合も遺産分割協議を必要とする多田判決（東京高裁昭和45年3月30日判決）がありましたが、その後、昭和63年7月11日東京高裁の武藤判決を経て、最終的に平成3年4月19日最高裁の香川判決で「何らの行為を要せずして、被相続人の死亡の時（遺言の効力の生じた時）に直ちに当該遺産が当該相続人に相続により承継されるものと解すべき」と判示しました。

　つまり、遺言書に反する遺産分割は、遺贈であれば可能で、「相続させる遺言」の場合は不可能という判断です。しかし、香川判決も「特定の相続人はなお相続の放棄の自由を有するのであるから、その者が所定の相続の放棄をしたときは、さかのぼって当該遺産がその者に相続されなかったことになるのはもちろんであり」と判示しています。

さて、実務では、どのように考えるべきでしょうか。第三者の受遺者がいない限り、遺言書に反した遺産分割は可能と考えるべきです。民法は、当事者が納得すれば何でも可能なのです。そして、税法の判断基準は常識なので、この場合に贈与、交換とはいわず、遺言書に反する遺産分割を認めるのが次の国税の取り扱いです。

「相続人全員の協議で遺言書の内容と異なる遺産の分割をしたということは（仮に放棄の手続きがされていなくても）、包括受遺者である丙が包括遺贈を事実上放棄し（この場合、丙は相続人としての権利・義務は有しています。）、共同相続人間で遺産分割が行われたとみて差し支えありません。したがって、照会の場合には、原則として贈与税の課税は生じないことになります」（質疑応答事例　遺言書の内容と異なる遺産の分割と贈与税）。

しかし、遺言書に従った内容の相続税の申告を行った後に行う遺産分割に対しては、贈与税が課税される可能性があります。遺言の内容に従って配偶者の税額軽減規定の適用を受けた後に、その内容と異なる遺産分割を行うことを認めては課税上の弊害があるからです。

相続分の指定の委託を受けた第三者がその委託を拒否したり、又はその委託を承認しても相続分の指定を実行しないことによって指定相続分が定まらない場合は、税法上は法定相続分が適用されます（通基通5条関係11）。

民法第902条の2（相続分の指定がある場合の債権者の権利の行使）

（相続分の指定がある場合の債権者の権利の行使）
第902条の2　被相続人が相続開始の時において有した債務の債権者は、前条の規定による相続分の指定がされた場合であっても、各共同相続人に対し、第900条及び第901条の規定により算定した相続分に応じてその権利を行使することができる。ただし、その債権者が共同相続人の1人に対してその指定された相続分に応じた債務の承継を承認したときは、この限りでない。

民法上の理解

　遺言に記載できるのは資産（借方）のみであって、遺言をもって債務の帰属を決定することはできないのが原則で、これが可能なのは負担付遺贈（民法1002）と遺言による相続分の指定（民法902）に限ります。ただ、その場合でも遺言書の記載は債権者には影響を与えません。これは遺産分割で債務の承継者を決定した場合も同様で、債権者は、遺産分割の結果に従う必要はありません。債務は、あくまでも法定相続分で負担するというのが民法の理屈です（民法427、最高裁平成21年3月24日判決・判例タイムズ1295号175頁）。

　しかし、現実には、たとえば、住宅ローンについて建物を相続した者が、債務を承継するという遺産分割をするのが実務であって、この場合は銀行も免責的債務引受の手続で、債務者を1人に特定するのが実務です。債務の承継者が決まらないまま複数の者が債務者になってしまう場合は、債権者としても時効の管理など面倒な問題が生じてしまうからです。

　本条は、その手続を遺言の場合に拡大することにしました。相続分の指定で相続分が決められた場合は、債務も、その割合で承継されたとみなし、債権者が、それを認めた場合は、その割合での債務の承継の効果が生じるという特例です。遺言書が存在する場合は、相続人の全員による債務の承継割合の合意が行われない場合が多いので、その場合の免責的な債務引受の手続を受遺者と債権者の両名だけの手続で行えるようにしたと理解することができます。

　もっとも、国税通則法5条2項は、遺言による相続分の指定があった場合は「承継する国税の額は、同項の国税の額を民法第900条から第902条まで（法定相続分・代襲相続人の相続分・遺言による相続分の指定）の規定によるその相続分によりあん分して計算した額とする」としており、本条は、債権者の同意という要件のもとに国税通則法の理解を採用したことになります。

民法第903条(特別受益者の相続分)

(特別受益者の相続分)
第903条 共同相続人中に、被相続人から、遺贈を受け、又は婚姻若しくは養子縁組のため若しくは生計の資本として贈与を受けた者があるときは、被相続人が相続開始の時において有した財産の価額にその贈与の価額を加えたものを相続財産とみなし、第900条から第902条までの規定により算定した相続分の中からその遺贈又は贈与の価額を控除した残額をもってその者の相続分とする。
2 遺贈又は贈与の価額が、相続分の価額に等しく、又はこれを超えるときは、受遺者又は受贈者は、その相続分を受けることができない。
3 被相続人が前2項の規定と異なった意思を表示したときは、その意思に従う。
4 婚姻期間が20年以上の夫婦の一方である被相続人が、他の一方に対し、その居住の用に供する建物又はその敷地について遺贈又は贈与をしたときは、当該被相続人は、その遺贈又は贈与について第1項の規定を適用しない旨の意思を表示したものと推定する。

民法上の理解

1 特別受益財産の意味

相続人の中に被相続人から遺贈や生前贈与を受けた者がいる場合には、その遺贈や生前贈与を考慮せずに法定相続分に従って遺産を分割したのでは、相続人間の公平が図れなくなります。

そこで、遺贈や生前贈与により取得した財産を相続財産の前渡しと考え、それを相続財産に加えて相続分を計算することによって、相続人間の公平を図ろうとするのが本条の特別受益者の相続分の制度です。

相続人の中に特別受益者がいる場合は、相続人の相続分は次の方法により計算されます。

被相続人が相続開始時に有していた財産の価額に特別受益者が贈与を受けた財産の価額を加えたものを相続財産とみなし、それに法定相続分を乗じ、その金額から特別受益財産の価額を控除するという方法です。これを特別受益財産の持戻しといいます。

したがって、特別受益財産が少ない場合は、特別受益者も相続財産を取得することになりますが、特別受益財産が多額な場合は特別受益者の相続分はゼロになります。

ただし、これがマイナスになった場合においても、特別受益者は財産を返還する義務を負いません。

なお、遺言書をもって、特別受益財産の持戻しを免除することも可能です（本条3項）。持戻しが免除されている場合は、相続財産に特別受益財産を加えるという上記の計算は行われないことになります。

2 配偶者の居住の保護

婚外子に実子と平等の相続権を認めた最高裁平成25年9月4日判決から始まった民法相続編の改正で、当初は、配偶者の相続分を次のように増額する案が検討されていました。

　甲　案　被相続人の財産が婚姻後に増加した場合は配偶者の相続分を増やす。
　乙1案　婚姻期間が20年を経過した場合は協議で配偶者の相続分を引き上げる。
　　ア　配偶者の相続分は3分の2とし、子の相続分は3分の1。
　　イ　配偶者の相続分は4分の3とし、両親の相続分は4分の1。
　　ウ　配偶者の相続分は5分の4とし、兄弟姉妹の相続分は5分の1とする。
　乙2案　婚姻成立の日から20年が経過した場合の相続分は乙1案と同じとする。

婚外子に均等の相続分を認めた結果、遺産分割で居宅の処分が必要になった場合は、配偶者が居宅を追い出されてしまう危険が生じました。つまり、相続人が母と子であれば、母が居住する住居の売却までは要求しません。仮に、子が相続分を主張する場合でも共有登記を行うことで母の居住は保護されます。第2次相続まで遺産分割を延期することも可能ですが、婚外子が登場した場合は、そのような処理は困難です。父の相続時点での居宅の換価が必要になってしまう場合が想定されます。

その防止策として配偶者居住権（民法1028）と配偶者の法定相続分の引き上げが検討されたのですが、これら改正案についてパブリックコメントを求めたところ、配偶者の法定相続分の引き上げには反対意見が多く、これが頓挫し、

その代案として採用されたのが本条4項です。つまり、居住用不動産を遺産分割協議から排除する持ち戻し免除の制度です。

しかし、相続開始から10年以内の贈与（民法1044）と遺贈は遺留分の対象に含まれ、持ち戻し免除は遺留分侵害額の請求を排除しないので、遺留分を行使された場合は、それらは遺留分の計算に含まれることになります。

居住用の資産を贈与した後に、贈与財産が譲渡されている場合も保護されるのかという疑問があります。婚姻期間が20年以上であることを要求するなど、相続税法21条の贈与税の配偶者控除の特例を意識した法の作りと考えますが、相続税評価額2,000万円で贈与できる資産には、地価が高い都心部では限度があること、配偶者に贈与するとしても、贈与者が先に死亡するとは限らないこと、相続時の利用とは異なり小規模宅地の評価減が利用できないことなど、贈与での利用には限界があるように思います。

現実的な利用方法は遺贈、つまり、遺言書によって行うことになりますが、そもそも遺言書が作成される事例は少なく、遺言書を作成するほどに相続を意識している場合であれば、3項で持ち戻し免除の意思表示を認めているので、本条は、屋上屋を架した割には、実効性は薄いように思います。

なお、4項が定める持戻し免除の意思の推定は、民法改正法の施行日前にされた遺贈と贈与には適用されません。施行日前の贈与と遺贈については、本条4項に基づく被相続人の意思が推定されないからです。

③ 特別受益財産の範囲

特別受益財産の計算では、相続財産の価額は、相続時の時価で計算されます（民法904）。相続時に、その財産が残っていない場合、あるいは変質している場合は、当初の特別受益財産が残っているとした場合の相続時の時価を採用することになります。

現金について贈与があった場合には、「相続開始時の貨幣価値に換算した価額をもって評価する」とするのが判決です（最高裁昭和51年3月18日判決・判例時報811号50頁）。

このように、一応は計算が可能とされている特別受益ですが、どのような生前贈与が「生計の資本」としての贈与に該当するのか、また、債務が存在する場合の計算は、どのように行うかなど、家庭裁判所の遺産分割の場面では紛糾

することが多いのが特別受益の計算です。一般には、相当額の贈与は、特別の事情のない限り、すべて特別受益になると理解されています。

　一般に議論されるのが、一部の相続人だけが大学に進学した場合や、医学部の入学金などが特別受益に含まれるか否かですが、大学に進学するのが特別ではない時代ですので、これらは特別受益には含まれないと考えます。事業に失敗し、債務の肩代わりを受けた場合については、生計の資本という言葉をどのように解するかによって見解が異なりそうです。

　家事調停手続は、これらの争点について明確な答を出すことではなく、逆に、不明確のままにお互いが納得し、家庭内の紛争を解決することを目指しています。このため、特別受益に限らず、寄与分などについても統一的な理解が成立し難いのが家庭裁判所の実務です。

　なお、代襲相続が発生した場合には、①被代襲者が受けていた特別受益が代襲者の特別受益になるのかという問題と、②代襲者自身が被相続人から特別受益を得ていた場合の考え方についての検討が必要です。

　福岡高裁平成29年5月18日判決（判例時報2346号81頁）は、まず、被代襲者が受けていた特別受益については、「代襲相続人に、被代襲者が生存していれば受けることができなかった利益を与える必要はないこと、被代襲者に特別受益がある場合にはその子等である代襲相続人もその利益を享受しているのが通常であること等を考慮すると、被代襲者についての特別受益は、その後に被代襲者が死亡したことによって代襲相続人となった者との関係でも特別受益に当たるというべきである」と判示しています。

　次に、代襲者自身が被相続人から特別受益を得ていた場合については、「被相続人から贈与を受けた後に、被代襲者の死亡によって代襲相続人としての地位を取得したとしても、その贈与が実質的には被代襲者に対する遺産の前渡しに当たるなどの特段の事情がない限り、代襲相続人の特別受益には当たらないというべきである」と判示しています。

[4]　**相続分の譲渡と特別受益**

　相続分の譲渡を特別受益と判断した判決（最高裁平成30年10月19日第二小法廷判決）があります。

　父親の死亡（第1次相続）に際して、母親の法定相続分の2分の1が特定の

子に無償で譲渡され、譲渡された相続分を含めて遺産分割が完了しました。その後、母親の相続（第2次相続）について、第1次相続における相続分の譲渡が特別受益になるか否かが争われた事案です。

最高裁は、「共同相続人間においてされた無償による相続分の譲渡は、譲渡に係る相続分に含まれる積極財産及び消極財産の価額等を考慮して算定した当該相続分に財産的価値があるとはいえない場合を除き、上記譲渡をした者の相続において、民法903条1項に規定する『贈与』に当たる」と判示しました。

では、遺産分割によって、母の取り分を減らし、特定の相続人の取り分を増やした場合も特別受益になってしまうのか。確かに、遺産分割で、法定相続分を下回る資産しか取得しない場合を詐害行為とした判決（最高裁平成11年6月11日判決）がありますので、遺産分割も特別受益になるのかもしれません。しかし、そうだとしたら、第2次相続では、常に、第1次相続の遺産分割を調べる必要が生じてしまいます。

5 生命保険金と死亡退職金

相続人が受け取った生命保険金、あるいは死亡退職金が特別受益財産に含まれるか否かについては、次のような最高裁判決と、これを受けた高裁判決があります。

最高裁は、「相続人が取得する死亡保険金請求権又はこれを行使して取得した死亡保険金は、民法903条1項に規定する遺贈又は贈与に係る財産には当たらない」と判示しました。

ただし、「保険金受取人である相続人とその他の共同相続人との間に生ずる不公平が民法903条の趣旨に照らし到底是認することができないほどに著しいものであると評価すべき特段の事情が存する場合には、同条の類推適用により、当該死亡保険金請求権は特別受益に準じて持戻しの対象となる」と判示し、生命保険金が特別受益になる可能性を示唆しました（最高裁平成16年10月29日判決・判例タイムズ1173号199頁）。

これを受けて、東京高裁は「保険金を受領したことによって遺産の総額に匹敵する巨額の利益を得ており」「保険金受取人である相続人とその他の共同相続人との間に生ずる不公平が民法903条の趣旨に照らし到底是認することがで

きないほどに著しいものである」ので、死亡保険金は特別受益に準じて持戻しの対象となると判示しました（東京高裁平成17年10月27日決定・家裁月報58巻5号94頁）。

　生命保険契約については多様な商品が提供されており、預金性の高い養老保険と、掛捨保険である定期保険とは、本条に基づく保護の必要性に差異が生じるので、生命保険金が特別受益になるか否かについて一義的な判断をすることは困難です。

　死亡退職金については、就業規則や国家公務員退職手当法などで権利として認められた退職金なのか、株主総会の決議ではじめて支給が認められる役員退職金なのかなどによって事実判断は異なるように思います。公表された審判例も次のように事案によって異なる判断をしています。

　死亡退職金を特別受益に該当しないと判断した事案（東京高裁昭和55年9月10日決定、東京家裁昭和55年2月12日審判、大阪家裁昭和53年9月26日審判）もありますが、特別受益に該当すると判断した次のような事案もあります。

　死亡退職金について、国家公務員退職手当法の趣旨から、受給権者は固有の権利として退職金を取得すると解するのが相当だが「共同相続人間の実質的公平の見地からすると、やはり特別受益になるものと解すべき」とした事案（大阪家裁昭和51年11月25日審判）や、会社の代表取締役に対して支払われた1,000万円の弔慰金について、「生前の会社経営に対する功労報酬的性格」を持ち、他の相続人間の公平も考慮すべきであるから、「右弔慰金は遺贈に準ずるものとして民法903条の特別受益にあたる」とした事案（東京地裁昭和55年9月19日判決）」です。

6　相続分のないことの証明による登記

　登記手続の手法として、「私は被相続人から既に財産の分与を受けており、被相続人の死亡による相続については、相続する相続分が存しないことを証明します」という内容の「相続分不存在証明書」あるいは「特別受益証明書」を利用する方法があります。生前に充分な贈与を受けており、それが特別受益になるので、相続において自己の相続分は存在しないという証明書を作成し、登記手続を行ってしまう手法です。

しかし、事実に関する証明ですから、それが事実に反する場合は、「相続分不存在証明書」による登記は無効です。ただし、「相続分不存在証明書」の作成をもって、相続人間に遺産分割協議が成立したと評価される場合（東京高裁昭和59年9月25日判決・判例時報1137号76頁）、あるいは「相続分不存在証明書」の交付をもって相続分の譲渡と認定できる場合は（新潟家裁三条支部昭和44年2月25日審判・判例タイムズ243号315頁）、その趣旨の効力を持つ合意が成立したと認められることになります。

　「相続分不存在証明」は、未成年者について、特別代理人を選任する手続きを省略する手法として利用されることがあります。「相続分不存在証明書」は、事実に関する証明ですから、利益相反とされることなく、親権者が作成することができるからです（親権者による未成年者の特別受益証明と登記申請／登記研究461号）。

税法上の理解

　相続税の計算では、特別受益財産の価額は、その贈与時の価額が採用され、かつ、相続税に加算される財産は、特別受益財産の全額ではなく、相続の開始前3年以内の贈与財産（相法19）と、相続時精算課税（相法21の9）の適用を受けた財産に限られるという意味で、両者の計算の間には齟齬が生じてくることになります。

　相続税の申告でも、「相続分不存在証明書」あるいは「特別受益証明書」が作成されることがあります。

　「相続分不存在証明書」は相続税法施行規則第1条の6第3項第1号に規定する書類に該当しないとされていますが、「相続分不存在証明書」が真に特別受益を受けているという事実に基づいて作成され、その事実に基づき相続財産が相続人名義に変更されていることが確認できる場合には、「相続分不存在証明書」も、配偶者の相続税額の軽減について、添付書類として認めるとするのが実務です。

民法第904条（特別受益者の相続分②）

> **（特別受益者の相続分②）**
> **第904条** 前条に規定する贈与の価額は、受贈者の行為によって、その目的である財産が滅失し、又はその価格の増減があったときであっても、相続開始の時においてなお原状のままであるものとみなしてこれを定める。

民法上の理解

　相続税の生前贈与加算で加算対象になるのは、相続開始前3年以内の贈与財産に限られますが、特別受益財産については年数制限がなく、生前に贈与されたものであれば全て特別受益の対象になります。これは、相続税が課税の公平を目的とし、捕捉可能性を考慮して3年の制限をおいているのに対し、民法では相続人間の遺産分割の衡平を目的として、全ての贈与財産を持戻しの対象にしているからです。

　受贈財産が受贈者の行為によって滅失（贈与、売買などの法律行為による経済的滅失も含む。）し、又は、使用、修繕、改良、損傷などによってその価額の増減があった場合には、その財産が相続開始時に原状のままであるものとみなして、相続開始時の時価で評価します（本条）。

　例えば、1,000万円の建物を贈与された者が、これを1,200万円で売却した場合であっても、相続開始時の評価額が1,100万円であれば、その受贈財産は1,100万円で評価されます。

　受贈財産が天災その他の不可抗力によって滅失し、又はその価額の増減があった場合には、受贈者には責任がないところから、特別受益は消滅したとみなされます。

　なお、受贈財産が受贈者の行為によらないで滅失した場合であっても、それに代わる財産（補償金など）を取得した場合には、補償金などを代償財産として持戻しの対象としなければなりません。

　金銭の贈与については、原則として評価の問題は起こりませんが、貨幣価値の変動が著しい場合には、共同相続人間の実質的衡平を図る見地から、贈与時

の金額を相続開始時の貨幣価値に換算した価額をもって評価することになります（最高裁昭和51年3月18日判決・判例時報811号51頁）。

　中小企業のオーナーが、会社の株式を後継者に贈与した場合に、その後、後継者の働きによって会社の内部留保が蓄積された場合は、本条は不合理な結果を生じさせます。仮に、贈与時の株価が1株1,000円で、相続時の株価が1株3,000円に上昇していた場合には、株価の上昇は株式の贈与を受けた後継者の働きの結果であるのに、それが特別受益に含まれてしまうからです。遺留分の算定については、相続人に対する贈与であっても、相続開始前の10年間にしたものに限り（民法1044③）、さらに「中小企業における経営の承継の円滑化に関する法律」による固定合意などの手続が準備されていますが、特別受益の計算については、そのような対策は取られていません。

　なぜ、贈与時の時価でなく、相続時の時価が採用されるのか。民法制定時のお手本とされたフランス民法を引き継いだ影響と想像しますが、そもそも民法は、決められたことを守るのが正義であって、決められたことを否定する議論は立法論として排除されてしまいますので、贈与時ではなく、相続開始時の時価を採用することによる不合理などは法律家には意識されないようです。

民法第904条の2（寄与分）

（寄与分）
第904条の2　共同相続人中に、被相続人の事業に関する労務の提供又は財産上の給付、被相続人の療養看護その他の方法により被相続人の財産の維持又は増加について特別の寄与をした者があるときは、被相続人が相続開始の時において有した財産の価額から共同相続人の協議で定めたその者の寄与分を控除したものを相続財産とみなし、第900条から第902条までの規定により算定した相続分に寄与分を加えた額をもってその者の相続分とする。
2　前項の協議が調わないとき、又は協議をすることができないときは、家庭裁判所は、同項に規定する寄与をした者の請求により、寄与の時期、方法及び程度、相続財産の額その他一切の事情を考慮して、寄与分を定める。

> 3 寄与分は、被相続人が相続開始の時において有した財産の価額から遺贈の価額を控除した残額を超えることができない。
> 4 第2項の請求は、第907条第2項の規定による請求があった場合又は第910条に規定する場合にすることができる。

民法上の理解

　相続人の中に寄与分が認められる者がいる場合は、法定相続分（民法900）、あるいは指定相続分（民法902）に寄与分を加えた額が、その者の相続分になります。

　寄与分は、昭和56年1月1日に導入された制度ですが、適用事例について公表された審判例が少なく、利用される事例と、その効果について共通した理解を得ることが困難な制度です。

　実務においては、寄与分を主張し、相続財産の拡大を図るという積極的な利用ではなく、遺産分割によって生じてしまう不都合を解消する手段として、寄与分の制度が利用されているようです。

　例えば、相続財産は、配偶者が居住する居宅のみという場合に、法定相続分に従った遺産分割を行ったのでは、配偶者は居宅を失うことになってしまいます。しかし、配偶者の寄与分が認められれば、他の相続人に支払うべき代償金が少なくなり、配偶者の居宅を守ることができます。寄与分は、このような生活防衛の手段として利用されていると想像されるところです。

　寄与分が主張できるのは相続人に限定されるので、内縁の妻などは寄与分の主張はできません。親族の場合であれば新設された民法1050条に基づく金銭請求を行うことが可能です。代襲相続人は、代襲相続人自身の寄与を主張できますが、それに併せて被代襲者の寄与を主張し得るかについては明確ではありません。相続人の妻の寄与を、相続人自身の寄与として主張し得るかについては、履行補助者の寄与として肯定するのが多数説です。

　夫婦や親子には相互に扶養する義務（民法877）があるところから、それが寄与なのか、あるいは一般的な扶養義務の履行なのかが明確ではありません。

　一般には、特別の寄与であることと、それが被相続人の事業への貢献や、被相続人の療養看護などによって、被相続人の財産の維持又は増加をもたらした

ことが必要と理解されています。しかし、いずれの行為が寄与と認定されるかは事実認定の問題であり、一般化はできない制度が寄与分です。

公表された寄与分についての決定例では、「耕作放棄によりみかん畑が荒れた場合にはその取引価格も事実上低下するおそれがあるから、長男には、農業に従事してみかん畑を維持することにより遺産の価値の減少を防いだ寄与があると判断して、みかん畑の評価額の30パーセントを寄与分と認めた（大阪高裁平成27年10月6日決定・判例タイムズ1430号142頁）」事例や、「月25万円から35万円という相応の収入を得ていたというべきであり、Bの郵便局事業への従事が被相続人の財産の維持・増加に特別の寄与をしたとは認められない（札幌高裁平成27年7月28日決定・判例時報2311号22頁）」とした事案があります。

税法上の理解

寄与分は、その内容と金額が不明確であることから、相続税について、未分割状態での申告を行う場合の計算の基礎には含めないこととされています（相法55）。

その後、遺産分割において寄与分が認められ、法定相続分以上の遺産を相続した者については、その寄与分の価額を加えたところで相続税が計算されることは当然です。

民法第905条（相続分の取戻権）

（相続分の取戻権）
第905条　共同相続人の1人が遺産の分割前にその相続分を第三者に譲り渡したときは、他の共同相続人は、その価額及び費用を償還して、その相続分を譲り受けることができる。
2　前項の権利は、1箇月以内に行使しなければならない。

民法上の理解

相続分の譲渡とは、積極財産と消極財産とを包括した遺産全体に対する相続

分の包括譲渡のことです（最高裁昭和53年7月13日判決・判例時報908号41頁）。相続財産に含まれる個々の財産についての譲渡とは異なります。

相続分の譲渡は、遺産分割に代わる手法として、遺産分割前に、他の共同相続人に対して行われるのが通例です。しかし、相続分の譲渡が全くの第三者に対して行われることが禁止されるわけではありません。ただし、その場合は、相続分の譲受人を含んだところでの遺産分割協議が必要になるなど、面倒な関係が生じてしまいます。

最高裁平成26年2月14日判決（判例時報2249号32頁）は、「共同相続人のうち自己の相続分の全部を譲渡した者は、遺産確認の訴えの当事者適格を有しないと」と判示しています。

このように、第三者の参加によって遺産分割が円滑に行われない可能性があることから、譲渡人以外の共同相続人は、相続分の譲渡の代価と、その譲受けの費用を弁済することによって、譲渡対象になった相続分を取り戻すことができます。

取戻しが認められるのは、譲渡から1ヶ月以内で、その期間内であれば譲受人の意思に反しても取り戻すことができます。譲受人の承諾があれば、もちろん、1ヶ月を過ぎていても取り戻すことができることは当然です。

税法上の理解

1 他の共同相続人に相続分が譲渡された場合

相続分を他の共同相続人に譲渡した場合は、遺産分割と同様の課税関係が生じます。

例えば、各々の相続人が自己の相続分を特定の相続人に譲渡した場合は、その者が相続分の全てを取得するという遺産分割が行われたのと同じ結果になります。

これは有償で譲渡された場合も、無償で譲渡された場合も同様です。有償で譲渡された場合であれば、その対価は代償分割における代償金と同様の意味を持つことになります。

譲渡の対価が現金ではなく、土地や建物などの資産が交付された場合の課税関係も、代償分割の場合と同様です。

ただし、その場合は、土地や建物などを提供した相続人は、相続税の申告を行うだけではなく、譲渡所得の申告も必要になります。相続分の譲渡を受けることの対価として、自己の固有の財産を譲渡したことになるからです。

相続税の申告時に相続財産が分割されていない場合は、未分割遺産として相続税法55条に基づく相続税の申告を行います。

この場合、通常は民法900条から904条までの規定に基づいて各人の相続分の計算をしますが、相続税の申告前に相続分の譲渡があった場合は、その各人の相続分は譲渡の結果を含めたところによる相続分になります。

つまり、「譲渡人については法定相続分から譲渡した相続分を控除したものを、譲受人については法定相続分に譲り受けた相続分を加えたもの」という計算をすることになります（最高裁平成5年5月28日判決・判例時報1460号60頁）。

この場合、遺産が未分割であることには変わりはないので、配偶者に対する相続税額の軽減（相法19の2）や、小規模宅地等についての相続税の課税価格の計算の特例（措法69の4）は適用できません。しかし、配偶者が有償で相続分を譲渡したときは、配偶者の取得分が確定しますので、配偶者に対する相続税額の軽減は適用できると考えられます。

相続税の申告後に相続分の譲渡が行われた場合に更正の請求が認められるのか否かについては疑問があります。

何故なら、相続分の譲渡を更正の請求理由と認める条文が存在しないからです。しかし、相続分の譲渡の場合も、相続税法32条1号を適用し、遺産分割が行われたとして相続税の更正の請求を認めるのが実務です。

2 第三者に相続分が譲渡された場合

相続分を第三者に譲渡した場合には、譲渡人は第三者に譲渡した相続分も自己の相続分として、相続税の申告をしなければなりません。相続しなければ、相続分の譲渡は行えないからです。

第三者は、遺産分割協議に参加することとなりますが、相続税の納税義務は生じません。第三者が個人か法人かによって贈与税又は法人税の課税関係が生じます。

まず、第三者が個人であるときは、有償の譲渡であれば、譲渡人は相続税の

申告とともに、譲渡所得の申告を行うことが必要になります。無償の譲渡であれば、譲渡人は相続税の申告を行い、譲受人は贈与税の申告を行うことになります。

次に、第三者が法人であるときは、有償であると無償であるとを問わず、譲渡人は、相続税の申告と共に、譲渡所得の申告が必要になります（所法59）。譲受人には、譲り受けた財産の時価と対価との差額について法人税が課税されます。

③ 譲渡された相続分が取り戻された場合

第三者から相続分が取り戻された場合は、かなり複雑な課税関係を生じさせてしまうことになります。

まず、相続分を譲り受けた第三者が支払った代価は、相続財産という集合体の購入のための代価になりますので、その後、取戻権を行使した相続人から第三者が受け取る代価も、その集合体の譲渡の代価と評価されます。

その後の遺産分割については、それが相続税の範囲内の処理なのか、あるいは交換や譲渡の課税関係を生じさせることになるのかという問題があります。相続分を取り戻した者が支払った代価が、どの資産の取得価額に配分されるのかについても、収拾不能の問題を生じさせることになってしまいます。

課税問題を考えるとすれば、相続分を第三者に譲渡するのは避けておくほうが無難です。

民法第906条（遺産の分割の基準）

（遺産の分割の基準）
第906条　遺産の分割は、遺産に属する物又は権利の種類及び性質、各相続人の年齢、職業、心身の状態及び生活の状況その他一切の事情を考慮してこれをする。

民法上の理解

① 遺産分割の基準

相続人が納得すれば、どのような内容の遺産分割をするのも自由です。これは相続を放棄することが認められていることからすれば当然のことです。仲の

良い相続人であれば、法定相続分に従った遺産分割を行う必要は全く存在せず、各人の必要に応じて、各人の生活が成り立つように遺産を分けあうことが期待されます。先祖伝来の田地田畑を相続した明治、大正、昭和の時代とは異なり、夫婦で獲得したマイホームを相続する場合であれば、そして長寿化の時代なら、これは配偶者が相続するのが常識的です。子ども達は第2次相続で財産を分け合えば良いのです。そのことを宣言したのが本条です。

　しかし、常に円満な遺産分割が可能というわけではなく、争いが生じてしまうことがあるのが相続です。その際には法定相続分という分割の基準を採用せざるを得ません。しかし、その場合でも、遺産の金額的な側面に着目した公平だけでなく、遺産が持つ経済的な価値や効用を損なわないような分割を行う必要があります。例えば、被相続人が農業経営をしている場合には、農業を承継した相続人が分割を経ても農業を営んでいけるよう考慮すべきです。また、商店を営んでいて営業用の資産がある場合や、許可営業をしていて相続人のうちに有資格者がいる場合などにも、営業に必要な財産の承継を考慮する必要があります。

　なお、遺産分割は、相続が開始した後に行う必要があり、生前に行った遺産分割の合意は無効です。ただし、相続が開始した後に、生前に行われた遺産分割を、相続人の全員が追認したときは、その時点で新たな遺産分割が行われたと同視され、生前の遺産分割は追認によって効力を持つことになります（東京地裁平成6年11月25日判決・判例タイムズ884号223頁）。

　同様に、相続開始前に相続人当事者間で行う相続を放棄する旨の契約も、相続分を譲渡する契約も、それが有償であるか無償であるかを問わず、法律上は無効と解されています（東京地裁平成15年6月27日判決・金融法務1695号110頁）。

　遺産分割の基礎になる価額は、相続開始時ではなく、遺産分割時に算定されるのが本則ですが、調停の実務では、相続税の申告に際して採用された評価額が話合いの前提になることが多いようです。その理由として、相続税評価額を否定し、他の価額を採用しようとすれば、不動産鑑定が必要になり、その鑑定結果を当事者が受け入れない場合は、再度の不動産鑑定が必要になるなど、話合いが長期化するリスクを、調停委員や弁護士が認識しているからです。

相続税評価額を利用する場合も、小規模宅地等の評価減などの減額部分は採用しません。貸家建付地評価減を採用するか否かは、それが戸建の賃貸物件の場合と、ワンルームマンションなどの場合では異なってくるはずです。取引相場のない株式については、財産評価基本通達を超える適切な評価理論は存在せず、これを否定することは実際には困難です。ただし、純資産価額を計算するについて、評価差額についての法人税相当額の控除については、控除前の純資産価額を採用するという考え方もあり得ます。

2 代償分割と換価分割

遺産による分割が困難な場合は、代償分割、あるいは換価分割を命じることもできます（家事手続法194、195）。唯一の相続財産が居宅であり、配偶者が居住しているような場合は、他の相続人に代償金を支払う分割が命じられます。相続財産を現物分割した場合には、細分化し、使用困難な土地が生じてしまう場合は換価分割が命じられることになります。

代償分割については、支払いを命じられた相続人に支払いの資力があることが必要です。「相続人がこの土地を保有したままで代償金を支払う資力のないことは明らかである」として、家庭裁判所で行われた審判が即時抗告の手続きによって取り消された事例があります（高松高裁平成7年11月2日決定・判例時報1566号52頁）。

換価分割については、当事者の合意が整えば任意の売却も可能ですが、そうでない場合は、競売手続をもって換価されることになります。

3 債権と債務についての分割

遺産分割の対象には、全ての遺産が含まれるのが原則ですが、債権債務の内の可分債権と可分債務については、最高裁は、相続開始と同時に当然に相続人に分割して承継されると判断しています（最高裁昭和29年4月8日判決・判例タイムズ40号20頁）。

ただし、預貯金債権については「共同相続された普通預金債権、通常貯金債権及び定期貯金債権は、いずれも、相続開始と同時に当然に相続分に応じて分割されることはなく、遺産分割の対象となるものと解するのが相当である」と最高裁平成28年12月19日大法廷判決（判例時報2333号68頁）が判示したことは民法898条の箇所で説明したとおりです。つまり、①当然分割になる金

融債権と、遺産分割に取り込まれる金融債権の区分が必要になったことと、②相続税の納税のために預金の払い戻しが必要な場合に、従前であれば、自己の相続分についての払い戻しが可能だったのに、最高裁判決以降、遺産分割が完了しない限り、預金の払い戻しができなくなってしまったことなどです。そして、これを受けて平成30年の民法改正で預金の仮払いの制度（民法909の2）が導入されました。

預貯金以外の可分債権と可分債務は審判手続による遺産分割の対象にはならず、これらは審判書には記載されません。合理的な遺産分割のためには、債務はともかくとして、債権を特定の相続人に帰属させたい場合もあると思います。そのような場合は、相続人の全員が合意をすれば、審判手続における遺産分割の対象に含めることができます。

可分債権と可分債務について、当然分割になり、遺産分割の対象とならないという取扱いは、調停、あるいは審判手続における理論なので、相続人が合意をもって行う遺産分割では、これらも遺産分割の対象に取り込むことが可能です。ただし、債権者との関係では、遺産分割は効力を持ちませんので、遺産分割の後に、免責的な債務引受の手続きが必要になります。

4 相続財産から生じた果実についての遺産分割

相続後に生じた果実は、分割財産に含めないのが判例です。これを分割財産に含めた場合は、相続後の管理費用の負担なども遺産分割の過程で考慮する必要が生じてしまうためです。元本については、遺産分割協議によって、その効果は相続開始の時に遡るのですが、その間に発生した果実について、最高裁は、各共同相続人がその相続分に応じて分割単独債権として確定的に取得するとして、後にされた遺産分割の影響を受けないとしています（最高裁平成17年9月8日判決・判例時報1913号62頁）。

相続後に、相続財産が換価された場合は、原則として、遺産分割の対象から離脱し、代価は、換価時の法定相続分に応じて各相続人に帰属します。例外的に換価後の財産を遺産分割の対象に含めるという特別の合意がある場合は、遺産分割の対象に含めることができます（最高裁昭和54年2月22日判決・判例時報923号77頁）。また、火災などによる消失などによって、火災保険などの他の財産に変質した場合は、それを代替財産として遺産分割の対象に含まれる

ことになります。なお、新設された民法906条の2も参照して下さい。

> 税法上の理解

1 相続財産の評価

相続税の基礎控除が引き下げられ、相続税の納税義務者が増えたと論じる人達がいますが、第1次相続であれば、1億6,000万円までは配偶者が取得することによって相続税は課税されません（相法19の2）。相続財産が1億6,000万円以下の人達には、基礎控除の引き下げによって納税義務者が増えるのは第2次相続に限るはずです。仮に、相続財産の総額が1億6,000万円を下回る人達が、子にも財産を相続させることによって相続税を納めているとしたら無駄なことです。相続財産は法定相続分で配分するのが正しいという思い込みが、その無駄を生じさせているのかもしれません。遺産分割では法定相続分に従う必要がないということを専門家としてアドバイスする必要があります。

遺産分割については税法上の配慮が不可欠です。居住用資産についての小規模宅地等の評価減特例や、取引相場のない株式の評価額などは、相続人の内の誰が取得するのかによって評価額が異なってしまうからです。

被相続人が居住していた家屋について、相続人の居住を確保する目的から、一定の小規模宅地等について課税価格の計算特例が設けられています。また、被相続人の事業の継続性を担保する目的から、特定の事業用資産についての課税価格の計算特例があり、さらに、農地の細分化を防止する観点から、農地等の贈与や相続税の特例があります。

相続財産の評価が問題になる資産として、取引相場のない株式があります。取引相場のない株式には、類似業種比準価額と純資産価額を折衷した原則的評価方法と、配当還元価額を採用する例外的な評価額という2つの評価額があります。

そして、同族株主が相続した場合は原則的評価方法が採用されるのに対し、それ以外の株主、あるいは同族株主であっても、中心的な同族株主が存在する場合に、中心的な同族株主以外の同族株主が取得した株式については、配当還元価額が利用できることになっています。

さらに、相続財産は取得者の立場で評価しますので、仮に、4%の株式を所

有していた者が、さらに2％の株式を相続すれば、6％の株式を所有する者として、上記の支配関係の有無が判定されてしまいます。したがって、取引相場のない株式が相続財産に含まれる場合は、分割の際に誰が取得するかによって相続税評価額が大きく異なることを失念しないように注意することが必要です。筆頭株主と5親等関係にあり、かつ、会社の株式の7.4％を相続したにすぎない株主について原則的評価方法を適用した事例があります（最高裁平成11年2月23日判決・税務訴訟資料240号856頁）。

相続時には認識できない財産が相続財産になることもあります。最高裁平成22年10月15日判決（判例時報2099号3頁）は、被相続人が所得税更正処分等の取消訴訟を提起していたところ、被相続人が死亡後に納税者の勝訴判決が確定した場合は、「所得税等に係る過納金の還付請求権は、被相続人の相続財産を構成し、相続税の課税財産となると解する」と判断しています。

2 代償分割

代償分割の場合は、代償財産を交付した者と、交付された者についての相続税の計算が問題になります。代償財産を交付した者については、相続又は遺贈により取得した現物の財産の価額から、交付をした代償財産の価額を控除します。逆に、代償財産を交付された者は、相続又は遺贈により取得した現物の財産の価額に、交付を受けた代償財産の価額を加えることになります（相基通11の2－9）。

相続財産の相続税評価額と代償金との間に価額差が生じてしまう場合があります。価額差は、①相続税評価額が実勢価額に比較して低めに押さえられていることと、②相続時点と遺産分割時点との間に生じる実勢価額の変動という2つの原因から生じます。

民法上の合意としては、代償金が支払われる時点での相続財産の実勢価額を基準にしますので、相続税の按分について、代償金の券面額を採用すると、相続税の負担割合に不公平が生じてしまう可能性があります（前橋地裁平成4年4月28日判決・判例時報1478号103頁）。

仮に、一方の相続人が実勢価額1億円の土地を取得し、他方に5,000万円を支払うとした場合に、土地の相続税評価額が3,000万円だった場合は、一方の相続税評価額はマイナスになってしまいます。

つまり、一方の相続人は、相続税評価額が3,000万円の土地を取得し、代償金5,000万円を支払うことになりますので、計算上は、相続税の課税価額はマイナス2,000万円ということになってしまうわけです。このような場合は、代償金を1,500万円に圧縮して計算する方法が認められています（相基通11の2－10）。

代償金の圧縮計算を必要とした判示した判決（前橋地裁平成4年4月28日判決・判例時報1478号103頁）の事案では上記の②の存在が問題になりましたが、通達は、上記の②を理由とする場合に限らず、上記の①の理由に基づく圧縮計算も認めています。

③ 換価分割

遺産が未分割の状態で換価された場合は、その換価代金は遺産から離脱し、相続人の各々に帰属するというのが民法の原則です。したがって、各々の相続人が、相続分に応じて資産を売却したものとして、譲渡所得の申告を行うことになります。

ただし、換価に先立って、換価代金を遺産の範囲に保留し、換価代金を遺産分割の対象に含めるという特別の合意をすることが、民法上も認められています（民法906の2）。そのような場合に、後日、換価代金を法定相続分と異なる割合で配分することになった場合は、換価代金を受け取らなかった相続人は、譲渡所得について、更正の請求ができるでしょうか。これについては次のように解説（国税庁が発表する質疑応答事例）されています。

まず、譲渡所得に対する課税は、その資産が所有者の手を離れて他に移転するのを機会に清算し課税するものであるから、その収入とすべき時期は、資産の引渡しがあった日によるものと理解する。したがって、後日、その帰属割合を遺産分割によって決定したとしても、遡って譲渡所得について修正するという考え方は採用しない。ただし、所得税の確定申告期限までに換価代金が分割され、共同相続人の全員が換価代金の取得割合に基づき譲渡所得の申告をした場合には、その申告も認める。

仮に、居宅の譲渡であれば、居住者が売却した場合には、居住用資産を譲渡した場合の特別控除や軽減税率の適用が受けられます。法定相続分による取得と譲渡という処理をするよりも、居住者が取得して売却し、売却代金を代償金

として他の相続人に交付するという遺産分割のほうが有利になる場合があります。換価分割か、代償分割かの選択に民法上の差異は生じないのですが、税法上は大きな差異が生じてしまうわけです。

4 債務の遺産分割

　債権債務の内の可分債権と可分債務については、民法上は、法定相続分に応じての当然分割と理解されていますが、相続税の申告の実務では、これらも遺産分割協議書に記載し、各々の取得割合、あるいは負担割合を合意するのが基本です。

　では、債務について、如何なる遺産分割も可能かというと、税法上は、次のような問題が生じます。つまり、取得した資産額を超えた債務の承継は、相続税と贈与税について不利益な課税関係を生じさせるという問題です。

　仮に、長男が相続税評価額5,000万円の住宅を取得し、同時に住宅ローン7,000万円を承継した場合は、長男の相続財産はマイナス2,000万円となり、相続税の納税義務者から排除されます。その代わり、他の相続人が取得し、相続税の課税対象になる相続財産の総額は、遺産総額よりも2,000万円だけ高額に計算されることになってしまいます。

　これが相続税の問題であり、贈与税の問題は次のような説例で説明することが可能です。

　父親が死亡したが、次に予定される母親の相続のことを考えて、父親の遺産は、全て、子供達が相続し、父親の債務は母親が全額を承継することにした場合です。母親の相続財産はマイナスになりますので、相続税の計算では上記の通りの不利益を受けるのですが、それ以外に、母親から子供達への贈与税の課税がなされるというリスクが生じます。

　本来は、母親が承継すべきは法定相続分に相当する債務に限るはずですが、それを超えて債務を承継していますので、義務のない債務の引受けとして、相続税法8条のみなし贈与の規定が適用されてしまう可能性です。

民法第906条の2（遺産の分割前に遺産に属する財産が処分された場合の遺産の範囲）

（遺産の分割前に遺産に属する財産が処分された場合の遺産の範囲）
第906条の2　遺産の分割前に遺産に属する財産が処分された場合であっても、共同相続人は、その全員の同意により、当該処分された財産が遺産の分割時に遺産として存在するものとみなすことができる。
2　前項の規定にかかわらず、共同相続人の1人又は数人により同項の財産が処分されたときは、当該共同相続人については、同項の同意を得ることを要しない。

民法上の理解

　遺産分割は、遺産の分割時に存在する財産を前提に行うことになるので、相続後、遺産分割に至る前の段階で、遺産に属する財産の一部が処分されてしまった場合は、一部財産を処分した者の最終的な相続分を、どのように計算するのか疑問が生じてしまいます。

　そこで、正当な権限に基づいて処分した場合も、権限がなく勝手に遺産が処分された場合も、それらの財産が遺産の中に存在するものとみなして遺産分割を行うことを可能にしました。

　正当な権利に基づいて処分した場合とは、相続人の全員の合意によって財産を処分した場合と、相続によって共有状態（民法249）にある遺産について、自己の法定相続分を処分してしまった場合です。権限がなく財産を処分してしまった場合は、たとえば、相続財産に属する預金を勝手に引き出して消費してしまった場合です。本来は、遺産に属する相続人名義の預金（名義預金）を払い戻してしまった場合も、これに該当します。

　「処分された財産が遺産の分割時に遺産として存在する」ものとみなして遺産分割をするか否かは、相続人の全員の合意で決定することになります（本条1項）。もちろん、処分された財産は遺産に含まれないものとして遺産分割することも可能です。

　一部の相続人が相続財産を処分してしまった場合は、正当な権限に基づく場

合も、権限がなく行ってしまった場合であっても、処分した者の同意を得ることなく「処分された財産が遺産の分割時に遺産として存在する」として遺産分割をすることができます（本条2項）。もちろん、この場合も、処分された財産を除外して遺産分割をすることも可能です。

処分されてしまった財産は、常識的には、処分者が取得した旨の遺産分割が行われる場合が多いと思います。ただ、それが法定相続分を超える場合は、他の者が取得した上で、処分者に対して引渡請求を行うことになります。その場合の権限は不当利得返還請求（民法703）と、不法行為（民法709）が考えられます。

民法909条の2（遺産の分割前における預貯金債権の行使）によって預金が払い戻された場合には「当該共同相続人が遺産の一部の分割によりこれを取得したものとみなす」とされていますので、本条による取り戻しの対象には含まれないと推察されます。その場合の相続人間の平等については、払い戻された財産を、特別受益財産に準じて相続財産の総額に加算し、各人に分割した財産額から控除するという調整を行うことになります。払い戻した預金も本条に含めて不当利得返還請求権を行使するのは不合理だからです。

税法上の理解

民法は遺産分割に遡及効を認め（民法909）、本条をもって処分済みの財産を遺産分割に取り込むことを認めました。これは民法が定めた法律効果であって、それによって「財産が処分された」という事実が消滅するわけではありません。

税法は事実に課税するので、遺産に属する財産が処分された事実は覆ることがありません。処分時点で課税関係が生じれば、その事実に基づいての課税が行われます。たとえば、相続人の1人が自己の持分を第三者に譲渡した場合であれば、譲渡の事実に対して譲渡所得課税が行われます。

その後、相続人の同意によって処分された財産が遺産の中に取り込まれ、遺産分割されて、処分者とは異なる者が遺産の取得者とされた場合は、その者が取得する不当利得返還請求権、あるいは不法行為に基づく損害賠償請求権は、遺産分割に関する代償金として相続税の課税対象に取り込まれます。遺産を処

分した者は、遺産を取得し、他の相続人に対して代償金を支払うという事実に基づいた相続税が課税されることになります。

相続人の全員の同意で、相続税の納税のために土地建物を売却する場合があります。その場合に、全員の同意で売却した土地建物を相続財産に含め、遺産分割をもって特定の者に相続させることも本条による処理として可能です。その場合も、譲渡についての所得税の申告は、処分時点での共有割合で行うことになります。その後、遺産分割が完了し、一部の相続人が売却した土地建物、つまり、その見返りの売買代金の全額を取得することになっても更正の請求は認められません。ただし、遺産分割が所得税の申告期限までに完了した場合は、遺産分割の結果を受けた持分での譲渡所得の申告を認めるのが実務です（民法898の解説を参照）。

民法第907条（遺産の分割の協議又は審判等）

（遺産の分割の協議又は審判等）
第907条 共同相続人は、次条の規定により被相続人が遺言で禁じた場合を除き、いつでも、その協議で、遺産の全部又は一部の分割をすることができる。
2 遺産の分割について、共同相続人間に協議が調わないとき、又は協議をすることができないときは、各共同相続人は、その全部又は一部の分割を家庭裁判所に請求することができる。ただし、遺産の一部を分割することにより他の共同相続人の利益を害するおそれがある場合におけるその一部の分割については、この限りでない。
3 前項本文の場合において特別の事由があるときは、家庭裁判所は、期間を定めて、遺産の全部又は一部について、その分割を禁ずることができる。

民法上の理解

1 遺産分割の方法

遺産分割の実行は共同相続人間の協議によるのが原則ですが、協議が不調又は不可能な時には家庭裁判所の遺産分割調停、又は、審判を請求できます。ただし、遺産分割は①被相続人が遺言で禁止した場合（民法907①、908）と、②家庭裁判所が禁止した場合（民法907③）には行えません。遺産分割を禁止

できるのは5年に限ります（民法908）。

　遺産分割の主体は共同相続人ですから、相続人とみなされる胎児（民法886①）や相続人と同一の権利義務を有する包括受遺者（民法990）は、当然、遺産分割の当事者です。相続分の譲受人（民法905）も遺産分割の当事者となりますが、相続財産の特定物についての共有持分を共同相続人の1人から譲り受けたものは遺産分割の当事者にはなりません。

　共同相続人中に行方不明の者がいる場合は、不在者の財産管理人（民法25）が遺産分割の当事者となります。

　遺産分割協議は要式行為ではないので、遺産分割協議書等の書面は不要です。口頭だけでも有効な協議となります。もっとも相続財産中に不動産がある場合には相続登記申請をする際に登記原因証明情報（不登法61）を提供しなければなりませんので、遺産分割協議書又はそれに代える報告書形式の書面が必要になります。

　遺産分割協議は、遺産の全てについて行う必要はなく、一部の遺産に限った分割も有効です。相続人の中に未成年者がいる場合は、未成年者の将来の生活環境が確定するまで、遺産の帰属を確定せず、未分割状態にしておくのも一つの方法です。

2　利益相反の場合の特別代理人の選任

　共同相続人中に無能力者（民法5、9）がいる場合は法定代理人（親権者や成年後見人）が無能力者に代わって遺産分割の当事者になります。ただ、無能力者とその親権者が共に遺産分割の当事者である場合や、複数の無能力者が同一の法定代理人の親権又は後見に服する場合には、利益相反の問題が生じますので特別代理人の選任が必要です（民法826、860）。未成年の2人の子がいる場合はそれぞれについて別の特別代理人の選任が必要です。

　特別代理人の選任は家庭裁判所に申請して行う必要があります。選任申立書には遺産分割協議書案を添付し、「遺産分割協議案に基づく分割を行う」ことを権限の範囲として決定書に記載されることになります。

　遺産分割の内容は、未成年者の法定相続分を満足させるものであることが要求されるのが原則的な取扱いです。

　ただし、居宅しか相続財産が存在しない場合や、孫を養子にした場合、さら

には相続税について配偶者の税額軽減を有効に利用する必要がある場合などは、申立書でその理由を説明することによって、未成年者に遺産を取得させない遺産分割が認められることがあります。

　このような事案で、相続財産の半分のみの遺産分割を実行し、配偶者の相続税額の軽減と小規模宅地の特例を有効に活用し、残りの半分は未分割として子が成人するまで放置する。そのような方法での遺産分割であれば、実質的に利益相反にならず、家庭裁判所も許可が出しやすいかもしれません。

　特別代理人を選任せず、親権者自身が代理人として、あるいは事実上の代理行為として行った遺産分割は無効です。ただし、未成年者が成人に達してから、あるいは、その後に選任された特別代理人が無効行為を追認した場合は、無権代理行為の追認（民法116）として、分割時に遡って遺産分割協議は効力を生じることになります。これは未成年者自身が遺産分割協議を行った場合も同様で、成人に達してからの追認（民法5、124）によって遺産分割協議は有効になります。

　親権者は何も取得せず、親権に服する子が遺産の全部を取得するという遺産分割協議は子の利益をなんら害さないので、利益相反行為とはいえないとした判決（札幌高裁昭和46年4月27日判決・訟務月報17巻8号1284頁）があります。

③　相続分のないことの証明による登記

　登記手続の手法として「相続分不存在証明書」あるいは「特別受益証明書」を利用する方法があります。生前に充分な贈与を受けており、それが特別受益になるので、相続において自己の相続分は存在しないという証明書を作成し、登記手続を行ってしまう手法です。「相続分不存在証明書」は、事実についての証明ですから、利益相反の制限を受けることなく、親権者が作成することができます（親権者による未成年者の特別受益証明と登記申請　登記研究461号）。

　しかし、事実に関する証明ですから、それが事実に反する場合は、「相続分不存在証明書」による登記は無効です。ただし、「相続分不存在証明書」の作成をもって、相続人間に遺産分割協議が成立したと評価される場合（東京高裁昭和59年9月25日判決・判例時報1137号76頁）あるいは「相続分不存在証

明書」の交付をもって相続分の譲渡と認定できる場合は（新潟家裁三条支部昭和44年2月25日審判・判例タイムズ243号315頁）、その趣旨の効力を持つ合意が成立したと認められることになります。

4 遺産分割の無効とやり直し

当事者の一部を除外した遺産分割協議は無効です。また、遺産分割の当事者に意思表示の瑕疵があった場合には、民法総則の規定に従い、遺産分割は無効、あるいは取消し対象になります。

このことを判断した判決として次のような事案があります。Aは、「最終案」に記載された分割協議案が最も有利な内容であること、遺言にしたがって遺産を分割すれば相続できる遺産は460万円にすぎないこと、相続税の申告期限が明日に迫っており、これを過ぎれば数千万円の無申告加算税が課せられることなどを述べてBに分割協議に応じるよう勧め、Bはこれに応じた。しかし、法定相続分にしたがった場合には、Bは、相続税を控除しても2億6,000万円を取得できるはずだった（東京地裁平成11年1月22日判決・判例時報1685号51頁）。この事案について、裁判所は遺産分割の錯誤無効を認めました。

しかし、相続人の1人が分割協議において代償金を負担することとした場合に、これが履行されなかった場合であっても、代償金債権を有する相続人は、債務不履行を理由とする遺産分割の解除を請求することはできません（最高裁平成元年2月9日判決・判例タイムズ88号694頁）。

「遺産分割は…協議の成立とともに終了し、その後は右協議において右債務を負担した相続人とその債権を取得した相続人間の債権債務関係が残るだけ」であって、遺産の再分割を行うことになった場合には法的安定性が著しく害されるからだと判示されています。

この場合でも、代償金が支払われないことを解除条件と合意しておくことは可能です。さらに、父母を扶養することを遺産分割の条件としておき、その不履行を解除条項としておくことも有効です。

相続人の全員の一致がある場合は、遺産分割協議を合意解除し、やり直すことが可能です（最高裁平成2年9月27日判決・判例タイムズ754号137頁）。最高裁も、「共同相続人の全員が、既に成立している遺産分割協議の全部又は一部を合意により解除した上、改めて遺産分割協議をする」ことが是認される

と判示しています。

税法上の理解

1 遺産分割協議の必要性

相続税の申告では、遺産分割協議書の写しを提出しなければならない場合があります。

まず、配偶者の相続税額の軽減を受けるためには、税額軽減の明細を記載した相続税の申告書に、共同相続人及び包括受遺者が自署し自己の実印を押した遺産分割協議書の写しを添えて提出する必要があります（相法19の2③、相規1の6③一）。

この添付書類として、「私は被相続人からすでに財産の分与を受けており、被相続人の死亡による相続については、相続する相続分が存しないことを証明します」という内容の「相続分不存在証明書」あるいは「特別受益証明書」が作成されることがあります。「相続分不存在証明書」は相続税法施行規則第1条の6第3項第1号に規定する書類に該当しないとされていますが、「相続分不存在証明書」が真に特別受益を受けているという事実に基づいて作成され、その事実に基づき相続財産が相続人名義に変更されていることが確認できる場合には、「相続分不存在証明書」も、配偶者の相続税額の軽減について、添付書類として認めるとするのが実務です。

遺産分割協議は、小規模宅地等についての相続税の課税価格の計算の特例（措法69の4）、あるいは農地等についての相続税の納税猶予（措法70の6）を受けるためにも必要です（措規23の2、23の8）。

相続税の申告期限までに遺産分割協議が成立しないときは、遺産は未分割にあるものとして相続税の申告（相法55）を行いますが、その後、遺産分割が行われた場合には、遺産分割が成立した日から4ヶ月以内の更正の請求（相法32）を行うと共に、それが申告期限から3年以内に遺産分割された場合であれば配偶者の相続税額の軽減の適用を受けることができます。

申告期限から3年以内に遺産分割が出来なかった場合は、3年が経過した日から2ヶ月以内（相令4の2）に、遺産分割がされないことについて、相続について訴えが提起がされたことなどのやむを得ない事情があることを、納税地

の税務署長に届け出て承認を受けておく必要があります。この手続を怠り、配偶者の相続税額の軽減等を受けられなかった事例（東京地裁平成13年8月24日判決・税務訴訟資料251号）や、この届出が必要であることを説明しなかった税理士の過失が問われた事例（東京地裁平成15年9月8日判決・判例タイムズ1147号223頁）が紹介されていますので注意が必要です。

2 **遺産分割のやり直しと課税**

　遺産分割の当事者に意思表示の瑕疵があり、遺産分割が無効、あるいは取消しの対象になった場合は、相続税の減額を求める者は、それら事実が確定した日から2ヶ月以内に更正の請求（通則法23②）を行う必要があります。

　遺産分割協議をもって合意された事項に債務不履行があっても、債務不履行を理由とする遺産分割協議の解除が請求できないことは前述した通りです。「遺産分割協議は、債務不履行解除をすることができないから、本件解除は『解除権の行使によって解除され』た場合には該当しない。本件解除は、請求人らにおいて、上記代償債務を負う者に係る相続税の連帯納付義務を免れることを目的としたものといわざるを得ず、このような合意をもって、国税通則法第23条第2項に規定する後発的な更正の請求が認められるならば、相続税の連帯納付制度そのものを否定するに等しい」とした平成24年3月8日裁決が参考になります。ただし、その義務の不履行を解除条件として合意しておけば、契約が解除された場合（通則法23②）として、相続税について更正の請求を行うことが認められるはずです。

　税法上は、相続人の全員の合意がある場合でも遺産分割のやり直しは認められません。いったんは各々の相続人に帰属した財産を、贈与、交換などの名目で譲渡したとみなされ、贈与税やその他の課税関係が生じることになります。なお、最高裁昭和62年1月22日判決（判例時報1227号34頁）は遺産分割のやり直しを認めていますが、不動産取得税についての事例であり、相続税については参考になりません。

　遺産分割のやり直しについて、配偶者に対する相続税額の軽減に関する相続税法基本通達19の2-8は、「当初の分割により共同相続人又は包括受遺者に分属した財産を分割のやり直しとして再配分した場合には、その再配分により取得した財産は、同項に規定する分割により取得したものとはならないのであ

るから留意する」としています。

③ 遺産分割のやり直しを決めた裁決

ただし、裁決、あるいは判決で、遺産分割のやり直しを認めた事例が皆無というわけではないので、それを紹介すれば次の通りです。

まず、「中心的な同族株主に該当しないように5％未満の株式を相続したが、株主の中に4分の1を超える株式を有している子会社が存在したために、両社の所有する相互保有株式を発行済株式数から控除すると、当初の遺産分割協議書に基づき取得した後の本件株式の持株割合は5％以上となってしまう」。そのような事例について次のように判断し、遺産分割協議のやり直しを認めた裁決（平成18年11月28日裁決）です。

「関与税理士に相談し、その回答に基づいて当初の遺産分割協議を行っていることから、本件株式の評価方式を配当還元方式によることが、遺産分割に当たっての最も重要な動機であったと認められる。評価方式として配当還元方式を適用するという動機が法律行為の内容となっていることは明らかであり、そうすると、当初の遺産分割協議の合意には動機の錯誤があり、その動機が当初の遺産分割協議書に表示されて意思表示（法律行為）の内容となっていて、もし錯誤がなかったならば本件相続人らはその意思表示をしなかったであろうと認められることからすると、当初の遺産分割協議の合意には要素の錯誤があったと認められる」。

さらに、次のように遺産分割のやり直しを認めた判決（東京地裁平成21年2月27日判決　判例タイムズ1355号）があります。原則として、課税負担又はその前提事項の錯誤を理由として遺産分割が無効であることを主張することはできないが、「例外的にその主張が許されるのは、分割内容自体の錯誤との権衡等にも照らし、申告者が、更正請求期間内に、かつ、課税庁の調査時の指摘、修正申告の勧奨、更正処分等を受ける前に、自ら誤信に気付いて、更正の請求をし、更正請求期間内に、新たな遺産分割の合意による分割内容の変更をして、当初の遺産分割の経済的成果を完全に消失させており、かつ、その分割内容の変更がやむを得ない事情により誤信の内容を是正する一回的なものであると認められる場合」は、遺産分割のやり直しを認めても租税法上の信義則に反するとはいえないとした判決です。

しかし、これらの事案は、税務の現場で否認され、その後、裁決、あるいは判決で救済された事例であって、実務の判断指針にはならないことと、事例判断であって、遺産分割のやり直しを認めるという理屈を宣言する判断ではないので、遺産分割のやり直しは、実務においては認められないと考えるのが常識です。

では、遺産分割後に、新たに遺産が発見されたような場合に、遺産の再分割を行うことが可能でしょうか。発見された遺産の内容によっては、既に分割が終了している遺産についても、再分割が必要になる場合があります。しかし、そのような処理は避け、代償金で処理するなどの工夫をした方が無難です。ただし、代償金が発見された資産に比較し過大であったため、その差額が贈与と認定された事例があるので注意が必要です（東京地裁平成11年2月25日判決・税務訴訟資料240号902頁）。

相続税の申告書は、申告期限内であれば差替えを認める（相基通31－1）ことから、申告期限内であれば遺産分割のやり直しが認められるという俗説がありますが、これは間違いです。民法上、一旦は帰属が決まった遺産の再配分は、贈与、交換、又はその他の法律行為と認識されることになります。

民法第908条（遺産の分割の方法の指定及び遺産の分割の禁止）

（遺産の分割の方法の指定及び遺産の分割の禁止）
第908条　被相続人は、遺言で、遺産の分割の方法を定め、若しくはこれを定めることを第三者に委託し、又は相続開始の時から5年を超えない期間を定めて、遺産の分割を禁ずることができる。

民法上の理解

1　遺産分割方法の指定の意味

遺産分割は、現物分割、換価分割、代償分割、あるいはこれらの組合せによって行いますが、本条は、遺産分割の方法を遺言によって指示できると定めています。

遺言の実務では「長男にはA土地を相続させる」といういわゆる「相続させ

る遺言」が利用されることが一般的ですが、これも分割方法の指定と理解されています。特定の相続人が遺言により取得することとなった財産が法定相続分を超える場合は、分割方法の指定と同時に相続分の指定も行われたことになります。

2 遺産を換価して遺贈

遺産を換価して、その換価代金を分割し、あるいは遺贈するという指定がされることがあります。その場合は、相続人、あるいは遺言執行者が、換価手続を行います。換価手続のためには、法定相続分に従って相続人名義に変更した上で、第三者に譲渡することになります。

この場合の相続人名義の相続登記が保存行為として可能であることは当然として、遺言執行者が第三者への所有権移転登記まで行えるのかが気になりますが、これを可能とするのが登記先例です（遺言に基づく登記申請手続・登記研究476号）。

「売却による所有権移転の登記は、登記権利者を買受人、登記義務者を相続人全員とし、買受人と遺言執行者から遺言書を添付して申請できる」としています。

なお、相続人が不存在の場合でも、相続財産管理人の選任を要せず、「相続財産法人名義への登記名義人表示変更の登記をした上で、遺言執行者と当該不動産の買受人との共同申請により、所有権移転登記をすることができる」とされています（相続人不存在の場合における清算型遺言による登記手続・登記研究619号）。

3 分割方法の第三者への委託

被相続人は、遺言で、分割方法の指定を第三者に委託することもできます。委託される第三者は、相続人以外の者でなければならず、相続人の1人に対する委託は無効とされています（東京高裁昭和57年3月23日判決・判例タイムズ471号125頁）。他の相続人に遺産を取得させるか否かが、一部の相続人の自由な意思にかかるところとなり、指定の公正が期待できないからです。

ただ、実務上は、第三者に対し分割の方法の定めを委託するような遺言書は作成しないのが原則です。遺言書は、当然のことながら遺言者の死亡後に効力を生じます。その段階で遺言書に無効原因や不明確な文言が残っていた場合の

救済は困難です。実務における遺言書の作成にはシンプルイズベストを心がけるべきです。

　被相続人は、遺言で、遺産の分割を禁止することができます。分割の禁止は、遺産の全部だけではなく、一部についても可能ですが、分割の禁止期間は相続開始の時から5年を超えることができません。5年以上の期間について分割を禁止する場合は、信託の手法を利用するなどの工夫が必要です。

4　相続させる遺言と代襲相続の可否

　遺贈の場合は、受遺者が遺言者より先に死亡した場合は遺贈は効力を失います（民法994）。

　「相続させる」遺言については、相続人が先に死亡した場合について、代襲相続人が遺言書の指定相続分を承継するのか（東京高裁平成18年6月29日判決・判例時報1949号34頁）、あるいは遺言による相続分の指定が無効になるのか（昭和62年6月30日民三3411号民事局第三課長回答）について説が分かれていましたが、最高裁は、「遺言は無効となり、孫は代わりに相続できない」とする判断を示しました（最高裁平成23年2月22日判決・判例時報2108号52頁）。

税法上の理解

1　遺産を換価しての代金の配分

　遺産を換価し、その代金を相続人に配分し、あるいは第三者に遺贈するという遺言の場合は、相続税の課税の他に、譲渡所得課税にも注意する必要があります。

　相続人が換価代金を取得する場合であれば、通常の換価分割と同様に、相続人は遺産を相続し、その後、当該遺産を譲渡したものとして譲渡所得課税を受けることになるからです。

　第三者が換価代金の遺贈を受ける場合は、相続人が遺産を相続し、それを相続人が換価し、換価代金を第三者に遺贈するという構成になります。

　相続人は遺産を相続して換価代金相当の代償債務を負担したことになり、第三者は支払いを受ける換価代金相当額について受遺者として相続税を負担することになります。

さらに、相続人は遺産の換価について譲渡所得課税を受けることになります。つまり、相続人は、遺産を換価し、その代金を第三者に引き渡しているにも関わらず、譲渡所得税課税を受け、その所得について、所得税を負担することになってしまうわけです。

したがって、このような遺言書を作成する場合は、第三者には、譲渡所得に課税される所得税等を控除した後の残金を遺贈するという内容の遺言書にしておく必要があります。

このような記載の無い遺言書が作成された場合であっても、相続人が、譲渡所得課税の負担に応じるのは不合理です。そのような遺言書が存在した場合は、受遺者に対して資産が遺贈され、それを換価して、換価代金を受け取るという負担付遺贈が為されたと解釈できないのかを検討する必要があります。

2 **遺言書と異なる遺産分割**

遺言が存在する場合でも、遺言と異なる遺産分割協議を行うことができます。民法上の財産処分は、全員の同意があれば、公序良俗に違反しない限りは自由に行えるのが原則ですが、税法上の理解としてはさらに検討することが必要です。

遺言が、遺贈の内容の遺言であれば、受遺者はいつでも遺贈の放棄をすることができる（民法986）とされているので問題はないのですが、遺言が相続分の指定の場合は、これに反する遺産分割を認める条文が存在しません。しかし、遺贈の場合に限らず、遺言書に反する遺産分割協議は常に可能と解するのが実務です（民法902を参照）。

しかし、遺言書に反する遺産分割が可能な範囲は、税法上は、相続税の申告前に限ると考えるべきです。仮に、遺言書に基づき、配偶者の相続税額の軽減規定の適用を受けた後にもかかわらず、その遺言書に反する遺産分割の協議を認め、配偶者が取得するとした取り分の減額を認めることは不合理だからです。

この場合は、税法上は、遺産分割について贈与税が課税される可能性があります。遺言書に基づく相続税の申告を行ったことをもって、遺贈について受益の意思表示を行ったと考えることになるからです（民法989）。

では、遺言を無視し、遺産は未分割であるものとして相続税の申告をした後に、遺言の内容に基づいて更正の請求をすることが可能でしょうか。遺言書の

内容や効力について相続人間に争いがある場合や、遺言書の存在を示すことによって相続人間に不和が生じてしまう場合などに、あえて遺言書を無視し、遺産を未分割とする相続税の申告が行われることがあります。

　税法上、このような場合については、遺言が後から発見された場合と異なり、後発的事由に基づく更正の請求を認める旨の規定がありません（相法32）。

　遺言がある場合に、これと異なる遺産分割協議をするのであれば、それが許されるのは相続税の申告前に限ると考えるべきです。ただし、国税通則法23条1項が改正され、当初申告の誤りについても5年間についての更正の請求が認められました。遺言書を無視した申告についても、当初申告の誤りとして、5年間について更正の請求が認められる可能性があります。しかし、そのような事例について判断した裁決などは見当たりません。

　民法上、5年を超えない範囲で、分割を禁止することが認められていますが、例えば「相続開始後4年間、分割を禁止する」と遺言に記載がある場合は、相続税の申告期限から3年以内の遺産分割が不可能となり、配偶者の税額軽減等の適用を受けられなくなる可能性があります。

民法第909条（遺産の分割の効力）

（遺産の分割の効力）
第909条　遺産の分割は、相続開始の時にさかのぼってその効力を生ずる。ただし、第三者の権利を害することはできない。

民法上の理解

　遺産分割の効果は相続開始の時に遡ります。しかし、分割前に、相続人各人が有する共有持分について権利を取得した第三者の権利を害することはできません。

　したがって、共同相続人から特定の資産の持分を取得した第三者や、持分を差し押さえた第三者の権利は、遺産分割の遡及効によっても覆されることはありません。ただし、第三者は、持分の取得について、所有権移転登記などの対抗要件を確保している必要があります。

相続が発生すると、遺産は相続人の共有（民法898）になりますが、その後に遺産分割が行われた場合は、共有関係は相続開始の時まで遡及して消滅します。そこが、共有関係の解消が分割時点において効力を生じる、通常の共有物分割（民法256）と異なるところです。

　しかし、遺産が共有の状態にある段階で発生した賃料などの果実は、遺産とは別個の財産なので、遺産分割の対象には含まれず、共同相続人が、果実が生じた時点での相続分に応じて、分割して取得すると解されています（最高裁平成17年9月8日判決・判例時報1913号62頁）。

　仮に、これを相続財産に含めた場合は、果実に対応する費用の集計など、解決困難な些末の問題が持ち上がってしまうことも理由になっていると想像するところです。

　法定相続分に満たない遺産しか取得しない遺産分割は詐害行為になってしまう可能性があります（最高裁平成11年6月11日判決・判例時報1682号54頁）。しかし、相続の放棄は詐害行為に該当しません（最高裁昭和49年9月20日判決・判例時報756号70頁）し、遺留分侵害額の請求権を行使しないことも詐害行為にはなりません（最高裁平成13年11月22日判決・判例時報1775号41頁）。

税法上の理解

1　分割が未了な時点での収益

　相続税の法定申告期限までに、遺産分割協議が調わない場合は、法定相続分に従って遺産を取得したものとして相続税を申告します（相法27、55）。その後、分割協議が調った場合には、修正申告（相法31①）、又は、更正の請求（相法32①）を行うことになります。

　遺産分割協議の結果に基づく更正の請求期限は、遺産分割協議から4ヶ月です。

　賃貸不動産の賃料収入のように、遺産から生じる果実は、遺産分割による遡及効の影響を受けません。賃料を取得した時点での所有者が、その収益を取得すると考えるからです（最高裁平成17年9月8日判決・判例タイムズ1195号100頁）。

したがって、未分割の段階で生じた果実は、各人が法定相続分に応じて所得を申告し、その後、遺産分割が成立した場合においても、遡っての所得の修正は行いません。

ただし、相続人の誰か1人が、賃料収入の全額を所得として申告している場合は、その処理が是認されるのが実務です。遺産分割が未了だったとしても、賃貸物件を誰が相続するかは、相続人の間では自明の場合が多く、その者が賃貸物件を管理し、賃料収入を受け取っている場合が多いからです。それに、多くの場合は、相続人に分散して賃料を申告するよりも、誰か1人が賃料収入を申告する方が、所得税額も多額になりますので、これに課税庁が苦情をいう理由もありません。

遺産分割が未了の状態において、遺産の一部を売却した場合の譲渡所得の申告についても、相続人が、各々の法定相続分に応じて代価を取得したものとして、譲渡所得を申告することになります。その後、遺産分割によって、譲渡代価について法定相続分と異なる取得割合を合意したとしても、所得税の申告を遡って修正することはできません。ただし、譲渡を行った年度の所得税の申告期限までに遺産分割が行われた場合は、遺産分割後の取得割合による所得税の申告が認められています。

2 遺産分割が相続税評価額に与える影響

遺産分割の結果によって、資産の評価額などが変更になり、その結果、相続税の総額が異なってくる場合があります。

配偶者の取得分の確定を要件とする配偶者に対する相続税額の軽減（相法19の2）や、遺産分割を要件とする小規模宅地の評価減（措法69の4）の適用がある場合です。

さらには、遺産分割によって土地が分筆され、それによって土地の評価額が変更される場合があります。

取引相場のない株式については、未分割の場合は、各相続人毎に、相続人が所有する固有の株式数に、未分割の株式数の全てを加算した数に応じた議決権数を基礎として、同族株主等か否かの判定を行います。

例えば、長男と次男が相続人の場合に、仮に、10％の株式が未分割であれば、その10％の議決権については、長男が10％、次男も10％を相続したという前

提で発行会社の同族判定を行います。

このような場合に、遺産分割によって土地が分割され、株式を相続する者が確定すれば、遺産総額が変更されることになりますので、遺産分割が完了した後4ヶ月以内の更正の請求が必要になります（相法32）。

民法第909条の2（遺産の分割前における預貯金債権の行使）

（遺産の分割前における預貯金債権の行使）
第909条の2 各共同相続人は、遺産に属する預貯金債権のうち相続開始の時の債権額の3分の1に第900条及び第901条の規定により算定した当該共同相続人の相続分を乗じた額（標準的な当面の必要生計費、平均的な葬式の費用の額その他の事情を勘案して預貯金債権の債務者ごとに法務省令で定める額を限度とする。）については、単独でその権利を行使することができる。この場合において、当該権利の行使をした預貯金債権については、当該共同相続人が遺産の一部の分割によりこれを取得したものとみなす。

民法上の理解

預貯金については当然分割とするのが従前の実務（最高裁昭和29年4月8日判決・判例タイムズ40号20頁）でしたが、これが最高裁平成28年12月19日判決（判例時報2333号68頁）で変更され、預貯金が遺産分割の対象になったことは民法898条に説明したとおりです。この結果、相続人は、遺産分割が完了するまでは預貯金の払い戻しが受けられず、相続税の納税資金にも困りますし、家族の生活費に困る場合もあると思います。そのような場合に備えて暫定的な措置として、預貯金の3分の1に、自己の法定相続分を乗じた金額の払い戻しを請求できることにしました。

ただ、預貯金を預けた金融機関が複数で、さらに定期預金や普通預金に分散している場合に、この3分の1を、どのように計算するのかは、今後の実務の運用を見る必要があります。

現実的な問題としては、相続が開始した場合に限らず、家族の預金の名義人となっている者が意思能力を失った場合があります。当然のことながら金融機

関は本人の意思の確認を要求します。入院している場合でも、意思能力があれば、行員に出向いてもらうことも可能ですが、意思能力に問題が生じてしまったときは成年後見人を選任する以外に法的な解決策はありません。現実的には、そのような事態が予測される場合は、預金を家族名義に分散しておくことや、事実上の信託譲渡として家族名義にしておく方法、さらにはインターネットバンキングを開設してIDとパスワードで預金が移動できるようにしておく必要があります。

税法上の理解

払い戻しを受けた預金は、「共同相続人が遺産の一部の分割によりこれを取得したものとみなす」とされていますので、相続税の申告では分割済みの資産として扱うことになります。

意思能力の喪失に備えて信託を利用し、預金名義を変更した場合は、税務署宛に、信託調書を提出することで、預金の移動が、贈与の趣旨ではなく、信託を理由とするものであることを説明しておく必要があるかもしれません。

民法第910条（相続の開始後に認知された者の価額の支払請求権）

（相続の開始後に認知された者の価額の支払請求権）
第910条　相続の開始後認知によって相続人となった者が遺産の分割を請求しようとする場合において、他の共同相続人が既にその分割その他の処分をしたときは、価額のみによる支払の請求権を有する。

民法上の理解

認知は戸籍の届出によって行う（民法781）ほか、被相続人の生前又は死後の認知の訴え（民法787）、あるいは遺言によって行うことができます。認知の効力は出生時に遡ります（民法784）ので、遺産分割が行われた後に認知が確定した場合は、その遺産分割の効力が問題になります。

しかし、既に遺産が分割されている場合や、遺産が処分されている場合には、

遺産分割のやり直しを求めると、相続人や、その資産を取得した第三者の権利を侵害することになってしまいます。

そこで、民法は、認知の効力は出生日に遡るが、その者は価額弁償金の請求権しか有さないとしています（民法784）。

つまり、認知を受けた者は、他の相続人に対して金銭による支払請求権のみを行使することができるとしているのが本条です。

価額の支払を請求する場合の遺産の価額算定時期については最高裁平成28年2月26日判決が「支払を請求した時」とするとして次のように判示しています。

遺産の分割が成立した日（平成19年6月25日）の積極財産の評価額は17億8,670万3,828円、価額弁償を請求した日（平成23年5月6日）には7億9,239万5,924円、価額弁償の請求訴訟の第1審の口頭弁論終結日（平成25年9月30日）には10億0,696万8,471円だった。

そのような事案について、最高裁は「価額の支払を請求する場合における遺産の価額算定の基準時は，価額の支払を請求した時」と判示し、その理由として「認知された者が価額の支払を請求した時点までの遺産の価額の変動を他の共同相続人が支払うべき金額に反映させるとともに，その時点で直ちに当該金額を算定し得るものとすることが，当事者間の衡平の観点から相当であるといえるからである」とし、支払請求に係る遅延損害金の起算日は平成23年5月7日になると判示しました。

税法上の理解

1 死後認知が確定した場合の更正の請求と決定

相続税の申告後に認知が確定した場合は、既に申告書を提出している相続人は、相続税について更正の請求を行うことができます（相法32）。更正の請求は2段階に分かれており、まず、認知が確定した段階で、相続税の基礎控除などの増額と、認知が認められた者に対する法定相続分相当額の引渡請求権について、認知に関する裁判が確定したことを知った日から4ヶ月以内の更正の請求を行うことになります（相法32二）。

その後、認知が認められた者に対する価額弁償額が確定した段階で、その確

定した日から4ヶ月以内の更正の請求を行います（相法32六、相令8②二）。

ただし、第1段階の更正の請求を行わないまま、第2段階の事実が生じた場合は、第2段階での更正の請求をもって、両方の事由を併せて更正の請求をすることができるとされています（相基通32－3）。

更正の請求がなされた場合は、それが相続税の法定期限から5年を経過し、相続税の決定処分について除斥期間が経過している場合であっても、税務署長は、他の相続人に対して、更正の請求があった日から1年については決定処分が行えることになっています（相法35③）。

相続税では、遺産分割の内容に関係なく相続税の総額は同額とされ、それが各々の相続人に配分されるという構造を採っているため、一方の相続人に対する減額更正処分は、他の相続人に対する増額更正（決定）処分を必要とするからです。

本来は、相続税の決定処分は、法定申告期限から5年を経過した後には行えませんので、上記の取扱いは、除斥期間という制度に対する例外的な取扱いです。

そうであるなら、相続税法が定めた第1段階、第2段階の更正の請求と、それに基づく決定処分が順序正しく行われるべきです。

認知を請求した者は、仮に、第1段階で300万円の相続税の納税義務を負い、第2段階で、それが400万円に増額されるという計算過程をたどるのですが、それを省略し、第2段階で400万円の相続税額について決定処分を認めるという処理は、除斥期間制度との関係で不合理だからです（東京地裁平成13年5月25日判決・税務訴訟資料250号）。

なお、認知を請求した者については、通常の法定申告期限に遅れての期限後申告書の提出になりますが、この期間は延滞税の計算期間に加えないという特例が設けられています（相法51(2)一ハ）。

2　死後認知が確定した場合の遺産分割のやり直し

遺産分割が終了した後に、認知の判決等が確定した場合は、価額弁償ではなく、遺産分割のやり直しを行うことも、民法上は問題ないこととされています。では、税法上も遺産分割のやり直しが認められるでしょうか。

一旦は帰属が確定した遺産の再分配には、贈与税、あるいは所得税を課税す

るのが税法の原則だからです。

しかし、認知を受けた者も相続人であり、その相続人を除外して行った遺産分割は、本来は無効の遺産分割になるはずです。

ただ、遺産分割を無効とすると、遺産分割によって相続財産を取得し、その事実の上に、その後の生活を築きあげている相続人と、その相続人から相続財産を取得した第三者を害します。かかる相続人と第三者を本条は保護するために「価額のみによる支払の請求権を有する」としているのであって、相続人が、この権利を放棄し、相続財産から給付することを選択することが禁止されるはずはありません。

したがって、相続人の全員が遺産の再分割に同意し、それが第三者の権利を侵害するものではない場合は、税法上も、遺産の再分割が認められると理解すべきです。

実務も、価額の支払いに代えて遺産分割によって取得した土地を給付した場合については、認知請求者を含めた相続人の全員が連署した書面をもって、①その資産が遺産分割によって取得したものであることを示す最終的な遺産の分割に関する協議書と、②その資産が遺産の現物分割によるものである旨を記載した認知請求者の書面が提出されることを要件として、遺産分割による取得と認めるとしています（国税庁が公表している質疑応答事例）。

民法第911条（共同相続人間の担保責任）

（共同相続人間の担保責任）
第911条　各共同相続人は、他の共同相続人に対して、売主と同じく、その相続分に応じて担保の責任を負う。

民法上の理解

相続人が遺産分割によって取得した物、又は権利に瑕疵がある場合、他の共同相続人に対して、担保責任を追及することができます。

瑕疵は、取得した財産に土壌汚染があり、価値が毀損されていたような物理的な瑕疵の場合に限らず、回収可能と予想された債権が、実際には回収不能

だった場合を含みます。

　遺産分割で取得した債権が、相続開始日には既に消滅時効の援用に必要な年数が経過しており、相続後に時効が援用されたという場合も、回収不能だった債権に含まれます。

　ただ、相続人間で特約があるときは、その特約に従うことになりますので、財産の現状を認識した上で行う通常の遺産分割の場合は、当事者の合理的意思解釈として、担保責任を負わないという合意があったと認められる場合が多いものと思われます。

　民法は税法とは異なり、ほとんど改正されない法律ですから、常に時代に遅れる傾向があります。民法が施行された明治31年7月16日当時の経済情勢と現在とは全く異なり、相続人が債務者の資力を考慮することなくの債権の遺産分割を行うことは想定されないからです。

　また、被相続人が、遺言で、本条と異なる意思を表示することもできます（民法914）。

　本条の担保責任は、各相続人が、その相続分に応じて負担することになります。

　例えば、3人の子A・B・Cが相続人であり、それぞれが1,000万円の価値を有する財産を取得した場合に、Aが取得した財産に瑕疵があり、その価値が700万円しかなかったとすると、Aは、BとCに100万円ずつ請求することができます。残りの100万円は自己の負担となります。

税法上の理解

　相続人が、本条に基づく瑕疵担保を負担した場合は、相続税法32条、あるいは国税通則法23条に基づく更正の請求が認められるべきですが、しかし、瑕疵担保責任を履行した場合について更正の請求を認める条文は見あたりません。

　相続開始日には債権が存在しており、その全額が回収可能であるとして課税処分が行われたが、その後、時効が援用され、訴訟によって相続開始日における債権の消滅時効が完成し、債権が消滅していたという事実が確認された場合はどうでしょうか。

このような事例について、国税不服審判所は、「課税処分の基礎とした事実と、訴訟で確定した事実とで相違があるといえるし、相続開始日において、時効の援用以外の消滅時効の要件が満たされており、納税者の意思如何にかかわらず、時効の援用があれば債権が消滅させられる確定的状態にあった」「この事実は相続税法22条の時価に関して考慮すべき事実になり、相続税の課税標準等又は税額等の計算に影響を与えるものといえる」と判断しました。債権は存在するが、その時価の評価に誤りがあり、更正の請求理由になるという判断です（平成16年6月30日裁決・週刊税務通信2902号）。

民法第912条（遺産の分割によって受けた債権についての担保責任）

> （遺産の分割によって受けた債権についての担保責任）
> 第912条　各共同相続人は、その相続分に応じ、他の共同相続人が遺産の分割によって受けた債権について、その分割の時における債務者の資力を担保する。
> 2　弁済期に至らない債権及び停止条件付きの債権については、各共同相続人は、弁済をすべき時における債務者の資力を担保する。

民法上の理解

遺産分割によって、遺産に含まれていた債権を特定の相続人が取得したが、その後、債権の全部あるいは一部が回収不能になってしまった。このような場合に、回収不能による損失を、その債権を相続した相続人の負担とするのは公平に反します。

そこで本条は、債権の回収不能による損失については、他の相続人も、相続分に応じて担保責任を負うことを定めています。つまり、他の相続人は、相続分に応じて、債権を相続した相続人からの求償に応じる義務を負うことになります。

本条に債務者の資力の担保は、相続開始の時ではなく、遺産分割の時の資力を担保します。弁済期日に至らない債権や停止条件付の債権については、その弁済期日の資力を担保します。

代償金の支払いを約した相続人の資力も本条で担保されるのかについては
はっきりしませんが、学説では、このような場合にも共同相続人は担保責任を
負うと解しています。

　債務者には資力があるが、しかし、相続開始日には既に消滅時効の援用に必
要な年数が経過しており、相続後に時効が援用されたという場合も、本条と同
じ結果になります。しかし、このような場合は、本条ではなく、前条が適用さ
れると考えます。

税法上の理解

　本条に基づく担保責任が行使され、他の相続人が求償に応じた場合は、相続
税について更正の請求が必要になります。

　つまり、瑕疵担保責任に基づいて償還金を支払った者は、相続税について減
額更正を請求し、逆に、償還金を受け取った者は、相続税について、増額更正
処分を受けることになります。

　ただし、相続税は、債権の評価については相続時を基準にしていますので、
相続後の回収不能が、相続税の総額を減額するという意味での更正の請求にな
るか否かについては、事実認定が必要になります。

　つまり、債権の回収不能が、相続時に確定していたと認定される場合なら、
相続税の法定申告期限から5年以内の更正の請求（通則法23①）が可能です。

　相続人の一部の者が相続財産の全てを取得し、他の者に代償金を支払うとい
う遺産分割が行われることがあります。その場合に、代償金が実際には支払わ
れなかった場合にも、代償金請求者は、代償金に対応する相続税を納めた上で、
他の相続人が納めるべき相続税について、連帯納付義務を負うことになります
（相法34）。

　しかし、仮に、代償金を支払った相続人の資力が本条で担保されるとしても、
代償金請求者の請求権が消滅するわけではないので、代償金請求者が連帯納付
義務を免れることは困難と思えます。

　代償金の弁済不能は、まさに、相続後の事情であって、相続税法が考慮する
事情にはならないからです。

民法第913条（資力のない共同相続人がある場合の担保責任の分担）

> **（資力のない共同相続人がある場合の担保責任の分担）**
> 第913条 担保の責任を負う共同相続人中に償還をする資力のない者があるときは、その償還することができない部分は、求償者及び他の資力のある者が、それぞれその相続分に応じて分担する。ただし、求償者に過失があるときは、他の共同相続人に対して分担を請求することができない。

民法上の理解

相続財産に含まれる債権について回収不能の事実が生じた場合は、その債権を相続した相続人は、他の相続人に対して求償権を行使することができるのが原則です（民法912）。

この場合に、他の相続人に求償に応じる資力がない者がいる場合は、その者を除いたところで、負担割合が決定されることになります。

例えば、相続人が3人で、均等相続の場合に、相続債権300万円が回収不能になった場合は、各々の相続人がそれぞれ100万円を負担することになりますが、負担能力のない者が1人いる場合は、他の2人の負担額はそれぞれ150万円になります。

税法上の理解

相続人間の求償権が問題になる制度として、相続税の連帯納付義務の制度があります（相法34）。

まず、被相続人が負担していた相続税や贈与税を相続によって承継した場合は、相続や遺贈によって受けた利益を限度として、全ての相続人が連帯して相続税等を納付すべき連帯納付義務を負います。この場合の各人の負担割合については民法911条が適用され、相続人の中に求償に応じる資力がない者がいる場合の負担割合については本条本文の考え方が採用されると解されます。

また、相続、あるいは遺贈によって財産を取得した者は、その相続に係る相

続税について、相続や遺贈によって受けた利益を限度として、他の相続人が負担する相続税について互いに連帯納付の責に任ずるとしていますが、この場合の負担割合についても同様です。

相続税の納付が遅滞した場合には、遅延利息に相当する延滞税が課税されます。しかし、これを連帯納付義務者にまで納付を求めることは、酷であるため、連帯納付義務者が、連帯納付の履行により、本来の納付義務者の相続税を納付する場合には、延滞税に代えて、約定利息に相当する利子税を納付することとされました（相法51の2）。

民法第914条（遺言による担保責任の定め）

(遺言による担保責任の定め)
第914条　前3条の規定は、被相続人が遺言で別段の意思を表示したときは、適用しない。

民法上の理解

相続した債権についての担保責任や、求償の割合については、遺言をもって別段の定めを置くことを可能としています。具体的には、相続した債権が回収不能になった場合においても他の相続人は担保責任を負わない旨の定めや、担保責任を相続人の中の特定の者だけに負わせるという指定です。

このような指示が遺言書をもって行われるのは、例えば、事業に属する債権が多額に存在する場合に、事業を承継した相続人が、その債権の貸倒損失を負担し、他の相続人に対する求償を行わないという指示としてなされることが想定されます。

ただ、このような指示がある場合でも、遺留分の規定に反する場合は、遺留分を侵害する限度で、その指示は無効になると解説されています。

例えば、債権のみを相続した相続人について、その債権の全額が回収不能になってしまった場合などは、他の相続人が担保責任を負わないという指示があったとしても、その相続人は、遺留分の限度で他の相続人に対する求償権を行使することができます。

§4 相続の承認及び放棄

民法第915条（相続の承認又は放棄をすべき期間）

（相続の承認又は放棄をすべき期間）
第915条　相続人は、自己のために相続の開始があったことを知った時から3箇月以内に、相続について、単純若しくは限定の承認又は放棄をしなければならない。ただし、この期間は、利害関係人又は検察官の請求によって、家庭裁判所において伸長することができる。
2　相続人は、相続の承認又は放棄をする前に、相続財産の調査をすることができる。

民法上の理解

　相続人には、単純承認、限定承認、又は放棄を選択するための3ヶ月の熟慮期間が与えられています。この期間を経過すると、相続人は単純承認をしたものとみなされます（民法921 二）。

　相続について相談を受けた弁護士、あるいは税理士は、最初に、相続の開始日を確認する必要があります。今日が相続開始の日から3ヶ月を経過する日かもしれないからです。仮に、債務超過の相続であれば、相続放棄をアドバイスしなかった弁護士には専門家責任が生じることになります。

　相続財産の状態が複雑であり、調査に日数を要する場合には、相続人からの申請によって家庭裁判所は熟慮期間を伸長することができます。熟慮期間の延長は通例は3ヶ月に限りますが、再度の延長も認められることになっています。

　熟慮期間の起算点である「知った時」とは、相続人が相続開始の原因である事実を知り、かつ、これにより自己が相続人となったことを知った時となります。

　しかし、最高裁昭和59年4月27日判決（判例タイムズ528号81頁）は、負債があることを知らない間に熟慮期間が徒過してしまった場合の救済として、相続人が、相続財産が全く存在しないと信じたことについて理由があるときには、熟慮期間は、相続人が相続財産の全部又は一部の存在を認識した時又は通常これを認識しうべき時から進行するとしました。

　その後、最高裁の趣旨を拡大し、相続が開始した1年2ヶ月後に行った相続

放棄の申述を受理した事例（福岡高裁平成16年3月16日決定・判例タイムズ1179号315頁）や、貸金請求の内容証明郵便が相続後に送達された事案でも、内容証明郵便の記載内容では債務の存在を認識したとはいえないとした判決（東京高裁平成15年9月18日判決・判例時報1846号27頁）があります。

ただし、家庭裁判所において相続放棄の申述が受理された場合においても、それによって相続放棄の効力が確定し、債権者に対しても、相続放棄の事実を主張できるというわけではありません。債権者から、相続債務について請求訴訟などが起こされた場合は、その訴訟の中で、相続放棄手続について申述が家庭裁判所で受理されたという形式的な要件だけではなく、それが相続放棄の実体的な要件を調えたものであったか否かという判断が行われることになります。

税法上の理解

1　相続税の申告期限

相続によって財産を取得した者と、相続時精算課税の適用を受けていた者は、相続税の課税価格の合計額が遺産に係る基礎控除額を超える場合は、相続の開始があったことを知った日の翌日から10ヶ月以内に相続税の申告をすることが必要です（相法27①）。

認知に関する裁判（民法787）、相続人の廃除に関する裁判（民法892、893）、又は相続人の廃除の取消しに関する裁判（民法894②）の確定により、相続開始後において相続人となった者は、その裁判の確定を知った日が「相続の開始があったことを知った日」となります（相基通27－4（4）、（5））。

仙台地裁昭和63年6月29日判決（訟務月報35巻3号539頁）では、納税者が相続の事実自体を知る以上、相続財産の内容を自ら調査して申告をし、具体的な租税義務を確定させることが要求され、結果としてこれができなかった場合には、正当な理由があると認められる場合を除き、行政上の制裁である無申告加算税を賦課されることもやむを得ないとしています。

したがって、相続財産の内容が不明という理由は、相続税の申告期限を延長する理由にはなりませんし、正当な理由がある場合を除き、無申告加算税が免除される理由にもなりません。

そして正当な理由は認められないのが実務です。過失がない場合の無申告加

算税は15％で、「事実の全部又は一部を隠蔽し、又は仮装し、その隠蔽し、又は仮装した」場合の重加算税は40％という切り分けです（通法66、68）。

なお、相続が開始したことを知った時を、法定申告期限の起算日にすると、例えば、相続人が家出をして行方不明などの理由で、被相続人と相続人の交流がない場合は、いつになっても相続の開始があったことを知った日が到来しないことになります。

このような事態には課税上の弊害がありますので、課税庁は、相続が開始した日の翌日から10ヶ月を経過した場合は、相続人が相続の開始を知らない場合でも、相続税の決定処分が行えることになっています（相法35②一）。

2 その他の守るべき期限

相続後4ヶ月の準確定申告の提出期限（所法124）と青色承認申請の提出期限（所基通144－1）、6ヶ月の根抵当権の確定防止について登記の期限（民法398の8）、1年の遺留分侵害額の請求の期限（民法1042）、3年10ヶ月の相続税の取得費加算の期限（措法39）と、相続財産に係る株式をその発行した非上場会社に譲渡した場合のみなし配当課税の特例の期限（措法9の7）、昭和56年5月31日以前に建築された建物とその敷地を売却した場合の「被相続人の居住用財産（空き家）を売却したとき」の3,000万円の特別控除の期限（措法35③）、4年の遺産分割が未了の場合の配偶者の税額軽減（相令4の2）と小規模宅地の評価減を利用する場合の届出期限（措令40の2）についても失念しないように注意する必要があります。

みなし配当課税の特例は次の内容です。相続した非上場株式を発行会社に譲渡した場合には、自己株式としての譲渡の場合であっても、みなし配当課税は行わず、譲渡所得課税を行うという特例です。ただし、納付すべき相続税額のある者が売却した場合に限ります。

空き家特例は次の内容です。被相続人が単身で居住していた建物で、相続によって空き家になった建物が昭和56年5月31日以前に建築された建物である場合には、建物と敷地を相続した相続人が、建物を取り壊すか、耐震工事をした上で、建物と敷地を相続の開始があった日から3年目の年の12月31日までに売却した場合は、譲渡所得金額から3,000万円を控除するという特例です。ただし、売却代金が1億円以下である場合に限ります。

民法第916条（相続の承認又は放棄をすべき期間②）

（相続の承認又は放棄をすべき期間②）
第916条 相続人が相続の承認又は放棄をしないで死亡したときは、前条第1項の期間は、その者の相続人が自己のために相続の開始があったことを知った時から起算する。

民法上の理解

1 第2次相続が開始した場合の相続放棄の期間

相続人が、限定承認や相続放棄を行う場合には、被相続人死亡時から3ヶ月以内に、その旨を家庭裁判所に申述しなければなりません（民法915、924、938）。相続人が、3ヶ月以内に何のアクションも起こさなければ単純承認したことになります。

相続人が、この熟慮期間中に亡くなった場合は、その相続人（父）の相続人（子）は、祖父の相続に関する選択と、父の相続に関する選択の両方を行わなければなりません。そして、この両方の選択の熟慮期間は、父の死亡時から3ヶ月以内とされています（民法916）。

税法上の理解

相続が開始した場合は、相続人は、被相続人に関する準確定申告と相続税の申告を行う義務を負います。準確定申告の申告期限は、被相続人の死亡時から4ヶ月で、相続税の申告期限は被相続人死亡時から10ヶ月です。

ただし、続けて2度の相続が発生した場合は、この期間は次のように延長されます。

(1) 第1次相続（祖父）についての準確定申告の期限は、第2次相続（父）が開始し、相続人（子）が父の相続の開始があったことを知った日の翌日から4ヶ月を経過した日の前日（所法124、125）。

(2) 祖父の相続についての相続税の申告期限は、父が死亡し、その子が父の相続の開始があったことを知った日の翌日から10ヶ月（相法27②）。

第1次相続の日から10年以内に第2次相続が開始した場合は、第2次相続について、相次相続控除が適用されます（相法20）。つまり、祖父に対して課税された相続税について、次の2つの割合を乗じた金額を父の相続（第2次相続）に関する相続税から差し引くという計算です。
① 　第2次相続によって取得した財産が、第1次相続によって承継した資産（第1次相続の相続税を控除した額）に占める割合
② 　第1次相続開始の時から第2次相続開始の時までの期間に相当する年数を10年から控除した年数の10年に対する割合
　仮に、第1次相続について10億円を相続し、相続税として4億円を支払った4年後に相続が開始し、5億円を相続した場合の相次相続控除額は次の計算になります。

$$4億円 \times \frac{5億円}{10億円 - 4億円} \times \frac{10年 - 4年}{10年} = 2億円$$

　第1次相続が未分割の間に第2次相続が開始した場合は、子は、第1次相続と、第2次相続について遺産分割を行うことになります。この場合には、第1次相続についての遺産分割は、第2次相続での相続税の計算が有利になる方法の遺産分割を行うべきでしょう。
　例えば、第1次相続として父が死亡し、第2次相続として母が死亡した場合であれば、①第1次相続についての配偶者の取得分を確定し、配偶者についての相続税額の軽減を利用する方法や、逆に、②第1次相続において配偶者が取得する相続分を少なくして、第2次相続の課税対象財産を減らす方法、それに③第1次相続において配偶者の取得分を確定するが、配偶者の相続税額の軽減を利用せずに、相次相続控除を有効に活用する方法があります。
　第1次相続について遺産分割が完了する前に、第2次相続についての相続税の申告期日が到来した場合には、第1次相続における法定相続分を、第2次相続における相続財産に加えて相続税を計算することになります。
　その後、第1次相続についての遺産分割が整い、その結果として第1次相続についての相続税と、第2次相続についての相続税が減少した相続人は、2つの相続税の申告について更正の請求を行うことになります。
　更正の請求の根拠は、第1次相続については相続税法32条1号ですが、第

2次相続について更正の請求を認めた条文が用意されていません。しかし、実務は、第1次相続について行う更正と同時に第2次相続についての更正の請求を認めています。

民法第917条（相続の承認又は放棄をすべき期間③）

（相続の承認又は放棄をすべき期間③）
第917条　相続人が未成年者又は成年被後見人であるときは、第915条第1項の期間は、その法定代理人が未成年者又は成年被後見人のために相続の開始があったことを知った時から起算する。

民法上の理解

相続放棄の申述期間は、相続人が未成年者又は成年被後見人の場合には、その法定代理人が未成年者又は成年被後見人のために相続の開始があったことを知った時から3ヶ月以内とされています（民法917）。

未成年者とは年齢18歳未満の者（民法4）、成年被後見人とは後見開始の審判を受けた者（民法7）をいいます。家庭裁判所は、精神上の障害により事理を弁識する能力を欠く常況にある者について、本人、配偶者、4親等内の親族等の請求により、後見開始の審判をすることができます（民法7）。未成年者の場合は親権者が、成年被後見人の場合は後見人が法定代理人となります。

法定代理人がいない場合の相続放棄の申述期間は、法定代理人が選任され、その者が未成年者又は成年被後見人のために相続が開始したことを知ったときから3ヶ月以内となります。

胎児は、相続については生まれた者とみなされます（民法886）が、出生するまでは法定代理人が存在しませんので、妊娠中の母親が相続開始の事実を知っていたとしても、3ヶ月の期間は、出生の時から起算されることになります。

本人に代わって法定代理人が相続放棄をする場合には、利益相反行為（民法826、860）か否かが問題になります。利益相反行為に該当する場合には、相続人のために特別代理人を選任することを家庭裁判所に請求する必要があります。

利益相反の関係になるのは、例えば、未成年の子と母親が相続人になった場合です。ただし、母親が子と共に相続放棄をする場合は利益相反には該当しないとされています。

税法上の理解

相続税の申告書の提出義務者は、相続の開始があったことを知った日の翌日から10ヶ月以内に相続税の申告書を納税地の所轄税務署長に提出しなければなりません（相法27①）。「相続の開始があったことを知った日」の解釈は、民法と同様であり、自己のために相続の開始があったことを知った日を意味します。

相続税の申告書の提出義務者が未成年者あるいは成年被後見人の場合には、その法定代理人が相続の開始があったことを知った日を「相続の開始があったことを知った日」として取り扱うこととされています（相基通27－4（7））。相続開始の時点で法定代理人がいないときには、法定代理人が選任された日が「相続の開始があったことを知った日」となります。

相続又は遺贈によって財産を取得した者が未成年者の場合には、相続税額から、その者が20歳に達するまでの年数に10万円を乗じて算出した金額を控除できます（相法19の3）。この年数に1年未満の端数があるときには、これを1年として計算します。

相続の放棄をしても未成年者控除の適用がありますので、仮に、相続放棄をした未成年者が生命保険金を受け取っている場合などは、未成年者控除の適用を受けることができます。未成年者で婚姻をした者は、民法上は成人とみなされますが、そのような場合も未成年者控除の適用があります。胎児の場合も未成年者控除の適用がありますが、その場合の控除額の計算は20年として行います。

相続又は遺贈によって財産を取得した者が成年被後見人の場合には、相続税法の特別障害者に該当することとなり、障害者控除の適用があります。具体的には相続税額からその者が85歳に達するまでの年数に20万円を乗じて算出した金額が控除額となります（相法19の4）。

民法第918条（相続財産の管理）

> **（相続財産の管理）**
> **第918条** 相続人は、その固有財産におけるのと同一の注意をもって、相続財産を管理しなければならない。ただし、相続の承認又は放棄をしたときは、この限りでない。
> 2 家庭裁判所は、利害関係人又は検察官の請求によって、いつでも、相続財産の保存に必要な処分を命ずることができる。
> 3 第27条から第29条までの規定は、前項の規定により家庭裁判所が相続財産の管理人を選任した場合について準用する。

民法上の理解

相続放棄の申述期間においては、相続人がその財産を相続するか否かは未定の状態になります。そこで、この期間について、相続人に対しては、相続財産を自己の固有財産と同一の注意義務をもって管理する義務を課しています。

民法は、委任などの場合には善良なる管理者の注意義務を課していますが、本条に基づく注意義務は、それよりも軽減された自己の固有財産と同一の注意義務です。

相続財産の修理や、相続財産に含まれる債権の時効の中断、あるいは賃貸用不動産から生じる家賃の受領などについて、自己の固有財産と同様の注意義務をもって管理する必要があります。

しかし、そのような管理行為と、法定単純承認（民法921）が規定する相続財産の全部又は一部の処分行為との差異には不明確なところがあります。したがって、実務上の配慮としては、現状を維持する行為以上の管理行為をすることは避けておくべきです。

税法上の理解

1 準確定申告

相続が開始した場合は、その日から4ヶ月以内に、被相続人の所得について、準確定申告を行うことが必要になります。申述期間を延長した場合は、4ヶ月

を経過した時点でも、相続を放棄するのか否かの結論がでていない場合があります。そのような場合に、相続人が準確定申告を行うことが、本条の管理行為として許されるのか、あるいは民法921条の保存行為と認められるのか、さらには同条に基づく相続財産の全部又は一部の処分に該当してしまうのかについて一義的には明確でないところがあります。

準確定申告は、法律上の義務であり、これを履行するのは相続財産の処分行為ではないという見解にも十分な説得力がありますが、申述期間中においては、相続人でなければ為しえない行為を行うのは避けておくのが無難です。所得税の申告は、債務確定行為であり、相続人でなければ為しえない行為と理解されるからです。

2 国外転出時課税

平成27年度の税制改正で国外転出時課税制度が創設されました（所法60の2、60の3）。株式等の含み益を海外で実現することによる租税回避行為を防止するために設けられた制度です。

被相続人が国外転出時課税対象財産である有価証券等（所法60の2①）や、未決済の信用取引等（所法60の2②）、未決済デリバティブ取引（所法60の2③）を所有する場合で、相続人が海外に居住（日本の非居住者）している場合は、相続の時に、「その時における価額に相当する金額により、当該有価証券等の譲渡があつたもの」とみなされます（所法60の3）。この場合は相続開始から4ヶ月以内に譲渡所得についての準確定申告を行わなければなりません。

有価証券等の時価は、相続税の評価額ではなく、所得税基本通達の時価になります（所基通60の2－7、60の3－5）。有価証券等の時価が1億円以上の場合に本条の適用がありますが、国外転出時課税対象になるかどうかは、非居住者に移った国外転出時課税対象財産の合計額が1億円以上かどうかではなく、被相続人が所有している国外転出時課税対象財産の合計額が1億円以上であり、かつ、非居住者にその資産が一部でも移った場合です（所法60の3⑤）。被相続人が所有する国外転出時課税対象財産の合計額が1億円以上である場合には、遺言で国内に居住する相続人を受遺者として指定しておくなど、事前にリスクを想定した対応をしておくべきでしょう。

この制度には納税猶予（所法137の3①）があり、所得税の申告期限までに

納税管理人の届出と担保提供手続を行えば5年間（10年まで延長可能）について納税が猶予されます（所法137の3②）。その間に有価証券を所有したまま国内に戻れば猶予税額は免除されます。これらは馴染みの薄い制度であることから宥恕規定があり、準確定申告書の提出がなかった場合や、納税書面に不備がある場合でも、やむを得ない事情があると認められる場合には納税猶予の適用が受けられます（所法137の3⑤）。

課税対象になる有価証券は、上場有価証券に限らず、同族会社株式を含みます。したがって成績優秀な中小企業オーナーの子弟が海外留学、あるいは海外赴任している場合には、相続開始に先立って納税猶予の準備をしておくか、遺言書を作成し、海外に居住する者は有価証券を相続しない旨の対策を講じておくことが必要です。

民法第919条（相続の承認及び放棄の撤回及び取消し）

（相続の承認及び放棄の撤回及び取消し）
第919条　相続の承認及び放棄は、第915条第1項の期間内でも、撤回することができない。
2　前項の規定は、第1編（総則）及び前編（親族）の規定により相続の承認又は放棄の取消しをすることを妨げない。
3　前項の取消権は、追認をすることができる時から6箇月間行使しないときは、時効によって消滅する。相続の承認又は放棄の時から10年を経過したときも、同様とする。
4　第2項の規定により限定承認又は相続の放棄の取消しをしようとする者は、その旨を家庭裁判所に申述しなければならない。

民法上の理解

相続の承認や放棄は、相続放棄の申述期間の3ヶ月以内（民法915）であっても撤回はできません。ただし、相続放棄等に民法総則に定める無効や取消しの原因がある場合は、民法総則に従って無効や取消しが主張できることになります。

例えば、未成年者や意思無能力者が行った相続放棄の申述や、詐欺、錯誤などによる相続放棄などは、無効あるいは取消理由になります。しかし、相続放

棄の取消しが認められた事例は少なく、実務的には、一度、相続放棄、あるいは承認をした場合は、その撤回は不可能と考えておくべきです。

民法第920条（単純承認の効力）

> **（単純承認の効力）**
> 第920条　相続人は、単純承認をしたときは、無限に被相続人の権利義務を承継する。

民法上の理解

　相続人が被相続人の財産を単純承認したときは、相続人は被相続人の権利義務をすべて承継します。被相続人が所有していた資産は法定相続分に従って相続人が共有し、その後の遺産分割によって最終的な取得者が確定します。債務も相続人が承継しますが、可分債務についての承継は、相続人の各々について法定相続割合に従った分割承継になります。預貯金が当然分割でなくなったことについては第898条の解説を参照してください。

　これは連帯債務（最高裁昭和34年6月19日判決・判例時報190号23頁）や、連帯保証の場合も同様であり、相続人は、各々の相続割合に従って保証債務等を承継することになります。仮に、会社に1億円の債務があり、これを社長が連帯保証人をしている場合に、社長に相続が開始し、相続人が2人の子である場合であれば、各々の子供達は、会社の1億円の債務について、各々5,000万円についての連帯保証債務を負担することになります。

　これらの分割債務についても、相続人が、遺産分割の中に含め、法定相続割合と異なる負担の合意をすることが一般に行われていますし、そのような合意は相続人間の合意として有効です。しかし、債権者に対抗するためには、債権者の承諾を得て、免責的な債務引受けなどの処理を行うことが必要です。

　なお、根保証契約について、保証人に相続が開始した場合は、根保証は、相続時点で確定し、その段階で発生していた債務は相続人に承継されますが、その後に発生した債務は保証の対象には含まれません（最高裁昭和37年11月9日判決・判例時報322号24頁　民法465の4）。

　根保証と同様の趣旨で、根抵当権についても、根抵当権者、あるいは債務者

について相続が開始したときは、その相続時点での債務を担保するものとして、根抵当権は確定します。ただし、相続の開始後6ヶ月以内に根抵当権について、①根抵当権者が死亡した場合には根抵当権者の相続人と根抵当権設定者の合意、②債務者が死亡した場合には根抵当権者と根抵当権設定者との合意による登記をすることによって、根抵当権の確定を防ぐことができます（民法398の8④）。

なお、根抵当権設定者についての相続の開始は、根抵当権には影響を与えません。

本条は、無限に権利義務を承継するとありますが、これは財産についての権利義務であって身分に関する権利義務は承継しません。財産についての権利であっても、例えば扶養請求権（民法877）のような一身専属的な権利は相続人には承継されません。

税法上の理解

1 租税債務の承継と各種の届出の効力

単純承認で承継するものは、民法上の債務に限りません。租税債務も承継の対象になりますし、被相続人が行った過去の所得税等の申告に過少申告の事実があれば、相続後に更正処分を受ける可能性があります。

しかし、所得税についての青色申告の承認申請や減価償却方法の届出などの効力は承継できません（最高裁昭和62年10月30日判決・判例時報1262号91頁）。青色申告をしている場合の純損失の金額青色欠損金も承継できません。相続人が事業を承継した場合でも、それは相続人による新たな事業の開始と理解されます。したがって、事業を承継した後4ヶ月以内の青色申告の承認申請を失念しないことが必要です（所基通144−1）。ただし、翌年の2月15日を超えることはできません（所法147）。

これは消費税についても同様です。被相続人が提出した課税事業者選択届や、簡易課税の選択届の効力は相続人には及びません。しかし、消費税については相続があった場合について特例が設けられていて（消法10）、被相続人の事業を承継した場合、小規模事業者の納税義務の免除（消法9）の判定については、相続人が承継した被相続人の事業について、基準年度（2年前）の課税売上を合算して判定することになります。

2 取得価額と取得時期の引継ぎ

　税法独自の概念として、土地建物など譲渡所得の基因となる資産の相続については、相続人は、被相続人の取得の時期と取得価額までも承継することになります。つまり、被相続人が10年前に3,000万円で取得した土地について相続が開始した場合は、相続時の時価が、仮に5,000万円だったとしても、相続人は、被相続人が取得した事実、つまり、10年前に3,000万円で取得したという地位を承継することになります（所法60）。

　ただし、限定承認の場合は、このような地位の承継は行われず、相続時点での時価を承継し、取得の時期は相続の日ということになります。この点についての詳細は限定承認についての民法922条を参照してください。

3 相続時精算課税に基づく納税者の地位の承継

　相続税法21条の9に定める相続時精算課税に基づく納税者の地位も、相続人は承継することになります。つまり、祖父が所有する時価4,000万円の土地を、相続時精算課税の適用を受けて父親が取得して300万円の贈与税を納付していた場合に、その後、父親が死亡した場合は、父親の相続人は、父に帰属していた相続時精算課税に基づく納税者としての権利と義務を承継することになります。

　つまり、その後、祖父が死亡した場合は、仮に相続財産がゼロの場合であり、さらには、相続を放棄した場合であっても、父の相続人、仮に、子Aと子Bとすると、父が生前に時価4,000万円の土地の贈与を受けたという地位を承継し、それが相続税の課税価額に加えられることになります。しかし、祖父が死亡した場合で、相続財産がゼロの場合であれば、贈与財産を加算しても相続税は計算されませんので、子Aと子Bは、父親が納付した贈与税300万円の還付が受けられることになります。

　この経過を整理すれば、相続時精算課税については、次のような段階を踏むことによって精算されることになります。

　　第1段階……祖父から父親への相続時精算課税を利用しての贈与
　　第2段階……父親が死亡し、父親の相続財産を子が相続
　　第3段階……祖父が死亡し、子（孫）は、父親の相続時精算課税に基づく相続税の申告

民法第921条（法定単純承認）

> **（法定単純承認）**
> 第921条　次に掲げる場合には、相続人は、単純承認をしたものとみなす。
> 一　相続人が相続財産の全部又は一部を処分したとき。ただし、保存行為及び第602条に定める期間を超えない賃貸をすることは、この限りでない。
> 二　相続人が第915条第1項の期間内に限定承認又は相続の放棄をしなかったとき。
> 三　相続人が、限定承認又は相続の放棄をした後であっても、相続財産の全部若しくは一部を隠匿し、私にこれを消費し、又は悪意でこれを相続財産の目録中に記載しなかったとき。ただし、その相続人が相続の放棄をしたことによって相続人となった者が相続の承認をした後は、この限りでない。

民法上の理解

本条は、相続人が承認の意思表示を積極的に行わなくても、単純承認と同様の法律効果が生じる場合を規定しています。

1号は、被相続人の財産を処分した場合です。このような場合は、相続人には財産を相続する意思、すなわち単純承認の意思があると推定すべきだからです。

処分とは、不動産の売却など財産変動を生じる法律上の処分行為だけでなく、家屋の取壊しなどの財産の現状や性質を変える事実上の処分行為も含みます。ただし、建物の修理など、財産の滅失や毀損を防止し、現状を維持するための保存行為や、民法602条に規定する短期賃貸借契約を結ぶことはこの処分には含まれません。

しかし、民法602条に定める短期賃貸借は、山林については10年、それ以外の土地の賃貸借は5年、建物の賃貸借は3年とされており、このような長期の賃貸借契約の締結が保存行為として許されるのか疑問があるところです。単純承認とされてしまった場合は影響が大きいですから、実務においては、相続財産について賃貸借契約を締結するような行為は避けておくのが無難です。特に、借地借家法が適用される賃貸借契約の締結は処分行為になってしまうと考

えるべきです。

では、相続した株式についての株主権の行使は如何でしょう。株主である社長が死亡した場合は、後任の社長を選任する必要があります。しかし、株主権の行使も、法定単純承認の理由になるとして、民法921条1号の「相続財産の処分」に該当すると判断した判決（東京地裁平成10年4月24日判決・判例タイムズ987号233頁）があるので注意が必要です。

相続が発生した場合に、そのことを金融機関が知ると、被相続人の預金口座が閉鎖されてしまうことから、相続の発生直前に相続人によって資金が引き出されることがあります。引き出された現金を被相続人の入院費などに使用する場合はともかく、相続人が使ってしまえば、これも相続財産の処分に該当します。

保存行為は処分からは除かれることになっています。そこで問題になるのが、相続が開始した後4ヶ月以内に行う準確定申告が保存行為なのか、処分行為なのかです。相続放棄の申述期間を伸長（民法915）している場合は、相続放棄の申述期限の前に、準確定申告の期限が到来してしまうからです。

準確定申告の実質は保存行為ですが、準確定申告の提出は債務確定行為ですから、処分行為と認定されてしまう虞があります。仮に相続放棄を検討している事案であれば、単純承認と認定されないためには、期限後申告になったとしても、準確定申告は行わないのが無難です。

民法921条2号は民法915条の規定する3ヶ月の熟慮期間内に限定承認も相続放棄も行わなかった場合です。実務的には、この熟慮期間の徒過によって、単純承認の効果が生じることが最も多く、相続の相談を受けた専門家としては、限定承認や、相続放棄が手遅れにならないように助言しておくことが必要です。

民法921条3号は、相続人が限定承認又は相続放棄の前、あるいはその後に行う財産の隠匿です。相続人がかかる背信的行為をした場合には、相続人を保護する必要はなく、民事的制裁を定めたものです。

なお、相続放棄によって、次順位の者が相続人になった場合に、次順位の相続人が相続の承認をした後の財産の隠匿は、他人の財産に対する侵害として、損害賠償請求などの法理で解決されることになるので、次順位の相続人が相続を承認した後の隠匿などは、単純承認の事由から除外されています。

税法上の理解

相続税においては、相続財産の隠蔽は相続税の過少申告として、過少申告加算税又は重加算税が賦課されることになりますが、さらに、①隠蔽された相続財産を配偶者が取得した場合においても、その財産は配偶者の相続税額の軽減の対象に含めず（相法19の2⑤）、また、②隠蔽された財産を配偶者以外の相続人が取得した場合にも、過少申告が露見したことによって増加した配偶者の税額について、配偶者の税額軽減の対象には含めないことになっています。

なお、相続財産の存在について不知であっても、過少申告加算税を免除する正当な理由（国税通則法65④）とは認められないのが実務です。過失がない場合の過少申告加算税は10％で、「事実の全部又は一部を隠蔽し、又は仮装し、その隠蔽し、又は仮装した」場合の重加算税は35％という切り分けです。

民法第922条（限定承認）

> **（限定承認）**
> **第922条** 相続人は、相続によって得た財産の限度においてのみ被相続人の債務及び遺贈を弁済すべきことを留保して、相続の承認をすることができる。

民法上の理解

限定承認は、相続財産の限度でのみ相続債務を負担するという条件付の相続の方法です。相続財産を超える債務は切り捨てられるので、相続人の固有財産を取り崩してまで支払う必要はありません。つまり、有限責任の相続です。

単純承認（民法920）は無限責任ですから、相続財産が債務超過であれば、相続人の元々の固有財産からも、債務を弁済しなければなりません。逆に、いったん相続放棄（民法939）をしてしまうと、結果的に債務超過ではなかったとしても、もはや債務の精算後に残った財産を相続することはできません。

このような相続のリスクを回避する方法が、限定承認による相続です。相続債務に対して有限責任であることに加え、残余財産を相続することができるという利点がある手法です。限定承認は、相続財産が債務超過であるかどうか判

然としない場合に有効な制度です。

相続財産が債務超過か否かの判定は、それほど簡単ではない場合があります。相続人が知らない債務があるときはもちろんですが、厄介なのは、存在は明らかでもその金額が確定していない債務があるときです。例えば、中小企業経営者である被相続人が自社の連帯保証人になっているときや、被相続人が損害賠償請求事件の被告になっているときなど、将来、いくらの債務が生じるのか分かりません。このような場合にこそ、限定承認の効果が十分に発揮されることとなります。

相続人が限定承認をせず、また相続放棄もしなければ、単純承認したものとみなされます（民法921 二）。限定承認は例外的な相続の方法であるといえます。しかし、被相続人の債務は被相続人の財産を担保として存在していたわけですから、限定承認は、むしろ合理的な相続の方法であると考えることができます。

税法上の理解

1 限定承認についての譲渡所得課税

限定承認で最も特徴的な税法の規定が、みなし譲渡所得課税です。

限定承認が行われた場合には、相続財産のうち譲渡所得の基因となる資産については、相続時に、その時の時価で被相続人が譲渡したものとみなし、被相続人に対し、譲渡所得課税が行われます（所法59①一）。山林所得の基因となる山林についても、同様の取扱いとなります。

譲渡所得課税は、資産の値上益（キャピタルゲイン）に課税するのですが、資産の保有中に値上りによる含み益が生じても、値上りしたという事実のみでは課税は行われません。売却などで資産の所有権が移転したときに実現する利益について、譲渡所得課税が行われます。相続によっても資産の所有権は移転しますが、現行の所得税制では、単純承認をした時に、譲渡所得課税が行われることはありません。

戦後の一時期に、シャウプ税制を採用した税制において、相続時にも譲渡所得課税を行うという制度が採用されていたことがありました。しかし、相続は、有償譲渡ではなく、譲渡所得についての担税力がないことや、相続税課税と譲渡所得課税が同時に行われることに国民感情がそぐわないことなどが理由と

なって、この税制は廃止されました。

現在は、被相続人の生存中に生じた値上益は、相続人が被相続人の取得価額を引き継ぐことにより（所法60①一）、将来の相続人の譲渡所得に取り込まれ、譲渡時に一括して相続人に対して所得税が課税されることになっています。

しかし、限定承認の場合には、相続を譲渡とみなし、被相続人に対し、相続時の時価による譲渡所得課税を行います。これにより、被相続人の生存中の値上益への課税が終了し、所得税は被相続人の他の債務とともに限定承認の手続の中で支払われ、相続財産を超える部分は切り捨てられることになります。

同時に、相続後に相続人が行う譲渡については、取得費を相続時の時価まで引き上げることによって（所法60②）、課税済みのキャピタルゲインとの重複課税は排除されます。みなし譲渡所得課税は、限定承認の制度にマッチした、相続人に有利な課税制度です。

しかし、みなし譲渡所得課税が常に相続人に有利に働くとは限りません。相続した資産を売却せずに済ませることができた場合も、その資産を譲渡したものとみなして、譲渡所得課税が行われてしまうからです（東京地裁平成13年2月27日判決・税務訴訟資料250号）。もっとも、被相続人が資産を譲渡したとみなされた結果として、被相続人のもとで発生していた値上益は課税済みになり、資産の取得費は時価まで引き上げられますので、将来の税負担と通算すれば損得はないともいえます。

居住用資産の譲渡については、特別控除3,000万円（措法35）や、譲渡所得の軽減税率（措法31の3）の適用があります。限定承認の場合、最終的には、相続財産は全て換価され、相続債務の弁済に充てられることが予定されています。ただし、所得税法59条は、最終の譲渡時ではなく、相続時に、被相続人から相続人に対して資産が譲渡されたとみなすことになっています。すると、譲渡の相手方は相続人になるので、相続人が生計を別にする兄弟姉妹である場合を除き、居住用資産の譲渡所得の特例の適用は受けられないことになってしまいます。

譲渡代金の一部が手元に残る可能性のある相続では、限定承認の選択には慎重な判断が必要です。

2 相続財産から生じる果実と所得税

　みなし譲渡所得課税が限定承認にマッチした課税であることを説明してきましたが、ここでは逆に、ミスマッチである場面について考えてみます。果実への所得税の課税です。

　相続財産から相続後に生じる賃料や利子などの果実は、限定承認の手続きでは相続財産に含まれます。賃料（大判大正3年3月25日・大審院民事判決録20輯230頁）、損害賠償請求権（東京地裁昭和47年7月22日判決・判例時報686号65頁）、利益配当請求権（大判大正4年3月8日・大審院民事判決録21輯289頁）などについて判例があります。これらは相続財産となり、限定承認の手続きの中で、相続債務の弁済に充てられることになります。

　ところが、所得税では、相続後に生じた果実は、すべて相続人固有の所得になり、相続人に対して所得税が課税されます。相続人は、実際にはこれらの果実を手にすることがないのに、果実に対する所得税を負担しなければなりません。果実についても、所得税法59条や60条のような限定承認についての負担の調整措置が期待されるところです。

　これは相続をした後に生じた相続財産の値上益についても同様です。相続が開始した段階までに生じていた値上益については、所得税法59条による譲渡所得課税で精算されますが、その後に生じた値上益は、相続人が実際に資産を譲渡した時点で実現し、所得税が課税されます。そして、その所得税は相続人の負担になりますが、譲渡代金として収入した金銭自体は、相続債務の弁済に充当されることになってしまいます。

　この場合に、相続後、短期間内に譲渡し、そこで譲渡所得が計算されてしまう場合であれば、相続時点での評価に誤りがあったとして、準確定申告について修正申告書を提出する方法も許されるはずです。

3 限定承認と準確定申告の申告期限

　限定承認は、相続の開始があったことを知ってから3ヶ月以内に家庭裁判所に申述して行う必要があります。ただし、家庭裁判所への申請により、申述期間を延長することができます。

　延長は3ヶ月に限られるのが原則ですが、再度の延長申請も可能ですので、相続財産の調査などの必要があれば、延長申請を繰り返すことにより、6ヶ月、

あるいは9ヶ月と、熟慮期間を延長することもできます。

限定承認を選択するのは、通常は、債務超過か否かが不明な事案が多く、相続財産について調査を要する場合が多いと思います。

さらには、限定承認を選択した場合は、所有する資産について時価評価し、その時価をもって資産を譲渡したものとしての準確定申告を行う必要があります。このような処理を、相続開始後4ヶ月以内の準確定申告の期限内に行うことは、ほとんど不可能です。

この場合の準確定申告（相続開始後4ヶ月以内）と相続税の申告期限の関係ですが、申述期限の延長は、準確定申告についても、相続税についても、申告期限には影響を与えないと考えることになります。つまり、申述期間を延長し、限定承認手続を選択する以前の段階であっても、準確定申告について申告期限が到来してしまうことになるのです。

申述期限の延長が、所得税等の申告期限を延長する効果があるとすれば、相続人は申述期限を延長することにより、納税時期を遅らせることができてしまうので、このような税法上の理解は仕方のないところかもしれません。

では、申述期限を延長し、相続の承認、あるいは放棄についての判断を留保中の者はどうすれば良いのでしょうか。その場合は無申告のまま放置することです。

仮に、被相続人の租税債務について準確定申告を行った場合は、それが財産の処分として、相続を単純承認したとみなされてしまう可能性があります。国との関係で債権債務の確定行為を行うわけですから、これは相続人でなければ為しえない行為です。

では、無申告の者が、その後、相続を単純承認し、あるいは限定承認をした場合、どうなるのでしょうか。その場合、期限後申告になってしまいますが、加算税について正当理由を原則として認めない現状の課税実務においては、この場合にも正当理由は認められず、無申告加算税が課税されることになります（東京高裁平成15年3月10日判決・判例時報1861号31頁）。

4 限定承認と納税義務の承継

相続人は被相続人の納税義務の全てを承継しますが、限定承認をすれば、納税義務の承継も、相続財産の範囲に限定されることになります（通法5①）。

被相続人の納税義務には、相続開始前に確定しているものだけではなく、準確定申告の所得税のように、相続後に確定するものも含みます。また、これらの税金に係る延滞税や加算税は、相続人のミスに基因したものであっても本税と同様に取り扱われます（通則法60④、69）。

このほか、限定承認の手続との調整のため、納期限を繰り上げる繰上請求（通則法38①二）、納税義務の消滅（徴収法153⑤）などの規定が置かれています。

相続時精算課税の適用を受け、生前贈与を受けた者が限定承認をした場合であっても、相続税額の計算には影響を与えません。これは相続を放棄した場合も同様です。相続時精算課税は、生前相続の制度なので、相続を放棄しても、生前に相続（相続時精算課税による贈与）を受けている事実は消滅しないのです。

ただし、相続時精算課税の適用を受け、生前贈与を受けた者（子）が死亡し、その相続人（孫）が限定承認をした場合は、父親の相続について、相続人（孫）は被相続人（父）から相続、遺贈又は贈与によって取得した財産の限度においてのみ、相続時精算課税に基づく相続税の納税義務を承継することになります（相法21の17②、相基通21の17－4）。

しかし、孫は、限定承認をした段階で、父から承継した相続財産を相続債務の弁済に充てるなど、限定承認手続を終えているはずです。その後の祖父の死亡による相続について、父から承継した財産の限度において、相続時精算課税に基づく相続税の納税義務を承継するといわれても困るはずです。この点については、限定承認手続において請求の申出（民法927）をしなかった債権者として、国は、残余財産についてのみその権利を行使することができる（民法935）と理解することになるはずです。

なお、この場合に、孫が、子（相続時精算課税の受贈者）の相続について、相続放棄している場合は、父（相続時精算課税の贈与者）の相続について、相続時精算課税による贈与を受けた地位を承継しません。孫が相続を放棄している場合は、その地位は、第2順位の母、あるいは第3順位の叔父叔母などに移転してしまうからです。

民法第923条（共同相続人の限定承認）

> **（共同相続人の限定承認）**
> **第923条** 相続人が数人あるときは、限定承認は、共同相続人の全員が共同してのみこれをすることができる。

民法上の理解

　相続人は全員が共同してのみ、限定承認の手続きを選択することができます。限定承認については、財産の換価や弁済方法について独自の処理が要求されることから、その処理が煩雑になるのを避けるためです。

　しかし、常に、相続人の全員が限定承認を選択する必要があるわけではありません。相続放棄をした者は、はじめから相続人とならなかったものとみなされるので（民法939）、相続を放棄した者がいる場合は、残りの相続人が共同して限定承認の手続きを選択することができます。

　したがって、限定承認を行うような限界事例、つまり、相続財産と債務が拮抗している相続については、相続人の1名を残し、他の者は相続放棄をしてしまうという処理の選択も考えてみるべきです。

　ただし、注意すべきは、この場合の相続を放棄する者の選択です。配偶者と子が法定相続人の場合に、子の全員が相続を放棄してしまった場合は、第2順位の相続人である父母、あるいは第3順位の相続人である兄弟姉妹が登場してしまい、それらと共同しての限定承認が必要になってしまうからです。

　なお、共同相続人の一部の者が行方不明の場合は、家庭裁判所への申請によって相続財産管理人の選任（民法936）を得て、その後、相続財産管理人が家庭裁判所に不在者財産管理人の選任を求め（民法25）、不在者財産管理人がさらに家庭裁判所の許可を得て（民法28）、限定承認の手続きを選択するという手順になります。

　限定承認は、相続人の全員が共同して行う必要があります。そのため、一部の相続人が単純承認（民法920）したときは、他の相続人は限定承認が選択できなくなります。

民法第924条(限定承認の方式)

> (限定承認の方式)
> 第924条　相続人は、限定承認をしようとするときは、第915条第1項の期間内に、相続財産の目録を作成して家庭裁判所に提出し、限定承認をする旨を申述しなければならない。

民法上の理解

　限定承認をすることができる期間は、相続人が相続開始があったことを知ったときから3ヶ月以内です。

　ただし、相続人は家庭裁判所に期間の伸長を請求することができますので(民法915)、家庭裁判所が期間を伸長したときには、伸長期間内に限定承認をする必要があります。

　限定承認の申請は、被相続人の最後の住所地を管轄する家庭裁判所に提出します(家事手続法201)。

　相続財産の目録には、相続財産を知ることができた限度で記載する必要があります。相続財産は具体的に記載すべきですが、価額の算定は困難であるため、価額までは記載する必要はありません。

　善意の記載漏れは訂正することができます。しかし、故意に相続財産の全部又は一部を記載しなかった場合は、限定承認の申請が受理された後でも、相続財産を隠匿したとして、単純承認をしたものとみなされることがあります(民法921三)。

　また、民法921条3号の相続財産には、相続債務も含まれるため、相続債務を記載しなかった場合に、単純承認とみなした判決があります(最高裁昭和61年3月20日判決・判例タイムズ607号47頁)。

　申述書には、①申述者の氏名及び住所、②被相続人の氏名及び最後の住所、③被相続人との続柄、④相続の開始があったことを知った年月日、⑤相続の限定承認をする旨を記載し、申述者又は代理人がこれに署名押印する必要があります(家事手続法201⑤)。

限定承認をした場合には、被相続人が所有していた資産を譲渡したものとして、譲渡所得課税が行われることになります（所法59、民法922）ので、準確定申告を行う必要があることと、国税も相続債務になることを失念しないことです。

　それに気がついた後に、限定承認の申請を取り下げてしまうことは可能でしょうか。裁判所が限定承認の申請を受理（家事手続法201⑦）する前なら可能ですが、それ以降の撤回は認められません。

　では、課税関係の錯誤を理由に、限定承認の錯誤無効（民法95）を主張することはできるのでしょうか。

　財産分与について譲渡所得課税が行われることに錯誤を認めた判決（最高裁平成元年9月14日判決・判例時報1336号93頁）がありますが、限定承認について、この理論が認められるか否かは不明です。

民法第925条（限定承認をしたときの権利義務）

> （限定承認をしたときの権利義務）
> 第925条　相続人が限定承認をしたときは、その被相続人に対して有した権利義務は、消滅しなかったものとみなす。

民法上の理解

　相続人が相続の単純承認をした場合は、当該相続人と被相続人との間の債権債務は、混同によって消滅することになります。

　しかし、限定承認の場合にも、混同による消滅を認めてしまうと、相続債務にかかる責任財産を限定しようとする限定承認の制度の趣旨に反することになります。そのため、本条は、限定承認をした相続人については、被相続人に対して有する権利義務の混同による消滅を否定し、被相続人の相続財産と相続人の固有財産を分離すべきこととしています。

　具体的には、父親が被相続人で、息子が相続人の場合に、息子が父に1億円を融資しているという場合は、息子は、1億円の債権を限定承認の手続きの中で回収することになります。

逆に、父親が息子に1億円を融資している場合なら、その債権は混同によって消滅せず、限定承認による相続財産として、息子から1億円の債務の弁済を受け、それが相続債務の弁済に充てられることになります。

税法上の理解

　父親の債務について、息子が保証債務を履行するために資産を譲渡した。このような場合は、父親に対する求償権の行使が不能であることを条件として、息子は、所得税法64条2項の保証債務の履行のための資産の譲渡の特例の適用を受けることができます。

　つまり、保証債務の履行に充てられた売却代金については、それが収入されなかったとみなして譲渡所得の計算が行えるのです。

　しかし、息子が相続を単純承認し、父親の債務を承継してしまえば、息子は債務者自身になってしまうので、所得税法64条2項の適用は受けられません（東京高裁平成7年9月5日判決・税務訴訟資料213号553頁）。相続を放棄してしまえば、所得税法64条2項の適用があることは当然です。

　では、息子が限定承認をした場合はどうでしょうか。息子は債務者自身にはなりませんし、保証債務を履行した場合は、父親に対する求償権を有することになりますので、所得税法64条2項の適用が受けられても良いかもしれません。しかし、この点については解説も前例もありません。

民法第926条（限定承認者による管理）

> （限定承認者による管理）
> 第926条　限定承認者は、その固有財産におけるのと同一の注意をもって、相続財産の管理を継続しなければならない。
> 2　第645条、第646条、第650条第1項及び第2項並びに第918条第2項及び第3項の規定は、前項の場合について準用する。

民法上の理解

　相続人は、相続を承認又は放棄するまでの間は、固有財産におけるのと同一

の注意をもって、相続財産を管理する義務を負います（民法918①）。これは限定承認をした場合も同様です（本条）。「固有財産におけるのと同一の注意義務」は、委任に関する「善良な管理者の注意義務」よりは軽減されています。

相続を単純承認した場合、相続人は、相続財産を自己のものとすることになりますので、このような注意義務は消滅します。相続を放棄した場合は、その放棄によって相続人となった者が相続財産の管理を始めることができるまで管理義務が継続します（民法940）。

相続人が管理を行うことのできない事情があるような場合は、利害関係人等の請求により、家庭裁判所が他の者を財産管理人として選任することができます（民法918②）。

裁判所から選任された財産管理人は、相続人の場合と異なり、善管注意義務を負います（民法644）。

民法第927条（相続債権者及び受遺者に対する公告及び催告）

（相続債権者及び受遺者に対する公告及び催告）
第927条　限定承認者は、限定承認をした後5日以内に、すべての相続債権者（相続財産に属する債務の債権者をいう。以下同じ。）及び受遺者に対し、限定承認をしたこと及び一定の期間内にその請求の申出をすべき旨を公告しなければならない。この場合において、その期間は、2箇月を下ることができない。
2　前項の規定による公告には、相続債権者及び受遺者がその期間内に申出をしないときは弁済から除斥されるべき旨を付記しなければならない。ただし、限定承認者は、知れている相続債権者及び受遺者を除斥することができない。
3　限定承認者は、知れている相続債権者及び受遺者には、各別にその申出の催告をしなければならない。
4　第1項の規定による公告は、官報に掲載してする。

民法上の理解

本条は、限定承認した相続人が、相続財産によって被相続人の債務及び遺贈を弁済するための清算手続の入口の規定です。

限定承認手続では、被相続人の最後の住所地の家庭裁判所への限定承認の申

述が受理された後、相続債権者や受遺者に対する公告と催告を行い、その後、相続財産を換価し、弁済という手順に進みます。

公告は、相続債権者及び受遺者が清算手続に参加し損ねるのを防止する機能を持っています。期間内に申出をしなかった相続債権者及び受遺者で、限定承認者に知れていなかった者は、残余財産についてのみ権利を行使することができます（民法935）。したがって、残余財産がない場合、すなわち全ての財産を債務者に弁済し、あるいは受遺者に引き渡した後は債務の弁済は受けられません。

公告は官報に掲載して行います。

また、知れたる相続債権者及び受遺者に対しては、各人別に、請求の申出を行うように催告する必要があります（民法927③）。知れたる債権者とは、相続人が債権者として認めている者ですから、相続人が債権の存在を争っている債権者への催告は不要です。租税債務が存在する場合は、租税債務も催告を要すべき債権に含まれます。準確定申告による租税債務も含まれることは当然です。

公告を怠り、あるいは債権者への催告を怠っても、限定承認の手続きが無効になるわけではありません。しかし、限定承認をした者は、弁済を受けるべきであった債権者あるいは受遺者に対する損害賠償の責任を負うことになります（民法934）。

民法第928条（公告期間満了前の弁済の拒絶）

（公告期間満了前の弁済の拒絶）
第928条　限定承認者は、前条第１項の期間の満了前には、相続債権者及び受遺者に対して弁済を拒むことができる。

民法上の理解

限定承認者には、相続債権者及び受遺者に対して公告・催告する義務があります（民法927）。これにより、相続債権者及び受遺者に、限定承認という清算手続に参加する機会を与え、相続財産による弁済を公平に行おうとしています。

限定承認は、通常、債務超過の場合に行われますので、弁済を公平に行うためには、相続債権及び遺贈の合計金額が全て判明していなければなりません。そして、限定承認による清算手続において、債権額が確定するのは、相続債権者及び受遺者の申出期間が終了した後です（民法927①）。

　もし、申出期間の終了前に、限定承認者が、相続債権者及び受遺者に弁済をしてしまうと、その他の者に弁済すべき相続財産が減少してしまいます。これでは、相続財産による弁済が不公平になってしまいます。そこで、法は限定承認者に弁済拒絶権を与えているのです。ただし、限定承認の申出期間中は弁済を拒絶できますが、債務の利息は発生します。

　なお、相続財産の全部又は一部の上に優先権を持つ債権者、すなわち先取特権（民法303）、質権（民法342）、抵当権（民法369）及び留置権（民法295）を持つ債権者は、申出期間中であっても、競売を申し立てることができます。

税法上の理解

　公告期間満了前の弁済の拒絶は、租税債権についても適用されます。租税債権は一般債権に優先しますが（徴収法8）、一般債権に優先する債権は租税債権に限りませんので、優先する債権の中での先後関係を確定する必要があるからです。

　租税債権についての弁済の拒絶は、準確定申告についての法定申告期限を延長するものではありません。限定承認を選択した場合は、所得税法59条が適用され、遺産に属した財産は時価をもって譲渡したことになり、準確定申告では、その譲渡についての譲渡所得の申告が必要になります。

　しかし、限定承認の申述の手続きが3ヶ月以内に受理されるとは限らず、事情によっては申述期間が延長（民法915①）されている場合もあります。また、遺産に属する財産の時価を評価するにもそれなりの日時を要します。そのような事情があるとしても、本条、あるいは申述期限の延長の制度は、準確定申告についても、相続税についても、申告期限には影響を与えません（東京高裁平成15年3月10日判決・判例時報1861号31頁）。

　もし、限定承認の申述期限の延長が、これら申告期限を延長する効果があるとすれば、相続人は申述期限を延長することにより、納税時期を遅らせること

ができてしまうからです。

民法第929条（公告期間満了後の弁済）

（公告期間満了後の弁済）
第929条 第927条第1項の期間が満了した後は、限定承認者は、相続財産をもって、その期間内に同項の申出をした相続債権者その他知れている相続債権者に、それぞれその債権額の割合に応じて弁済をしなければならない。ただし、優先権を有する債権者の権利を害することはできない。

民法上の理解

限定承認が行われた場合について、民法は次の順序に従って、被相続人の債務等を弁済することにしています。

第1順位　優先権を有する債権者（本条但書き）
第2順位　請求申出期間内に申し出た一般債権者及び知れたる債権者（本条本文）
第3順位　請求申出期間内に申し出た受遺者及び知れたる受遺者（民法931）
第4順位　請求申出期間内に申し出ずかつ知れなかった債権者及び受遺者（民法935）

本条本文は、このうち第2順位の債権者について、それぞれの債権額に応じて配当弁済をすることを定めています。

相続財産に対して質権、先取特権、抵当権、留置権を有する債権者など、優先権を有する債権者が、その権利を行使し得ることは当然です。これらの債権者は、それぞれの権利の範囲で優先権を行使することができますが、優先権を行使しても債権の全額の弁済を受けられない場合は、残余の債権について、他の一般債権者と同じ立場で配当弁済を受けることになります。

租税債務については、国税徴収法8条は「国税は、納税者の総財産について、この章に別段の定がある場合を除き、すべての公課その他の債権に先だつて徴収する」と定めていますので、国税の法定納期限以前に設定された抵当権（徴収法16）などで担保された債務について弁済を行う場合を除き、租税債務は一般の債権に優先して納税する必要があります。

なお、限定承認がされた場合について、死因贈与に基づく所有権移転登記と、

相続債権者らによる差押登記との優先関係が問題になった次のような事案があります。

土地所有者であるAは、この土地をBに死因贈与し、死因贈与を登記原因とする始期付所有権移転仮登記を経由していたのですが、その後、Aが死亡した段階で、Bが限定承認をすると共に、仮登記に基づく所有権移転登記を行い、当該土地の所有権を確保したという事例です。そして、これらの行為と、Aが負担していた相続債務との優先関係が問題になりました。

最高裁は、「限定承認者が、相続債権者の存在を前提として自ら限定承認をしながら」「自らに対する所有権移転登記手続をすることは信義則上相当でない」と判示（最高裁平成10年2月13日判決・判例時報1635号49頁）して、相続債権者の主張を認めました。

相続人の全員が相続を放棄した場合は、相続財産法人として、債務の弁済の順位に関し、遺贈や死因贈与は、相続債権者に劣後することから（民法957②、931）、あえて限定承認の手続きを採用し、相続債権者に優先して死因贈与を履行してしまった事例です。

税法上の理解

限定承認の手続きをもって相続債権者を出し抜こうとした前述の最高裁判決の事案ですが、現在であれば、相続時精算課税を利用することによって実行が可能です。

相続時精算課税は、相続税法21条の9以降に要件が定められている生前贈与の方法で、その年度の1月1日において60歳に達した父母から20歳以上の子や孫に対する贈与については、贈与の累計額において2,500万円までは非課税で、それを超える部分については20%の税率を乗じるという制度です。

相続時精算課税は、その名の如く、相続時には精算される贈与なので、贈与者に相続が開始した場合は、その時点での相続財産に、相続時精算課税を利用して贈与した贈与財産の価額（贈与時点での評価額）を加算し、その総額を相続財産として相続税を計算し、納付済みの贈与税は、そこで計算された相続税額から差し引くという制度です。

したがって、上記の最高裁判決のような事案であれば、あえて死因贈与と仮

登記の組み合わせを利用することなく、相続時精算課税を利用した生前の贈与によって、相続債権者を出し抜くことも不可能ではありません。もちろん、詐害行為取消権（民法424）など、その防止策も準備されていますが、しかし、詐害行為取消権には、「取消しの原因を知った時から2年」内に行使する必要がある（民法426）との制限があり、相続時精算課税を利用した脱法行為についての万能の対策でないことは確かです。

本条は、優先権を有する債権については、一般の債権に優先して弁済することを定めています。

限定承認の場合は、所得税法59条によって、譲渡所得の基因となる資産を譲渡したものとして譲渡所得課税が行われますが、その所得税には、国税徴収法8条による租税債権優先の原則が適用されてしまいます。つまり、相続前から存在した相続債務は、準確定申告によって確定した所得税に劣後してしか弁済を受けられないことになってしまうわけです。

民法第930条（期限前の債務等の弁済）

（期限前の債務等の弁済）
第930条　限定承認者は、弁済期に至らない債権であっても、前条の規定に従って弁済をしなければならない。
2　条件付きの債権又は存続期間の不確定な債権は、家庭裁判所が選任した鑑定人の評価に従って弁済をしなければならない。

民法上の理解

限定承認者は、弁済期が未到来の債権も、限定承認による清算手続によって弁済する必要があります（民法930①）。

なぜなら、債権の弁済期が到来するまで、限定承認者は弁済できないとすると、弁済期が到来するまで限定承認の手続きが終了しないからです。

ただし、債権の弁済期が実際に到来するわけではないため、債権者が不動産に抵当権を設定している場合でも、弁済期が到来したものとして、その抵当権を実行することはできません。

条件付きの債権又は存続期間の不確定な債権は、現在の価値を判定しなければなりません。

この価値の判定は極めて難しいため、家庭裁判所の選任した鑑定人の評価によるとしています（民法930②）。

限定承認は、債務の超過が明らかな場合にのみ選択されるわけではありません。多額の保証債務を負担している会社経営者や、株主代表訴訟の被告が死亡した場合にも選択される手続きです。

これらについては、「条件付きの債権又は存続期間の不確定な債権」として、「家庭裁判所が選任した鑑定人の評価」に従って弁済されることになりますが、その鑑定評価は容易ではありません。

そこで、これらの債権者は、まず、本条による評価額をもって相続財産によって行う債務の弁済に参加し、最終的に確定した債権と既弁済額との差額については、民法935条（公告期間内に申出をしなかった相続債権者及び受遺者）の適用を受けることになります。つまり、相続債務の弁済に充てられず、債権確定日に「残余財産」が残っている場合についてのみ、権利が行使できることになるわけです。

民法第931条（受遺者に対する弁済）

> （受遺者に対する弁済）
> 第931条　限定承認者は、前２条の規定に従って各相続債権者に弁済をした後でなければ、受遺者に弁済をすることができない。

民法上の理解

限定承認における清算手続では、まず相続債権者に弁済がなされ、その後なお残余財産のある場合に限って受遺者への弁済がなされます。つまり、受遺者への弁済は、相続債権者に劣後することになります。

相続財産の破産手続でも同様に、相続債権者が受遺者に優先するものとされています（破産法231②）。

限定承認者がこの順位に違反して受遺者に弁済をし、それによって相続債権

者への弁済ができなくなったときには、限定承認者は、自己の固有財産をもって損害賠償すべき責任を負うことになります（民法934①）。

これは、無償で利益の譲与を受ける受遺者と、通常は対価をもって債権を取得しているであろう相続債権者との間の公平を図るためです。なお、複数の遺贈がなされ、残余財産でその全部の遺贈についての弁済ができないときは、その額に応じて配当弁済されることになります。

では、死因贈与で相続人に遺産を与える方法ではどうでしょうか。この点、死因贈与が相続債権者に劣後するとの明文の規定はありません。

しかし、死因贈与を受けた受贈者が相続人であるときは、たとえ死因贈与に基づく所有権移転登記が債権者による差押登記より前になされた場合であっても、信義則上、死因贈与による所有権取得を相続債権者に対抗できないとするのが最高裁判例です（最高裁平成10年2月13日判決・判例時報1635号49頁）。

民法第932条（弁済のための相続財産の換価）

（弁済のための相続財産の換価）
第932条　前3条の規定に従って弁済をするにつき相続財産を売却する必要があるときは、限定承認者は、これを競売に付さなければならない。ただし、家庭裁判所が選任した鑑定人の評価に従い相続財産の全部又は一部の価額を弁済して、その競売を止めることができる。

民法上の理解

相続人が限定承認を申し立てた場合は、すべての相続財産と相続債務を確定しなければなりません。金銭以外の財産はすべて金銭に換価する必要があります。この場合には、競売によって換価することを原則としています。競売手続では相続財産を高価で換価することは期待できませんが、これが最も公正な方法であるとされており、任意売却によって不当な安価で売却されることを防止するためです。

本条に違反し、競売によらずに相続人が相続財産を任意売却した場合でも、限定承認の効力に影響はなく、取引の相手方を保護するため売却自体は有効と

なります。ただし、限定承認者が不当に安く相続財産を任意売却した場合には、相続債権者又は受遺者に損害を与えてしまいます。そのため、相続財産を競売に付したならば得られたであろう価額と、任意売却によって得た価額との差額を損害として、限定承認者は相続債権者又は受遺者に賠償する責任を負います（民法926①）。

相続財産の中に、例えば自宅や被相続人の形見のように、限定承認者が保有し続けたい財産があった場合には、本条「ただし書き」において、競売による換価ではなく、家庭裁判所が選任した鑑定人による評価額を自分の固有財産から弁済すれば、競売を止めることができます。

そして、限定承認者はこれを自己固有の財産として、自宅にそのまま住み続けることができます。これは被相続人の財産が大幅な債務超過となっている場合でも、相続放棄ではなく限定承認を選択することの大きなメリットの一つと考えられています。

税法上の理解

相続人は、1月1日から死亡した日までの被相続人の所得を計算し、相続の開始があったことを知った日から4ヶ月以内に所得税の申告と納税を行うことが必要となります（所法125）。限定承認を行った場合には、通常の所得のほかに、保有していた資産を譲渡したとみなして、その譲渡所得も含めて準確定申告を行わなければなりません（所法59）。

しかし、準確定申告を行ったものの、申告における評価額と、実際の競売価額が異なってしまう場合があり得ます。当初、正しい「時価」で準確定申告を行ったのであれば、その後、「競売」で差額が生じた場合でも、当初申告を修正する必要はありません。相続開始の時から競売の時までも「時価」は変動するためです。しかし、当初申告の時価を誤っていた場合には、修正申告又は更正の請求を行うことになります。なお、更正の請求期限は法定申告期限から5年に限られています（通則法23①）。

仮に、相続人がA、B、Cの3名で、居宅を時価3,000万円と評価して準確定申告をしていた場合に、その後、Aが換価手続に参加し、この居宅を鑑定評価額の6,000万円で取得することになった場合には課税関係に注意する必要が

あります。

　限定承認については、所得税法59条が適用され、相続人は時価をもって居宅を相続することになります。つまり、A、B、Cの3名は、各々、3分の1の持分を1,000万円で取得したことになるのですが、その後、Aは自己の固有の財産から6,000万円を支出して、この居宅を取得したことになるわけです。

　この場合は、AはBとCから各々の持分3分の1を買い受けたことになり、BとCは、相続後に発生した譲渡所得として、所得税の申告が必要になってしまうと解されます。しかし、売却代金の6,000万円は、限定承認の中で相続債権者への弁済資金として使われてしまうのですから、これは限定承認者にとっては非常に不利益な結果となります。

　このような場合は、相続財産について遺産分割を行い、Aがその居宅を相続した上で、Aの固有の財産から6,000万円を支出することにすれば、BとCに対して譲渡所得が発生することにはなりません。なぜなら、Aは、自己の出捐をもって、自己の財産の所有権を確保したと理解されるからです。限定承認手続を選択した場合だからといって遺産分割が禁止される理由はありません。ただし、後日、Aがこの居宅を譲渡した場合の取得費は3,000万円をもとに計算することになります。

　なお、この場合には、準確定申告における評価額に誤りがあったとして、所得税について修正申告を行うことも検討する余地があります。これは競売価額が6,000万円になった場合だけではなく、競売価額が2,000万円になってしまった場合にも考えられる手段です。

民法第933条（相続債権者及び受遺者の換価手続への参加）

> （相続債権者及び受遺者の換価手続への参加）
> 第933条　相続債権者及び受遺者は、自己の費用で、相続財産の競売又は鑑定に参加することができる。この場合においては、第260条第2項の規定を準用する。

民法上の理解

　限定承認が行われた場合の相続債権者と受遺者は、換価手続が行われる場合

には、競売手続や鑑定手続に参加して、不当な値段で換価が行われていないことを監視する権利が認められています。「参加」とは、換価手続に立ち会い、競売機関や鑑定人に意見を述べることです。

相続債権者と受遺者からの申出にもかかわらず、参加の機会を与えなかった場合でも、競売又は鑑定自体は有効です。しかし、競売又は鑑定が不相当なために損害を被ったことを申出人が立証すれば、申出人に参加の機会を与えなかった者が損害賠償責任を負います。

税法上の理解

競売や鑑定手続のための費用の税法上の取扱いは、申出人の状況とその目的によって異なります。相続債権者であれば、債権回収のための費用となり、法人では損金に、個人の事業に係る債権回収では必要経費に算入することができます。また、競売により不動産等を取得することを目的とする場合には、不動産の取得費の一部となります。

民法第934条（不当な弁済をした限定承認者の責任等）

（不当な弁済をした限定承認者の責任等）
第934条　限定承認者は、第927条の公告若しくは催告をすることを怠り、又は同条第1項の期間内に相続債権者若しくは受遺者に弁済をしたことによって他の相続債権者若しくは受遺者に弁済をすることができなくなったときは、これによって生じた損害を賠償する責任を負う。第929条から第931条までの規定に違反して弁済をしたときも、同様とする。
2　前項の規定は、情を知って不当に弁済を受けた相続債権者又は受遺者に対する他の相続債権者又は受遺者の求償を妨げない。
3　第724条の規定は、前2項の場合について準用する。

民法上の理解

限定承認者は、相続債権者や受遺者に対する公告と催告を行うこと（民法927）や、公告期間満了前の弁済が禁止される（民法928）など、民法に定め

§4 ■相続の承認及び放棄　145

られたルールに従った弁済を行うよう（民法929～931）、いくつかの清算手続上の義務を負っています。

　これらの義務に反する任務懈怠や、一部の債権者や受遺者に対するルール違反の弁済によって、他の債権者や受遺者への適正な弁済ができなくなった場合には、限定承認者は損害賠償義務を負います。この賠償義務については、自己の固有の財産をもって履行しなければなりません。

　また、不当な弁済と知りつつ弁済を受けた債権者や受遺者の側にも責任があるものとされ、適正な弁済を受けられなくなった債権者や受遺者は、不当弁済を受けた者に対して求償することができます。

　なお、この場合の損害賠償請求権や求償権は、損害及び加害者を知ってから3年の消滅時効にかかり、また、知らない場合も不当弁済から20年を経過すると消滅します。

　租税債務については、国税徴収法8条による租税債権優先の原則がありますので、一般債権に優先しての弁済が必要になります。被相続人が租税債務を負担していなかった場合でも、限定承認については所得税法59条が適用され、譲渡所得の基因となる資産を譲渡したとみなした譲渡所得課税が行われます。これが所得税の準確定申告の対象になるのですが、準確定申告によって確定した所得税も、一般債務に優先して弁済する必要があります。

民法第935条（公告期間内に申出をしなかった相続債権者及び受遺者）

（公告期間内に申出をしなかった相続債権者及び受遺者）
第935条　第927条第1項の期間内に同項の申出をしなかった相続債権者及び受遺者で限定承認者に知れなかったものは、残余財産についてのみその権利を行使することができる。ただし、相続財産について特別担保を有する者は、この限りでない。

民法上の理解

　限定承認における清算手続では、除斥公告に定められた期間（民法927①）までに請求の申出があった債権者、及びそれまでに知れた債権者に弁済が行わ

れます（民法929）。

　したがって、その期間までに申出がなく、限定承認者に知られなかった債権者や受遺者については、弁済から除斥されることになります。除斥された債権者や受遺者は、残余財産がある場合に限ってその権利行使が認められることになります。

　本条が適用されるのは、期間内に債権の申出をしなかった債権者と、限定承認者に知られなかった債権者に限りません。被相続人が会社の債務について連帯保証をしている場合で、主たる債務者の履行遅滞がなく、連帯保証債務の弁済時期が到来していない場合や、株主代表訴訟の被告になっているが、相続時点では判決の帰趨が確定していなかった場合なども、本条の対象に含まれます。

　これらの債権者は、債務の確定について条件が成就し、あるいは判決の確定などの事実によって債権額が確定した時点で、「残余財産」が残っている場合に限り、その残余財産の限度で権利を行使することができると解されます。この場合の残余財産の範囲については、相続財産がそのまま現物で残っている必要はなく、相続財産の換価金などが残っている場合を含むとされています。

　ただし、相続財産について質権、抵当権、先取特権などの担保を有している債権者の場合には、当然に担保権の限度で優先弁済を受けられるため、残余財産のみに権利行使できるといった制約はありません。

民法第936条（相続人が数人ある場合の相続財産の管理人）

（相続人が数人ある場合の相続財産の管理人）
第936条　相続人が数人ある場合には、家庭裁判所は、相続人の中から、相続財産の管理人を選任しなければならない。
2　前項の相続財産の管理人は、相続人のために、これに代わって、相続財産の管理及び債務の弁済に必要な一切の行為をする。
3　第926条から前条までの規定は、第1項の相続財産の管理人について準用する。この場合において、第927条第1項中「限定承認をした後5日以内」とあるのは、「その相続財産の管理人の選任があった後10日以内」と読み替えるものとする。

民法上の理解

共同相続の場合、限定承認は相続人全員が共同でしなければなりません（民法923）。しかし、その後の相続財産の管理や清算手続を全員で共同して行うことは煩雑です。そのため、限定承認の申述が受理されると、家庭裁判所は、相続人の中から1人の相続財産管理人を選任します（民法936①、家事手続法201③）。

この限定承認における相続財産管理人は、相続人本人であると同時に、他の相続人の法定代理人という性格を持つことになります（民法936②、最高裁昭和47年11月9日判決・判例時報689号71頁）。

そして選任後は、他の共同相続人は相続財産に対する管理権限を失い、管理人が、相続財産を管理し、清算手続を実行することになります（民法936③）。なお、相続債権者や受遺者に対する公告・催告は、限定承認者が限定承認後5日以内に行う必要がありますが、共同相続の場合には、相続財産管理人の選任があった後10日以内に管理人が行うものとされます（民法936③後段）。

民法第937条（法定単純承認の事由がある場合の相続債権者）

（法定単純承認の事由がある場合の相続債権者）
第937条　限定承認をした共同相続人の一人又は数人について第921条第1号又は第3号に掲げる事由があるときは、相続債権者は、相続財産をもって弁済を受けることができなかった債権額について、当該共同相続人に対し、その相続分に応じて権利を行使することができる。

民法上の理解

限定承認は、共同相続人全員でしなければなりません（民法923）。一部の相続人が単純承認をしてしまうと、もはや限定承認をすることができなくなりますから、限定承認がなされた事案では、その効果が共同相続人全員に及んでいるのが通常の姿といえます。

ところが、いったん共同相続人全員が限定承認の申述をした後、一部の相続

人が相続財産を隠匿したり、私的に費消してしまうと、その相続人は単純承認をしたものとみなされてしまいます（法定単純承認、民法921三）。

しかし、このような一部の相続人の行為によって、共同相続人全員から限定承認の利益を奪うことは不適当であることから、本条は、法定単純承認事由を生じさせた責任は当該相続人にのみ及ぶものとしています。

したがって、法定単純承認事由のあった者は、相続財産から弁済がなされなかった相続債務のうち、その相続分の割合に応じた分については、自己の固有財産をもって弁済しなければなりませんが、一方、その他の共同相続人は、限定承認の効果を保持することができます。

なお、この規定によって法定単純承認事由のあった相続人に権利行使できるのは相続債権者のみであって、受遺者は権利行使できません。受遺者は、限定承認の清算手続において劣後する立場にあるからです（民法931）。

税法上の理解

本条が適用された場合は、限定承認に伴うみなし譲渡所得課税（所法59①一）への影響はあるのでしょうか。この点についての実務上の取扱いや定説はみられないようですが、影響はないものと考えられます。

限定承認後に法定単純承認事由が認められた場合でも、相続財産全体に対するそれまでの清算手続の効果が覆るわけではなく、手続き終了まで続行されます。そして、限定承認におけるみなし譲渡所得課税は、潜在的な税に対する配当を、この清算手続において実現させるためのものです。清算手続の効果が否定されない以上は、みなし譲渡所得課税がなされることに変わりはなく、後日、法定単純承認事由が認められたとしてもその影響はないとみるべきです。

民法第938条（相続の放棄の方式）

（相続の放棄の方式）
第938条 相続の放棄をしようとする者は、その旨を家庭裁判所に申述しなければならない。

民法上の理解

1　相続放棄の手続き

　相続放棄は、放棄しようとする者が家庭裁判所に申述書を提出し、これを受理する旨の家庭裁判所の審判によって効力が生じます。管轄裁判所は、被相続人の相続開始地の家庭裁判所です（家事手続法201①）。

　相続放棄ができるのは、相続人が、自己のために相続の開始があったことを知った時から3ヶ月以内です（民法915）。相続開始前に放棄することはできません。また、3ヶ月の期間内でも、法定単純承認とみられる事実（民法921）がある場合には、放棄は認められません。

　家庭裁判所の取扱いは、各々の裁判所によって、若干異なるところがありますが、東京家庭裁判所の実務では、特段の問題がなければ、申述書の提出後おおむね2週間程度で、申述受理の審判が出されています。通常の場合は、裁判官による面接は行われず、裁判所から照会書を郵送し、それに相続人が回答することによって相続放棄が認められます。

　法定相続人が妻と未成年の子である場合は、親権者である妻が、子を代理して相続放棄することが可能か否かが問題となります。自分の相続分を放棄した後か、あるいは同時に放棄するのであれば、子を代理して申述することも可能とされています（最高裁昭和53年2月24日判決・判例タイムズ361号208頁）。親が相続を承認し、子のみが相続放棄の申述をするような場合は特別代理人の選任が必要です（民法826）。

2　相続放棄の手続きが遅れた場合の救済

　相続放棄は相続の開始を知った後3ヶ月以内に行う必要がありますが、裁判所は、この期間の起算日について次のように柔軟に判断し、相続人を救済しています。

　リーディングケースになったのは最高裁昭和59年4月27日判決（判例タイムズ528号81頁）です。家族と長期間にわたって別居していた父親が死亡し、家族は死亡の事実を知ったのですが、父親が保証債務履行請求の被告になっていたことは知りませんでした。その後、相続人に対して判決が送達されたため、相続人は、慌てて相続放棄の申述を申し立てたという事案です。裁判所は、相

続人が相続放棄をしなかったのが、相続財産が全く存在しないと信じたためであり、かつ、相続人がこのように信じるについて相当な理由がある場合は、相続財産の全部又は一部の存在を認識したとき又は通常これを認識し得べきときから相続放棄の期間を起算すべきと判断しました。

この判決以降、最高裁判決の趣旨はさらに拡大し、相続人が被相続人の資産及び負債を全く相続することはないと信じ、かつ、このように信じたことについて相当な理由があった場合には、被相続人の死亡の事実を知ったことによっては、未だ自己のために相続があったことを知ったものとはいえないと判断する（東京高裁平成12年12月7日判決・判例タイムズ1051号302頁）など、相続開始後3ヶ月を経過してしまった事案について、相続人を救済する多数の判決が出されています。

東京高裁の事案では、法定相続人である長男と長女のうち、遺言書をもって長男が全ての財産を取得し、全ての債務を承継するとされていました。その後、長男が破産し、債権者から長女に対して債務弁済の請求がなされました。そのような事案で裁判所は、相続開始後4年を経過した時点での相続放棄の申述を認めました。

ただし、家庭裁判所において、相続放棄の申述が認められたとしても、それは相続放棄の形式的な要件が調っていたことが確認されたに過ぎません。債権者が、その後、実質的な要件の不備、例えば、相続財産を処分したなど単純承認の事実を主張し、相続放棄が無効であることを主張することが許されるのは当然です。

税法上の理解

相続税額を計算する場合には、3,000万円に、法定相続人の人数に600万円を乗じた金額の合計額を基礎控除額として差し引くこととされています。

相続放棄をした相続人も、上記の法定相続人数に含まれます（相法15②、相基通15-2）。仮に、法定相続人が、配偶者、長男、次男、長女である場合に、次男と長女が相続を放棄したとしても、基礎控除額は5,400万円（3,000万円＋600万円×4人）のままです。第1順位の相続人の全員が相続を放棄し、第2順位の父母、あるいは第3順位の兄弟姉妹が相続人になった場合において

も、相続税の基礎控除額は変わりません。

　また、相続人が、生命保険金や退職手当金等を受け取った場合には、相続により取得したものとみなされ（相法3）、相続税が課税されることになっています。この場合、法定相続人1人当たり500万円まで非課税とする措置があります（相法12①五、六）。ただし、相続を放棄した場合は、相続ではなく遺贈により取得したことになりますので、この非課税枠を利用することはできません（相基通12－8、12－10）。

　相続又は遺贈により財産を取得した者が、相続開始前3年以内に、被相続人から贈与を受けていた場合は、贈与を受けた財産の価額を、相続税の課税価格に加えることとされています（相法19）。しかし、相続を放棄し、かつ遺贈もない場合は、この規定の適用がありません。したがって、贈与税の申告納付をもって課税関係は終了します。

　ただし、相続時精算課税を選択していた場合は、相続を放棄し、相続又は遺贈による財産を取得しなかった場合においても、贈与を受けた財産は、相続又は遺贈により取得した財産とみなされ、それを相続財産として相続税が計算されることになります。

民法第939条（相続の放棄の効力）

> （相続の放棄の効力）
> 第939条　相続の放棄をした者は、その相続に関しては、初めから相続人とならなかったものとみなす。

民法上の理解

　相続を放棄した者は、最初から、相続人にならなかったものとみなされます。相続が開始した後に放棄の手続きが取られるのですが、相続放棄の効果は、相続開始の時点に遡って効力を生じます。

　したがって、例えば、法定相続人が配偶者、長女、次女の3人であり、そのうち次女が相続放棄をした場合には、本条により、次女は最初から相続人でなかったとみなされることになります。その結果、相続人は配偶者と長女の2人

となり、それぞれの相続分は2分の1になります。

相続放棄の効力は、絶対的に生じ、何人に対しても、登記等なくして、その効力を生ずるとするのが判例です（最高裁昭和42年1月20日判決・判例時報476号34頁）。例えば、相続人の債権者が、相続財産に対する相続人の持分を差し押さえたとしても、その後、相続人が相続を放棄してしまえば、その差押えは効力を失うことになります。

相続を放棄した場合でも、生命保険金の受取人に指定されている場合は、生命保険金を受け取ることができます。生命保険金は、相続財産ではなく、第三者の為にする契約に基づき、受取人が、直接、保険会社に対する保険金請求権を取得するからです（最高裁昭和40年2月2日判決・判例時報404号52頁）。死亡を理由とする退職金、つまり、死亡退職金についても、相続財産に属せず、その受給者として指定された者が退職金を受け取ることができます（最高裁昭和62年3月3日判決・判例時報1232号103頁、最高裁昭和60年1月31日判決・家庭裁判月報37巻8号39頁、最高裁昭和55年11月27日判決・判例時報991号69頁）。

税法上の理解

1 相続税の基礎控除の計算

相続税は、まず相続税の総額を計算し、それを各々の相続人、あるいは受遺者に、財産の取得割合に応じて配分することにしています。そして、相続税の総額を計算するについては、①3,000万円に法定相続人1人当たり600万円を加えた額を基礎控除として遺産総額から控除し、②控除後の残金を法定相続分に応じて法定相続人に按分し、各々の按分額に対して相続税率を乗じて相続税額を計算し、③その相続税額を合計して、相続税の総額を計算することにしています。

これらの計算に登場する法定相続人は、相続を放棄する前の相続人です（相法15③）。つまり、3名の子の内の1名が相続を放棄しても、相続税の計算では3名の子と認識し、第1順位の子の全員が相続を放棄し、仮に、第3順位の被相続人の兄弟姉妹が相続人になった場合においても、相続税の計算では第1順位の子を法定相続人として相続税の総額を計算します。相続放棄をすること

によって相続税額が異なること、つまり、相続放棄が節税に利用されるのは不合理だからです。

2 生命保険金などの受領

生命保険金や死亡退職金については、法定相続人1人当たり500万円の非課税枠が認められています。3人の法定相続人がいれば1,500万円の非課税枠です。ただし、この非課税枠を利用できるのは相続人に限り、相続を放棄した者は非課税枠を利用することができません（相基通12－8）。

相続財産が債務超過のため、相続を放棄したという場合でも、受取人と指定された者は生命保険金を受け取ることができますが、しかし、相続を放棄した者は生命保険金の非課税枠を利用することはできません。

3 相続時精算課税との関係

相続放棄をした者が、被相続人の生前に相続時精算課税による贈与を受けている者である場合は、相続を放棄した場合においても、相続税を申告する義務を負うことになります。相続時精算課税は、生前に贈与を受けた財産について、相続時に、相続税の課税財産として精算することを予定しているからです。

民法第940条（相続の放棄をした者による管理）

> **（相続の放棄をした者による管理）**
> **第940条** 相続の放棄をした者は、その放棄によって相続人となった者が相続財産の管理を始めることができるまで、自己の財産におけるのと同一の注意をもって、その財産の管理を継続しなければならない。
> 2 第645条、第646条、第650条第1項及び第2項並びに第918条第2項及び第3項の規定は、前項の場合について準用する。

民法上の理解

相続放棄をすると、はじめから相続人でなかったものとみなされます（民法939）。しかし、他の相続人や次順位の相続人のほか、受贈者や債権者の利益を保護する必要があるため、本条は、放棄をした相続人に、相続財産を管理すべき義務を課しています。

管理義務は、他の相続人等が現実に管理をなし得る状態になるまで継続します。他の相続人について不在者財産管理人が選任された場合（民法25）や、相続人が不存在の場合の相続財産管理人（民法952）が選任された場合も相続人の管理義務は消滅します。

　相続を放棄した相続人が本条に基づいて負担する注意義務の程度は、「自己の財産におけるのと同一の注意」で足りるとされ、委任契約における受任者等が負担する善管注意義務よりも軽減されています。

　なお、相続人は、放棄する以前も一定の管理義務を負いますが（民法918）、その場合の「固有財産におけるのと同一の注意」と、本条の「自己の財産におけるのと同一の注意」は同義と解されています。

　放棄した相続人が任務を懈怠した場合は、他の相続人等に対して損害賠償責任を負うことになります。また、「管理」の範囲を超え、相続財産を「処分」してしまったような場合には、法定単純承認の規定（民法921）の適用を受けることになります。

　これらの相続財産の管理については、報告義務、引渡義務、費用の負担など、委任の規定が準用されています。

§5　財産分離

民法第941条（相続債権者又は受遺者の請求による財産分離）

（相続債権者又は受遺者の請求による財産分離）
第941条 相続債権者又は受遺者は、相続開始の時から3箇月以内に、相続人の財産の中から相続財産を分離することを家庭裁判所に請求することができる。相続財産が相続人の固有財産と混合しない間は、その期間の満了後も、同様とする。
2　家庭裁判所が前項の請求によって財産分離を命じたときは、その請求をした者は、5日以内に、他の相続債権者及び受遺者に対し、財産分離の命令があったこと及び一定の期間内に配当加入の申出をすべき旨を公告しなければならない。この場合において、その期間は、2箇月を下ることができない。
3　前項の規定による公告は、官報に掲載してする。

民法上の理解

　財産分離とは、相続開始後に相続債権者や受遺者の請求によって、相続財産と相続人の固有財産とを分離させる裁判上の処分をいいます。

　財産分離は限定承認と同じく、相続による財産の混同を防ぐ制度ですが、限定承認は相続人の請求によって行われるのに対し、財産分離は債権者などの請求によって行われます。

　財産分離には2種類あり、①相続人が多額の債務を抱えている場合に、相続債権者や受遺者が申し立てるものを第一種財産分離といい、②被相続人が多額の債務を抱えている場合に相続人の債権者が申し立てるものを第二種財産分離といいます。

　そして、本条は、第一種財産分離を規定したものです。

　相続債務のうち、可分債務は、法定相続分に従って当然に分割され、各々の相続人が承継することになります。

　そうすると、仮に相続人が子3人の場合に、遺産分割手続によって相続財産の全てを長男が取得し、相続債務は3人が各々3分の1を承継するという結果も作り出せます。

　その場合に、次男、三男に資力がないと、このような遺産分割は相続債権者

には不利益です。そのような場合に、相続債権者が申し立てるものが第一種財産分離です。

　相続人が１人の場合であっても、その相続人が債務超過の状態にある場合は、相続債権者は、本条による財産分離の申立てをすることが必要です。

　第一種財産分離は相続債権者又は受遺者の請求により行われますが、この受遺者とは特定受遺者のことであり、包括受遺者は含まれません。なぜなら、包括受遺者は相続財産を全て譲り受けることから、相続人と同一の地位を有するとされているからです（民法990）。

　この請求の相手方は、相続人です。相続人が不明の場合は相続財産管理人が相手方になり、相続財産について破産宣告があった場合には、破産管財人又は遺言執行者が相手方となります。

　相続放棄などは相続開始を知った時が起算点です。しかし、財産分離の請求は、相続開始から３ヶ月以内と定められています。相続開始ではなく、相続開始を知った時を起算点とすると、財産分離請求が行われるか否か早期に確定することができず、相続人の債権者や取引の相手方など第三者を害する危険性があるからです。

　ただ、３ヶ月が経過しても、相続財産が相続人の固有財産と混合しない間は、第三者を害する危険性がなく、財産分離請求を行うことができるとされています。

　実務において財産分離手続が実際に行使されることは想定されず、前例が見当たらなかったのですが、最近、成年後見人である弁護士が申し立てた次のような事案が紹介されました。

　成年後見人（弁護士）は、後見事務における立替金と報酬について被相続人に対して債権を有していた。ところが、被相続人の財産をその生前から管理していた特定の相続人が開示に応じない。そこで平成28年12月に財産分離の審判の申立てをしたという事案です。

　最高裁平成29年11月28日決定（金融・商事判例　No.1535）は、この申立てを受理すべきと次のように判示しました。「財産分離の制度の趣旨に照らせば、家庭裁判所は、相続人がその固有財産について債務超過の状態にあり又はそのような状態に陥るおそれがあることなどから、相続財産と相続人の固有

財産とが混合することによって相続債権者がその債権の全部又は一部の弁済を受けることが困難となるおそれがあると認められる場合に、民法941条1項の規定に基づき、財産分離を命ずることができるものと解するのが相当である」。

民法第942条（財産分離の効力）

> **（財産分離の効力）**
> 第942条　財産分離の請求をした者及び前条第2項の規定により配当加入の申出をした者は、相続財産について、相続人の債権者に先立って弁済を受ける。

民法上の理解

本条は相続人が債務超過の状態である場合に行われる第一種財産分離の効果を定めています。

分離を命じる審判が確定すると、相続財産と相続人の固有財産とは明確に分離されます。分離された相続財産から、相続債権者への弁済と受遺者への給付が優先的に行われます。

このような優先弁済を受けるためには、財産分離の請求又は配当加入の申出を行うことが必要です。

それを行わなかった者は、優先弁済を受けられず、残余財産についてだけ相続人の債権者と共に弁済を受けることになります。

民法第943条（財産分離の請求後の相続財産の管理）

> **（財産分離の請求後の相続財産の管理）**
> 第943条　財産分離の請求があったときは、家庭裁判所は、相続財産の管理について必要な処分を命ずることができる。
> 2　第27条から第29条までの規定は、前項の規定により家庭裁判所が相続財産の管理人を選任した場合について準用する。

民法上の理解

本条は相続人が債務超過の状態である場合に行われる第一種財産分離の効果を定めています。

第一種財産分離の場合は、相続人が相続した財産をもって自己の債権の弁済に充ててしまうなどの事態を未然に防止する必要があります。

そこで、家庭裁判所は相続債権者や受遺者を保護するため、職権で、相続財産の管理に必要な処分、すなわち管理人の選任、相続財産の封印、目録調整、供託、換価などを命じることができるとしました。

選任された管理人には不在者のための財産管理人に関する規定（民法27乃至29）が準用されます。

また、相続財産の管理・保存には家事事件手続法が準用されます（家事手続法202）。

なお、このような家庭裁判所の処分とは別に、相続債権者と受遺者は、財産分離の請求にあたって、分離の執行を容易にするために、相続財産保全の仮処分を申請することができます（民保法13、23、24）。

民法第944条（財産分離の請求後の相続人による管理）

> **（財産分離の請求後の相続人による管理）**
> **第944条** 相続人は、単純承認をした後でも、財産分離の請求があったときは、以後、その固有財産におけるのと同一の注意をもって、相続財産の管理をしなければならない。ただし、家庭裁判所が相続財産の管理人を選任したときは、この限りでない。
> 2 第645条から第647条まで並びに第650条第1項及び第2項の規定は、前項の場合について準用する。

民法上の理解

財産分離請求があった場合は、相続財産は債権者や受遺者の権利の保全のために適切に管理される必要があります。

かかる相続債権者などを保護するため、相続人は管理義務を負うとされてい

ます。

　このような相続人の義務は受任者と同じと考えられ、委任の規定が準用されていることから、本来であれば、相続人は善良なる管理者の注意義務をもって財産を管理することになるはずです（民法644）。

　しかし、そもそも、相続人は相続財産を当然に取得できるはずであるのに、財産分離の請求がなされることによって注意義務が加重されるのは、相続人に酷であるため、相続財産に対する注意義務は、自己の財産と同一の注意義務に軽減されています。

　ただし、報告義務（民法645）、受取物の引渡義務（民法646）、受任者の金銭を消費した場合の責任（民法647）、費用などの償還請求など（民法650①）は課されることになります。

民法第945条（不動産についての財産分離の対抗要件）

> （不動産についての財産分離の対抗要件）
> 第945条　財産分離は、不動産については、その登記をしなければ、第三者に対抗することができない。

民法上の理解

　財産分離の請求があった後は、相続人は相続財産を管理する義務を負います（民法944）。そして、相続人は相続財産を処分できなくなり、相続人の処分行為は原則として無効になります。

　しかし、事情を知らない相続人の相手方を害する危険があるため、財産分離下にある不動産については、登記を行い公示をします。

　この登記は相続人が自由に処分できない旨を表示する「処分の制限」の登記（不登法3）です。登記権利者は財産分離を請求した債権者であり、登記義務者は相続人ですが（不登法60）、登記権利者のみで申請することもできます（不登法63②）。

　動産については規定がありませんが、取引の相手方が即時取得の要件を充たすときには保護されます。

民法第946条(物上代位の規定の準用)

(物上代位の規定の準用)
第946条 第304条の規定は、財産分離の場合について準用する。

民法上の理解

　財産分離がなされた場合には、相続人の相続財産の処分行為は無効になります。しかし、相続不動産は、財産分離の登記をしなければ第三者に対抗できず、また、相続動産の即時取得(民法192)を阻止することができません。
　そこで、本条は相続債権者や受遺者に先取特権の物上代位権を与えています。これにより、財産分離前に譲渡された不動産の売却代金や、相続財産の賃料、相続財産が他人に滅失毀損されたときの損害賠償金などについて、相続債権者と受遺者は代位することができ、優先弁済権が確保されます。
　物上代位権行使の方法についても民法304条1項但書きが準用されるため、代金、賠償金や対価などが払い渡される前に、相続債権者や受遺者は差押さえをする必要があります。

民法第947条(相続債権者及び受遺者に対する弁済)

(相続債権者及び受遺者に対する弁済)
第947条 相続人は、第941条第1項及び第2項の期間の満了前には、相続債権者及び受遺者に対して弁済を拒むことができる。
2 財産分離の請求があったときは、相続人は、第941条第2項の期間の満了後に、相続財産をもって、財産分離の請求又は配当加入の申出をした相続債権者及び受遺者に、それぞれその債権額の割合に応じて弁済をしなければならない。ただし、優先権を有する債権者の権利を害することはできない。
3 第930条から第934条までの規定は、前項の場合について準用する。

民法上の理解

　財産分離の請求をなし得る期間（民法941①）が経過するまでは、相続人は、相続債権者と受遺者に対する弁済を拒むことができます。

　さらに、相続債権者からの財産分離の請求によって財産分離の命令があったときには、公告期間である5日間と配当加入申出期間である2ヶ月の期間（民法942②）について、相続人は相続債権者と受遺者に対する弁済を拒絶することができます。

　なぜなら、相続人が一部の債権者や受遺者へ期間満了前に弁済すると、財産分離を請求し、あるいは配当加入を申し出た相続債権者や受遺者に相続財産を公平に分配しようとする財産分離の趣旨が果たせなくなるからです。

　相続人は、配当加入申出期間の満了後に、債権者や受遺者に対し、その債権額の割合に応じて、相続財産から弁済をします（民法947②）が、受遺者に対する弁済は債権者に対する弁済を行った後になります（民法931）。

　なお、優先権を有する相続債権者、例えば抵当権者、先取特権者、質権者などがいる場合には、これらの者に相続人は優先的に弁済することになります。

　国税債権の優先の原則（徴収法8）は強制執行手続における原則ですが、限定承認の場合と同様に、本条の場合も国税債権は優先権があると理解しておくべきです。

　相続債権の期限が未到来であっても、相続人又は相続財産管理人は弁済する必要があります（民法947③、930）。

　財産分離制度は一種の相続財産の清算であるため、限定承認と同様の意味を持つからです。

民法第948条（相続人の固有財産からの弁済）

（相続人の固有財産からの弁済）
第948条 財産分離の請求をした者及び配当加入の申出をした者は、相続財産をもって全部の弁済を受けることができなかった場合に限り、相続人の固有財産についてその権利を行使することができる。この場合においては、相続人の債権者は、その者に先立って弁済を受けることができる。

民法上の理解

　財産分離の請求をした者と、配当加入の申出をした相続債権者、それに受遺者は、相続人の債権者に優先して、相続財産から弁済を受けることができます。これによって完済を受けられなかった場合には、相続人が限定承認又は相続放棄をしない限り、相続人の固有財産からの弁済を請求できます。

　ただ、相続債権者や受遺者は、財産分離の手続きによって相続財産について優先権を主張することができますので、さらに相続人の固有財産についても無制限に請求できるとすると、相続人の固有の債権者との公平を害することになります。

　そのため、本条は、相続人の債権者が、相続人の固有財産については優先すると定めているのです。

　しかし、相続人が固有財産から弁済した後も財産が残るならば、相続債権者や受遺者に財産分離を請求する実益はないため、本条が適用される場面はほとんどないと言えます。

　なお、財産分離の請求又は配当加入の申出をしなかった相続債権者と受遺者は、相続人の債権者と対等に相続人の固有財産から弁済を受けることができます。

　これらの債権者は財産分離による優先権を行使していないからです。

民法第 949 条（財産分離の請求の防止等）

> （財産分離の請求の防止等）
> 第 949 条　相続人は、その固有財産をもって相続債権者若しくは受遺者に弁済をし、又はこれに相当の担保を供して、財産分離の請求を防止し、又はその効力を消滅させることができる。ただし、相続人の債権者が、これによって損害を受けるべきことを証明して、異議を述べたときは、この限りでない。

民法上の理解

　本条は、相続人が財産分離を阻止できることを定めています。

　財産分離は破産と同様の方法であり、相続人の名誉や信用が害される恐れがあります。

　また、相続財産が処分されてしまいますので、先祖伝来の土地など、相続人にとって愛着のある財産が処分されてしまう恐れがあります。そのため、財産分離を避けたいと考える相続人の意思を尊重することにした規定です。

　さらに、財産分離は複雑であり費用がかかることも理由の1つとして挙げることができます。

　ただし、財産分離の請求の防止のために、相続人は固有財産から弁済又は担保の提供をする必要があります。かかる行為は、相続人の債権者を害する危険があります。

　そのため、相続人の債権者が異議を述べたときは、相続人は財産分離の請求を防止できないとしています。

民法第950条（相続人の債権者の請求による財産分離）

> （相続人の債権者の請求による財産分離）
> 第950条　相続人が限定承認をすることができる間又は相続財産が相続人の固有財産と混合しない間は、相続人の債権者は、家庭裁判所に対して財産分離の請求をすることができる。
> 2　第304条、第925条、第927条から第934条まで、第943条から第945条まで及び第948条の規定は、前項の場合について準用する。ただし、第927条の公告及び催告は、財産分離の請求をした債権者がしなければならない。

民法上の理解

　被相続人が債務超過の場合に、相続人が相続を放棄せず、単純承認をしてしまうと、相続人の債権者は不利益を被ってしまいます。そこで、相続人が相続放棄や限定承認をしない場合に、相続人の債権者が相続人の固有財産について優先権を取得するために申し立てる手続きです。これを第二種財産分離といいます。

　実際には、相続財産が債務超過の場合には、相続人は相続放棄の手続きを選択しますので、第二種財産分離が行われることはほとんどありません。

　第二種財産分離の請求権者は相続人の債権者で、相手方は相続人です。請求できる期間は第一種財産分離と同じく相続開始から3ヶ月です。ただし、相続財産と相続人の固有財産とが混合しない間は、財産分離を請求することができます。

　第二種財産分離を命ずる審判が確定すると、相続財産と相続人の固有財産とは分離され、相続財産の清算が開始します。そして、相続人の債権者は相続人の固有財産から優先的に弁済を受けることができます。第二種財産分離には、物上代位に関する規定（民法304）、限定承認に関する規定（民法925、927乃至934）及び第一種財産分離に関する規定（民法943乃至945、948）が準用されます。

§6　相続人の不存在

民法第951条（相続財産法人の成立）

（相続財産法人の成立）
第951条　相続人のあることが明らかでないときは、相続財産は、法人とする。

民法上の理解

　被相続人が死亡しても、その被相続人に相続人のあることが明らかではないことがあります。

　このような場合には、相続人を捜索すると共に、相続人が現れるまで相続財産を管理し、もし相続人が現れなければ相続財産を清算する必要があります。これを実現するために、相続人の不存在の制度が設けられています。

　この制度の下では、相続財産は法人と擬制され（民法951）、相続債権などを弁済した後に残った財産は国庫に帰属します（民法959）。

　本条が相続財産を法人と擬制しているのは、帰属主体のない財産について、不動産は国庫に帰属し、動産は占有者に帰属すると定められているからです（民法239）。相続人のいない相続財産が自動的に国庫の所有になってしまうという事態を避け、相続財産に仮の法主体性を与えるために、相続財産に法人格を与えています。家庭裁判所は相続財産の管理人を選任し、相続人の捜索や相続財産の管理と清算を行わせます（民法952）。

　「相続人のあることが明らかでないとき」とは、戸籍上の相続人が存在しないときや、戸籍上の相続人は存在するが、相続の放棄（民法938）や、相続人の欠格（民法891）、又は推定相続人の排除（民法892）により、相続人が存在しなくなったときをいいます。戸籍上の相続人となる者が行方不明や生死不明というだけでは本条の適用はありません。

　この場合は、不在者の財産管理の規定（民法25以下）や、失踪宣告（民法30以下）によって処理されます。

　相続財産の全てが包括遺贈された場合は、包括受遺者は相続人と同一の権利義務を有する（民法990）ことになり、本条は適用されません。しかし、遺産の一部についての包括遺贈の場合には、受遺者は受遺分を超える財産について

は無権限であることから、本条が適用されると解すべきです。第三者への特定遺贈の遺言がある場合は、受遺者は相続人にはなりませんので、本条が適用されることは当然です。

税法上の理解

相続財産法人は、被相続人の租税債務と申告義務を承継します（通則法5）。

法人税法の規定によれば、相続財産法人は内国法人である普通法人に該当します（法法2①三、九）。

そのため、相続財産法人は、法人税を申告する義務を負うことになり（法法4）、相続財産から生じる家賃などの所得には法人税が課税されることになります。相続財産を換価し、債務の弁済に充てる場合の譲渡益についても、同様に、法人税が課税されることになります。

一方、相続人の不存在が確定したときは、債務を弁済し、遺贈を実行し、特別縁故者への財産の分与を終えた後の相続財産は、結局は国庫に帰属することになるので、相続財産法人としての所得の申告は不要だとする解説（渡辺淑夫・山本清次編集代表「法人税基本通達の疑問点」三訂版増補　ぎょうせい刊　平成16年8頁）もあります。

しかし、譲渡益に対する課税が行われないとすると、相続財産の換価代金の全額が遺贈に充てられた場合などは不合理な結果になります。仮に、取得価額1,000万円の土地が1億円で譲渡された場合に、1億円の全額を受遺者に遺贈できることになってしまうからです。特別縁故者に対する相続財産の分与が行われた場合に、その分与時点の時価を特別縁故者の取得価額とした場合は被相続人の下で発生していた値上益についての課税漏れが生じてしまいます。

相続財産法人が法人税の納税義務を負うとした場合には、租税債権優先の原則が問題になります。国税徴収法8条は「国税は、納税者の総財産について、この章に別段の定がある場合を除き、すべての公課その他の債権に先だつて徴収する」としていますので、相続財産法人は、国税の法定納期限以前に設定された抵当権（徴収法16）で担保された債務について弁済を行う場合などを除き、租税債務を、一般の債権に優先して納税する必要があります。

民法第952条（相続財産の管理人の選任）

> （相続財産の管理人の選任）
> 第952条　前条の場合には、家庭裁判所は、利害関係人又は検察官の請求によって、相続財産の管理人を選任しなければならない。
> 2　前項の規定により相続財産の管理人を選任したときは、家庭裁判所は、遅滞なくこれを公告しなければならない。

民法上の理解

　相続人の存否が不明である場合は、相続財産法人が当然に成立します（民法951）。しかし、相続財産法人が成立したとみなされただけでは、何の処理もされません。そこで、本条は、この法人の事務を執行する者として、相続財産の管理人を選任する手続きを定めています。

　本条の申立権者は利害関係人と検察官です。利害関係人とは、相続財産の管理と清算について法律上利害関係を有する者であり、特定受遺者、相続債権者、相続債務者です。相続債権者には、被相続人に対して租税債権を有する国と地方公共団体も含まれます。特別縁故者として相続財産の分与を請求しようとする者（民法958の3）も利害関係人に含まれます。

　例えば、土地の賃貸人が死亡した場合であれば、借地人は、当面の処理としては地代の供託などによって対処することが可能ですが、建物を建て替える場合は、相続財産管理人を選任し、その承諾を得ることが必要になります。逆に、借地人、あるいは借家人が死亡した場合に、契約を解除し、建物収去を求め、また家屋の明渡しを求めるには、相続財産管理人の選任が必要になります。

　遺言書をもって遺産を遺贈された者がいれば、遺贈の履行のためにも相続財産管理人が必要です。ただし、相続人が不存在の場合でも、遺言執行者がいれば、相続財産管理人の選任を要せず、「相続財産法人名義への登記名義人表示変更の登記をした上で、遺言執行者と当該不動産の買受人との共同申請により、所有権移転登記をすることができる」とされています（「相続人不存在の場合における清算型遺言による登記手続」登記研究619号）。したがって、遺言執

行者が選任されていれば、相続財産管理人の選任は不要になります。

相続財産が債務超過の場合は、通常は相続放棄の手続きが選択されます。その場合は、債権者は相続財産管理人の申出を行うことにより、相続財産の競売等の手続きが可能となります。特別縁故者（民法958の3）が、相続財産の分与を受ける場合も、相続財産管理人を選任し、相続財産の管理行為を開始してもらう必要があります。

さらに、何らかの財産を残した者が死亡し、その相続人が発見できず、財産の処分が行えないという場合も想定されます。そのような場合には、検察官が公益の代表者として相続財産管理人の選任を申し立てます。

相続財産管理人の選任は家事事件手続法であり、管轄裁判所は被相続人の最終住所地又は死亡地の家庭裁判所です（家事手続法203）。

家庭裁判所は、相続財産管理人を選任した場合は、その旨を官報で公告します。

民法第953条（不在者の財産の管理人に関する規定の準用）

（不在者の財産の管理人に関する規定の準用）
第953条　第27条から第29条までの規定は、前条第1項の相続財産の管理人（以下この章において単に「相続財産の管理人」という。）について準用する。

民法上の理解

相続財産の管理人が行う財産の管理は、不在者の財産管理と共通する部分が多いため、本条は、不在者の財産管理に関する規定を準用しています。

本条が準用している管理の内容は次の通りです。

①管理すべき財産の目録を作成し、②家庭裁判所の命ずるところにより財産の保存に必要と認める処分を行い（民法27）、③保存行為と、物又は権利の性質を変えない範囲内において行う利用と改良を目的とする行為。さらに、家庭裁判所の許可を得れば、④物又は権利の性質を変えることになる財産の利用や改良行為や、⑤相続財産の換価のための競売手続などを行います（民法27③、28）。

具体的には、財産の目録を作成すると共に、相続財産からの賃料などを受領し、必要に応じて、相続物件を修理し、相続財産に含まれる債権の回収や時効の中断などを行います。そして、裁判所の許可を得て、相続財産を競売し、あるいは任意売却の方法で換価し、債務を弁済し、さらには国庫への納入手続（民法959）を行うことになります。

　なお、相続財産管理人には、家庭裁判所の決定による報酬が支払われます（民法29②）。

税法上の理解

　相続財産の中に収益を生む資産が含まれている場合には注意が必要です。賃料収入などの果実について課税関係が生じるからです。このような場合は、その収入についての税務申告も、相続財産管理人の業務に含まれ、善管注意義務を負うことになります。また、財産を換価した場合の税務申告も、相続財産管理人の業務に含まれます。

　さて、相続財産に含まれる資産が換価された場合は、その法律効果は相続財産法人に帰属することになりますが、その所得に対する課税はどのようになるのでしょうか。

　相続財産法人は法人とされています（民法951）ので、国内に本店又は主たる事務所を有する内国法人として法人税の納税義務を負うことになります（法法4）。

　しかし、相続人が不存在であり、特別縁故者に対する財産の分与をした後でなお相続財産が残っている場合は、残余財産は国庫に帰属すること（民法959）になるため、課税の実務では法人税申告を行わないケースが多数（渡辺淑夫・山本清次編集代表『法人税基本通達の疑問点［三訂版増補］』ぎょうせい刊、平成16年）だと解説されています。

　ただ、相続財産は換価され、その換価代金が債務の弁済に充てられることを考えると、その譲渡所得に対する課税、つまり、被相続人の下で発生していた資産の値上益に対する課税が行われないことには疑問があります。

　相続財産法人が法人税の納税義務を負うとした場合には、租税債権優先の原則が問題になります。

国税徴収法8条は「国税は、納税者の総財産について、この章に別段の定がある場合を除き、すべての公課その他の債権に先だつて徴収する」としていますので、相続財産法人は、国税の法定納期限以前に設定された抵当権（徴収法15）等で担保された債務について弁済を行う場合などを除き、租税債務を、一般の債権に優先して納税する必要があります。

相続財産法人は、出資がない法人として消費税の免税事業者となること（消法9）や、固定資産税についての納税義務があること（地法343）についても注意が必要です。

なお、相続財産法人として財産を管理している途中に、相続人が存在することが明らかになった場合は、相続財産法人は成立しなかったことになり、相続財産法人の得た所得について、相続人が所得税の申告義務を負うことになります。民法955条は、相続財産の管理人がその権限内でした行為の効力を妨げないとしていますが、これは取引保護の規定であり、法人税の申告のような公法行為には適用されません。

民法第954条（相続財産の管理人の報告）

（相続財産の管理人の報告）
第954条 相続財産の管理人は、相続債権者又は受遺者の請求があるときは、その請求をした者に相続財産の状況を報告しなければならない。

民法上の理解

相続財産管理人は、相続債権者又は受遺者の請求に応じて、相続財産の状況について報告すべき義務を負います。

具体的に報告すべき内容については、報告内容に関する明文の規定は何もありませんが、財産目録調整義務（民法953、27①）とは別個の義務であることから、単に目録を示しただけでは足らず、財産の利用状況や保管の状態などを報告する必要があると考えられます。

民法第955条（相続財産法人の不成立）

> **（相続財産法人の不成立）**
> 第955条　相続人のあることが明らかになったときは、第951条の法人は、成立しなかったものとみなす。ただし、相続財産の管理人がその権限内でした行為の効力を妨げない。

民法上の理解

相続人が現れた場合には相続財産法人は不要となります。

そのため、相続財産法人（民法951）は初めから成立しなかったものとみなされます。

しかし、そうであれば、相続財産管理人はその法定代理権を遡及的に失ってしまい、相続財産管理人のなした管理行為は無権限のものとなってしまいます。それでは相続財産管理人と取引をした相手方の安全を害することになりますので、相続財産管理人が行った行為は効力を妨げられないとしています。

相続人が明らかになった場合とは、相続人と主張する者が現れただけではなく、相続人と主張する者が相続人であることを立証し、その身分関係が法律上確定することが必要です（東京地裁昭和50年11月27日判決・判例時報824号90頁）。

税法上の理解

相続人は、相続財産法人が不成立になった日をもって、相続の開始があったことを知った日となるため、その翌日から10ヶ月以内の申告義務が生じます（相法27）。

そして、相続財産について管理人が行った行為を承継し、相続財産について生じた法定果実や、相続財産の換価処分によって生じた譲渡所得などについて、所得税の申告を行うことになります。

民法第956条(相続財産の管理人の代理権の消滅)

(相続財産の管理人の代理権の消滅)
第956条 相続財産の管理人の代理権は、相続人が相続の承認をした時に消滅する。
2 前項の場合には、相続財産の管理人は、遅滞なく相続人に対して管理の計算をしなければならない。

民法上の理解

相続人の不存在の手続きが開始された後、相続人が現れた時には、相続財産法人は初めから成立しなかったものとみなされます(民法955)。しかし、相続人の出現と同時に相続財産管理人の代理権が消滅するとすれば、財産管理に混乱を来す恐れがあります。

また、その相続人が相続放棄をすれば、再び相続人不存在の状態に戻ることも考慮する必要があります。

そのため、相続財産管理人の代理権は、相続人が相続の承認(法定単純承認や限定承認も含まれます)をした時に消滅し、それまでは存続するものとされ、混乱を避ける手当てがなされています。

そして、代理権が消滅した後の相続財産管理人は、それまでの相続財産の管理によって生じた収支を計算し、遅滞なく相続人に報告する義務を負います。

民法第957条(相続債権者及び受遺者に対する弁済)

(相続債権者及び受遺者に対する弁済)
第957条 第952条第2項の公告があった後2箇月以内に相続人のあることが明らかにならなかったときは、相続財産の管理人は、遅滞なく、すべての相続債権者及び受遺者に対し、一定の期間内にその請求の申出をすべき旨を公告しなければならない。この場合において、その期間は、2箇月を下ることができない。
2 第927条第2項から第4項まで及び第928条から第935条まで(第932条ただし書を除く。)の規定は、前項の場合について準用する。

民法上の理解

相続人不存在手続では、まず相続財産管理人が選任され、その旨の公告がなされます（民法952②）。その公告から2ヶ月以内に相続人が現れなければ、相続財産管理人が清算手続に着手することになります。

相続財産管理人は、相続債権者や受遺者に対して、2ヶ月以上の期間を定め、その期間内に請求の申出をするよう公告します。

その後の具体的な清算手続については、限定承認の規定が準用されており、民法928条から935条の規定に従って、相続債権者や受遺者への弁済がなされることになります。

相続債権者や受遺者に対する公告期間満了までは、相続財産管理人は、弁済期にある債務についてもその弁済を拒むことができます（民法928）。期間満了後は、担保権などの優先権を有する債権者、一般債権者の順に弁済し（民法929）、なお余剰があれば受遺者への弁済をすることになります（民法931）。そして最後に、除斥された債権者への弁済がなされます（民法935）。

相続財産管理人は、相続債権者らへの公告期間満了前でも、自己の責任で弁済をすることは許されています。しかし、不当な弁済によって他の債権者らへの弁済ができなくなった時は、損害賠償義務を負わなければなりません（民法934）。

民法第958条（相続人の捜索の公告）

（相続人の捜索の公告）
第958条 前条第1項の期間の満了後、なお相続人のあることが明らかでないときは、家庭裁判所は、相続財産の管理人又は検察官の請求によって、相続人があるならば一定の期間内にその権利を主張すべき旨を公告しなければならない。この場合において、その期間は、6箇月を下ることができない。

民法上の理解

相続財産管理人が選任された場合は、相続財産の管理人選任の公告（民法

952）と、債権申出の公告（民法957）の2度の公告が行われます。それに追加して本条の公告が行われる理由は、次条（民法958の2）によって、仮に、相続人が存在した場合でも、その相続人を失権させ、同時に、相続財産管理人に知れなかった相続債権者と受遺者を失権させることと、次々条（民法958の3）による特別縁故者への相続財産の分与の手続きと、民法959条による残余財産の国庫への帰属の処理を行うためです。

このような趣旨の公告なので、債権者への弁済などの清算の結果、既に残余財産が存在しないことが明らかになっている場合には、本条による公告の必要はないとされています。

特別縁故者は、上記の公告後で、かつ、公告の期間満了後3ヶ月以内に相続財産の分与を申し立てることが必要（民法958の3）ですので、上記の公告について利害関係を有しますが、家庭裁判所に対して、本条に基づく公告の請求ができるのは、相続財産の管理人と検察官に限られ、特別縁故者には請求権がありません。

実務の運用として、相続財産管理人は、通常、民法957条の公告期間の満了後速やかに本条の公告を請求しています。特別縁故者は、この公告を見逃さないように注意する必要があります。

民法第958条の2（権利を主張する者がない場合）

（権利を主張する者がない場合）
第958条の2　前条の期間内に相続人としての権利を主張する者がないときは、相続人並びに相続財産の管理人に知れなかった相続債権者及び受遺者は、その権利を行使することができない。

民法上の理解

民法958条の公告期間が満了すると、その効果として、相続人、相続債権者及び受遺者は失権します。清算後の残余財産がある場合は、家庭裁判所の判断により特別縁故者に分配され（民法958の3）、さらに残余財産がある場合には、残余財産は国庫に帰属することになります（民法959）。

本条に基づき相続人、債権者及び受遺者が行使できなくなる「権利」は、相続人の相続権と、弁済によって消滅する性質の権利のみを指します。相続財産の賃借人の賃借権のように、管理人が清算することのできない権利は、公告期間の満了後もなお存続します。

　相続財産が、相続債務のための担保に供されている場合は、相続債務の消滅によって担保権も消滅します。相続財産が他人の債務のために物上保証に供されている場合は、その債務は清算の対象ではなく、担保権は消滅しません。債権者は、民法959条によって国に帰属した相続財産に対して競売を申し立てることになります。

民法第958条の3（特別縁故者に対する相続財産の分与）

> **（特別縁故者に対する相続財産の分与）**
> **第958条の3**　前条の場合において、相当と認めるときは、家庭裁判所は、被相続人と生計を同じくしていた者、被相続人の療養看護に努めた者その他被相続人と特別の縁故があった者の請求によって、これらの者に、清算後残存すべき相続財産の全部又は一部を与えることができる。
> 2　前項の請求は、第958条の期間の満了後3箇月以内にしなければならない。

民法上の理解

1　特別縁故者に対する相続財産の分与制度

　相続人等が存在しない場合は、相続財産は相続財産法人として清算され、債務などの弁済に充てた後の残余財産は国庫に帰属することになります（民法959）。

　特別縁故者に対する相続財産の分与制度は、国庫帰属より望ましい処分方法として、被相続人と特別の縁故があった者に対し例外的に相続財産の分与を認めるものです。

　被相続人が相続権のない者に遺産を与える方法には遺言がありますが、日本では遺言の制度が十分に活用されていない実情があり、その補完として採用されているのが本条の特別縁故者への財産分与制度です。

2 特別縁故者の範囲と請求の手続き

　特別の縁故があった者とは、被相続人との間に生活面、あるいは経済面において具体的かつ実質的な交渉があった者で、相続財産をその者に分与することが被相続人の意思に合致するとみられる程度に、密接かつ身近な縁故関係など、特別の関係にあった者をいいます。

　被相続人と生計を同じくしていた者と、被相続人の療養看護に努めた者が条文に例示されていますが、実際には裁判所の裁量により決定されます。

　具体的には、被相続人と生計を一にする内縁の妻や事実上の養子が予定されていますが、他にも、被相続人の財産取得のため多額の出捐をした者や、被相続人の指導を受けていた芸道の愛弟子などが認められています。

　また、個人ばかりでなく、被相続人が生前に関係を持っていた菩提寺、老人ホーム、宗教団体、公立養老院、被相続人の元勤務先など、被相続人と縁が深かった団体・法人等に分与された例もあります。

　財産分与の請求は、相続人捜索のための公告期間満了後3ヶ月以内に、相続開始地の家庭裁判所に対して行います。

　特別縁故者への相続財産分与に似た制度に、新設された特別の寄与（民法1050）があります。

　特別縁故者は「被相続人の療養看護に努めた者その他被相続人と特別の縁故があった者」であり、特別寄与者は、相続人以外の者で「療養看護その他の労務の提供をしたことにより被相続人の財産の維持又は増加について特別の寄与をした被相続人の親族」であって、被相続人との関係は重複するところがあるからです。

　被相続人との関係には重複することがありますが、特別縁故者の請求は相続人が存在しない場合で、特別寄与者は相続人が存在する場合ですから、これらが手続き的に重複することはありません。

　財産分与の請求があった場合、家庭裁判所は、相続財産管理人に分与の申立てがあったことを通知し、管理人の意見を聴いた上で（家事手続法205）、被相続人の意思、縁故関係の性格や濃淡、特別縁故者の性別や年齢、職業などを考慮し、さらに特別縁故者の財産の必要の程度、相続財産の種類や金額など、一切の事情を考慮し、特別縁故者に分与すべき財産を決定します。

なお、最終的に残った財産中に共有物が有る場合に、その帰属について民法255条が適用され「共有者の1人が、その持分を放棄したとき、又は死亡して相続人がないときは、その持分は、他の共有者に帰属する」ことになるのか、あるいは本条に基づき特別縁故者に対する相続財産の分与の対象になるのかが問われた訴訟があります。これについて最高裁平成元年11月24日判決（判例時報1332号30頁）は、「共有持分は、他の相続財産とともに、法958条の3の規定に基づく特別縁故者に対する財産分与の対象となり、右財産分与がされず、当該共有持分が承継すべき者のないまま相続財産として残存することが確定したときにはじめて、法255条により他の共有者に帰属することになると解すべきである」と判示しています。

税法上の理解

1 分与された財産に対する課税

　特別縁故者が財産の分与を得た場合は、遺贈によって遺産を取得したのと同様の課税関係になります（相法4）。つまり、個人が分与を受けた場合は相続税が課税され、法人が分与を受けた場合は法人税が課税されます。

　ただし、一般の遺贈の場合と異なり、分与の効果は審判確定によって生じますので、分与財産の評価は、分与の審判の確定時の時価になります（相法4）。相続財産は値上がりすることもありますが、値下がりすることもありますので、分与時の評価とすることは当然です。これに対して、適用されるのは相続開始時の相続税法なので、税率の変更などがあった場合には注意が必要です（大阪高裁昭和59年11月13日判決・税務訴訟資料140号219頁）。

　相続税の課税価格の計算では、負担した債務や葬式費用が控除できるのは、相続人又は包括受遺者に限られています（相法13）。しかし、相続人等との均衡を図るため、特別縁故者が被相続人の療養看護費用等や葬式費用を負担した場合は、これらの費用を控除した価額をもって分与財産の価額とされます（相基通4-3）。

　なお、財産分与を受ける審判のために要した弁護士費用などは、相続税の課税価格の計算からは控除できません。しかし、将来、分与を受けた財産を譲渡する場合の取得費には含まれると考えるべきです（最高裁平成17年2月1日

判決・判例時報 1893 号 17 頁）。

　特別縁故者が登場するのは、相続人が不在の場合であり、相続税の基礎控除額は 3,000 万円となります。ただし、相続人の全員が相続を放棄した場合であれば、その放棄がなかったものとした場合における相続人の数をもって基礎控除の額を計算します（相法 15）。なお、特別縁故者は、一親等の血族ではないため、通常の 20％増しの税額となります（相法 18）。

　財産分与を受けた特別縁故者が、相続開始前 3 年以内に被相続人から生前贈与を受けた財産の価額は相続税の課税価格に加算されます（相法 19、相基通 4 － 4）。これはみなし相続財産の場合も同様ですから、被相続人が保険料を負担していた生命保険金について、特別受益者が受取人に指定されていた場合も同様です。

　相続人の場合の相続税の申告期限は、相続の開始があったことを知った日の翌日から 10 ヶ月以内です（相法 27）が、特別縁故者の場合の申告期限は、審判の確定の日の翌日から 10 ヶ月以内となります（相法 29）。

2　分与を受けた財産の譲渡

　相続、遺贈又は贈与により取得した資産を譲渡した場合は、譲渡所得に係る取得費と取得時期は、被相続人のものを引き継ぎます（所法 60）。しかし、特別縁故者への財産分与は、所得税法 60 条による遺贈による取得とはみなされないため、取得価額は承継されません。その場合に取得価額はゼロとされるのか（所法 38）、相続により取得したものとみなされて、分与時の時価相当は課税済みとみなされるのか（所法 9 ①十六）。財産分与を受けた財産を譲渡するという場面が少ないためか結論が示されていません。

　相続又は遺贈により取得した財産を相続税の申告期限の翌日から 3 年を経過する日までに譲渡した場合は、譲渡所得の計算上、相続税額のうち一定額が取得費に加算されます。この規定は、特別縁故者が分与財産を申告期限の翌日から 3 年を経過する日までに譲渡した場合においても適用されます（措法 39、相法 4）。

　非上場の株式会社の株式をその発行法人に対して譲渡した場合は、みなし配当所得として総合課税されます（所法 25）。しかし、相続財産の分与によって取得した株式を申告期限の翌日から 3 年を経過する日までに譲渡した場合は、

譲渡所得として分離課税の対象とされます（措法9の7、相法4）。ただし、この適用を受けるためには、相続税が課税された者であることが必要です。

民法第959条（残余財産の国庫への帰属）

(残余財産の国庫への帰属)
第959条 前条の規定により処分されなかった相続財産は、国庫に帰属する。この場合においては、第956条第2項の規定を準用する。

民法上の理解

　相続人が不存在の場合には、相続財産は法人となり（民法951）、相続財産管理人が選任されます（民法952①）。管理人は相続財産の管理を行い、債権者や受遺者に弁済を行います（民法957）。相続人の捜索を行い（民法958）、それでも相続人が不存在の場合には、特別縁故者への相続財産の分与を行います（民法958の3）。この後に財産が残っている場合は、相続財産は国庫に帰属すると本条は定めています。

　つまり、民法は、被相続人の意思を斟酌して相続財産の帰属を決定しようとしています。そして、被相続人の意思は、相続人に相続財産を渡すことであり、もし相続人がいなければ特別の関係があった者に渡すことであると考えられることから、国庫への帰属は最終的な処分としています。

　なお、相続財産が国庫に帰属するのは管理人が財産を国庫に引き渡した時です（最高裁昭和50年10月24日判決・判例時報798号29頁）。そのため、相続財産が国庫に引き渡された後に、仮に管理人に覚知されない財産が残っていた場合には、管理人の代理権は消滅しなかったことになり、その財産の処分権は管理人に帰属することになります。

　つまり、全ての財産の処分が終わらない限りは、相続財産法人は消滅することなく、相続財産管理人が、その処分権限を維持し続けることになるわけです。

税法上の理解

　残余財産は、結局は国庫に帰属することから、相続財産法人が資産を処分

(譲渡)した時であっても、法人税の課税は要しないというのが実務です。さらに、管理期間中に相続財産にかかる果実が生じた場合にも、それについての法人税の課税は不要とするという実務があります。

　しかし、相続財産の処分代金、あるいは果実が債権者への債務の弁済に充てられ、あるいは特別縁故者に対する給付に充てられることもあるわけですから、これらの収益について、法人税の課税を不要と断言して良いのか否かについては疑問が残るところです。

§7 遺　　言

民法第960条（遺言の方式）

(遺言の方式)
第960条 遺言は、この法律に定める方式に従わなければ、することができない。

民法上の理解

1 民法が定めた遺言の形式要件

民法は、遺言について、厳格な方式を規定しています。具体的には、民法967条ないし975条で普通方式の遺言について、976条ないし984条で特別方式の遺言について、それぞれ定めています。

普通方式の遺言には、自筆証書遺言（民法968）、公正証書遺言（民法969）、秘密証書遺言（民法970）の3種類があり、一方、特別方式の遺言には、死亡危急者の遺言（民法976）、伝染病隔離者の遺言（民法977）、在船者の遺言（民法978）、船舶遭難者の遺言（民法979）の4種類があります。

ただし、特別方式の遺言書が作成されることはほとんど想定されていません。それなのに、なぜ、このような手法が民法に取り込まれているのか。おそらく、民法がフランスのナポレオン法典の翻訳版だということに理由があります。ナポレオンの時代は、平民の多くは文字を書くことができず、ヨーロッパではペストで多くの住民が死亡し、大航海時代で船舶の遭難が珍しくもない時代でした。そのような時代背景から導入された遺言形式が、そのまま日本民法に導入されて残存していると理解することができます。したがって、実際の実務で、緊急時の遺言を利用することは想定されず、死亡後に効力を生じる遺言について、この種の限界手法は採用しないのが常識的な判断です。

民法で定めた方式に反する遺言は、遺言者の意思が証明された場合においても、遺言としての効力は有しません。ただし、遺言としては無効でも、死因贈与契約の要件を整えている場合は、死因贈与契約として救済される場合があります（東京高裁昭和60年6月26日判決・判例時報1162号64頁等）。死因贈与契約は口頭で締結することも可能ですから、家庭内の会話、あるいは遺言書を作成するための打合せ段階での会話をもって、口頭による死因贈与契約の成

立が認定できる場合があります。

　ただし、書面によらない贈与は何時でも撤回できます（民法550）。そして、贈与者が死亡した時は、取消権は相続人に承継されるので、死因贈与に納得しない相続人がいる場合は、相続人が死因贈与契約を撤回してしまうという事態も想定されます（東京高裁平成3年6月27日判決・判例タイムズ773号241頁）。

2　遺言代用信託の利用

　遺言書に代わって遺言代用信託を利用することも提案されています。つまり、生前に信託を設定し、生前は委託者自身が受益者になる自益信託ですが、相続開始と同時に受益権を相続人等に承継させて、相続人等が信託の給付を受ける他益信託になる信託です（信託法90）。

　信託銀行などが「遺言信託」という業務を行っていますが、これは遺言書の作成から派生する一連の業務を信託銀行が行うサービスの通称名であって、遺言信託（信託法3二）とも、遺言代用信託（信託法90）とも異なるサービスです。

3　遺言書の作成は必要か

　さて、遺言書を作成する必要があるのか。弁護士に聞けば相続は揉めると答えると思います。しかし、それは当然なのです。揉めた相続しか弁護士のところには来ません。マスコミが揉めた相続を報道しますが、それも当然です。揉めた相続でなければニュース価値がありません。100人の弁護士に聞けば遺言書は作成しておいた方が良いと答えるはずです。しかし、その100人の弁護士に「先生は遺言書を作成しているか」と質問すれば、おそらく、100人の全員が遺言書は作成していないと答えると思います。

　多くの家庭では遺言書が存在しなくても円満な遺産分割が行われています。逆に、自分が死んだ後の財産のことまで決めたがる人達の方が圧倒的に少数です。遺言者が考えている遺産分割が、相続人にとっても良い遺産分割である保証もありません。それが、一般には遺言書が作成されていない理由で、一般の人達が間違っているとは思えません。

　ただ、だからといって遺言書の作成が不要とは言えません。子のない夫婦の場合は遺言書は不可欠です。「全ての財産は妻に相続させる」という一文の遺

言書が夫の兄弟甥姪を相手にした遺産分割の必要性を防いでくれます。離婚、再婚、認知など、多様な事柄が戸籍に記載されている方も遺言は不可欠です。子供に問題のある家庭、たとえば、音信不通の子がいる場合や、子が刑務所に入っている家庭では遺言書が必要です。逆説的には、裕福な家庭よりも、財産が少ない家庭の方が遺言書が必要です。相続を争うゆとりが無いからです。相続人が海外赴任中の場合は、国外転出時課税（918条の解説を参照）を避けるためにも遺言書の作成が不可欠です。

　相続人の中に成年後見が開始している者が存在する場合も、遺産分割や、その後の財産管理のことを考えれば遺言書は不可欠です。遺言書が無い場合は、成年後見人は、被後見人について法定相続分の遺産の取得を要求します。もっとも、遺言書が作成されている場合でも、遺留分侵害額の請求をするのが成年後見人の義務と考えるのが一般です。

税法上の理解

　遺言が存在せず、あるいは瑕疵がある場合でも、相続人の全員が被相続人の遺志を尊重するということであれば、民法は、それに口出しをすることはありません。

　例えば、夫が先に死亡した場合において、夫の父母と一緒に生活していた妻（嫁）には義父母の財産の相続権がありません。この場合でも、相続人（この場合は義父母の兄弟と甥姪）の全員が納得すれば、妻に相続財産を取得させることが可能です。しかし、税務では、このような場合には、法定相続人に課税される相続税に加えて、妻（嫁）に対する贈与税が課税されます。相続税に比較し、贈与税の負担は非常に高額になりますので、実務的には、当事者の善意が実行不能になる場合があります。

　そのような場合に問題になるのが、口頭による遺言、あるいは口頭による死因贈与契約の存在です。口頭による遺言は、本条によって効力が否定されていますが、口頭による死因贈与契約であれば民法上は有効です。

　では、当事者の全員が口頭による死因贈与の存在を認めている場合に、税務はそれを認めるのでしょうか。この点については、審査請求、あるいは訴訟になった事案が見当たらず、税務調査の現場での判断しか存在しないのが現状で

す。仮に、故人の日記、メモ、葉書など、どのようなものであれ、死因贈与を証明する証拠書類があれば、税務上もそれが尊重されることになります。

しかし、書面による証拠が存在せず、当事者の主張だけという場合に、税務の現場で死因贈与契約を認めて貰うことは、それなりに難しいというのが実情です。そのような場合は、相続開始後に、相続人の全員と受贈者によって、口頭による死因贈与が行われていた事実を確認する旨の書面を作成するのも1つの方法です。

実務で、そのような方法での死因贈与契約が認められた幾つかの事例を聞いていますが、ただ口頭による死因贈与で救済されるのは、前述した事例、つまり、夫の死後に義父母と一緒に生活していた妻（嫁）への死因贈与など、それなりの必然性がある事案に限ると考えるべきです。

遺言代用信託（信託法90）については、生前は自益信託なので課税関係が生じることはありません。死亡と同時に受益権が妻や子に移転し、その時点で信託に関する権利を遺贈により取得したものとみなされます（相法9の2）。受益者は、「当該信託の信託財産に属する資産及び負債を取得し」たものとみなされますので（相法9の2⑥）、特定小規模宅地等（措法69の4）などの特例の適用を受けることも可能です。

民法第961条（遺言能力）

(遺言能力)
第961条　15歳に達した者は、遺言をすることができる。

民法上の理解

民法上、18歳以上が成年とされ（民法4）、18歳未満の未成年者については、行為能力が制限されています（民法5）。未成年者の場合、通常の取引行為は、親権者等の法定代理人の同意がなければなし得ないのが原則になっています。

しかし、遺言能力については、本条により、15歳以上の者であれば遺言書を作成することができます。もちろん、遺言者に意思能力が必要（民法3の2）なことは、法律行為一般と同じなので、その遺言の内容が遺言者に理解されて

いることが前提になります。

15歳未満である場合には、たとえ法定代理人の同意があったとしても、遺言をすることはできません。15歳未満の者が遺言書を作成していた場合に、その後、15歳に達してから相続が開始した場合でも遺言書は有効にはなりません。

民法第962条（遺言能力②）

（遺言能力②）
第962条 第5条、第9条、第13条及び第17条の規定は、遺言については、適用しない。

民法上の理解

遺言は、民法の行為能力に関する制度の適用を受けず、制限能力者である未成年者（民法5）、成年被後見人（民法9）、被保佐人（民法13）、被補助人（民法17）であっても単独で遺言をすることができます。したがって、行為能力を有していなかったことを理由として遺言を取り消すことはできません。

遺言は、遺言者本人の最終的な意思を尊重する制度ですが、行為能力に関する制度が適用されるとすれば、本人以外の後見人らの意思によって、遺言の効力が左右されることになります。そのため、制限能力者であっても単独で遺言ができるものとされています。

もっとも、遺言をした時点で意思能力を有していることが必要です（民法3の2）。遺言時に精神疾患などによって意思能力を失っていた場合には、当然、その遺言は無効となります。また、未成年者については、15歳に達していなければなりません（民法961）。

なお、成年被後見人が遺言する場合については、医師2名以上が立ち会い、民法が定めた方式に従って遺言者が心神喪失の状況になかったことを証明する必要があります（民法973）。また、成年被後見人や未成年者が遺言をする場合には、その後見人やその配偶者・直系卑属の利益となる遺言をすることができないという制限があります（民法966）。

民法第963条（遺言能力③）

> （遺言能力③）
> 第963条　遺言者は、遺言をする時においてその能力を有しなければならない。

民法上の理解

　遺言は、民法の行為能力に関する制度の適用を受けませんから（民法962）、未成年者や成年被後見人のような制限行為能力者であっても単独で遺言をすることができます。

　しかし、遺言時に意思能力（民法3の2）を有していなければならず、意思能力を欠いた者の遺言は当然に無効になります。本条は、その意思能力が要求されるのは遺言時であるという当然のことを注意的に規定したものです。

　すなわち、遺言者がその後に意思能力を失ったとしても、遺言時に意思能力を有していたのであればその効力は失われません（民法963）。また逆に、遺言時に意思能力を有していなければ、その後に意思能力を回復したとしても、遺言が有効に転じることはありません。

民法第964条（包括遺贈及び特定遺贈）

> （包括遺贈及び特定遺贈）
> 第964条　遺言者は、包括又は特定の名義で、その財産の全部又は一部を処分することができる。

民法上の理解

　本条は、遺贈について定めています。遺贈とは、無償の財産処分行為であり、受遺者に対して無償で財産的利益を与えることを指します。また、遺贈は包括遺贈と特定遺贈に分けることができます。

　包括遺贈とは、遺贈の目的の範囲を、遺贈者が自己の財産全体に対する割合をもって表示した遺贈をいいます。これに対して、特定遺贈とは、遺贈の目的

が特定されており、例えば「A土地を妻に与える」というような遺贈をいいます。

包括遺贈と特定遺贈の違いとして、前者は相続人と同一の権利義務を取得する（民法990）のに対し、後者は受遺者が特定の財産だけを取得するという違いがあります。

なお、遺贈は単独行為である点で、契約である死因贈与とは異なります。

遺言者は、その財産を遺言による意思表示で自由に処分することができます。ただし、公序良俗に反すると解されるときは無効となります（民法90）。例えば、不倫な関係にある女性への遺言による財産処分がこれにあたります（東京地裁昭和58年7月20日判決・判例時報1101号59頁）。ただし、裁判例は、重婚的な内縁関係を認めるなど、婚姻関係の評価について柔軟な対応を採用しつつあります。したがって、妻との婚姻関係が事実上破綻した後に開始された内縁関係で、それが長期にわたっている場合などは、公序良俗に反しないと判断されることもあります（仙台高裁平成4年9月11日判決・判例タイムズ813号257頁）。

改正前の条文では、本条には「ただし、遺留分に関する規定に違反することができない」という一文がありましたが、これが削除されました。遺留分に反する遺言も有効であって、ただし、遺留分侵害額の請求の対象になるだけですから、この但し書きの削除は当然のことです。

古くは登録免許税の節税のために、遺言書には、遺贈ではなく「相続させる」という文言を利用する習慣がありましたが、現在（平成18年4月1日以降）は、法定相続人に対する遺贈についても相続登記と同額の登録免許税になっています（登録免許税法17①）。

税法上の理解

1 債務の承継割合

包括遺贈の場合における債務の承継割合については、民法上の理解と、税法上の理解に差異が生じています。

民法上は、債務は、法定相続割合で承継すると理解されていますが（最高裁平成21年3月24日判決・判例タイムズ1295号175頁）、相続税法基本通達13－3は、債務は包括遺贈の割合で承継されるとしているからです。債務の

承継割合については、国税通則法5条も、租税債務について、法定相続割合ではなく、包括遺贈、あるいは相続分の指定の割合で承継するとしています。

　債権を法定相続割合で承継すると考えたのでは債権者の権利を害してしまうかもしれません。遺産が特定遺贈され、あるいは死因贈与された場合であれば、詐害行為取消権（民法424）による追求が可能と思えますが、これが包括遺贈や相続分の指定で行われた場合に、法定相続分を超える部分に対して詐害行為取消権が行使できるのか否かは定かではありません。つまり、債務は法定相続分で承継されるのに対し、資産が法定相続分と異なる割合で包括遺贈され、あるいは相続分の指定が為された場合は、相続財産からの債権の回収が困難になってしまいます。そのような場合に備えて財産分離（民法941）の手続が準備されていますが、その実行は容易ではありません。資産と債務の承継割合を一致させるという国税の取り扱いが合理的と思えますが、民法は、それを採用していません。

② 小規模宅地の評価減

　特定の財産だけを遺言書により取得していて、その他は未分割状態だった場合でも、その特定の財産が要件を満たせば小規模宅地等の特例（措法69の4）を受けることができます。

　ただし、小規模宅地の評価減の対象になる土地が複数の場合で、それらの帰属が複数の相続人に分散する場合には、その中から小規模宅地の評価減の対象にする土地を特定し、対象地を相続した者の全員の署名押印が必要です。この合意が整わない場合は、遺言書が存在しても、小規模宅地の評価減の特例が受けられないことになります。さらに、未分割ではないので「申告期限後3年以内の分割見込書」の提出も認められません。小規模宅地の評価減を受ける土地、あるいは相続人を遺言書で指定する方法はありません。

　大都市における相続では、小規模宅地の特例こそが、もっとも重要な相続税の軽減策です。争いが生じる可能性のある相続では、遺言書の作成段階から検討しておくべき重要項目です。

③ 法人に対する遺贈

　遺贈は法人に対しても行うことができますが、法人に対する遺贈については課税上の問題が生じてしまいます（最高裁平成4年11月16日判決・判例時報

1441号66頁)。

　まず、遺贈の対象になった資産が、被相続人から法人に譲渡されたとみなされます。

　したがって、それが含み益を生じさせる土地などの資産の場合は、被相続人に対して譲渡所得課税が行われることになります（所法59①一）。さらに、受遺者である法人については、資産の時価相当額を受増益として、法人税が課税されます（法法22②）。その場合に適用される遺贈財産の評価額は、相続税評価額ではなく、実勢価額です。

　遺産が法人に遺贈された場合は、被相続人に対して譲渡所得課税が行われるのですが、当然のことながら、その時点では被相続人は死亡しています。したがって、譲渡所得について、所得税の申告（準確定申告）を行うのは法定相続人であり、また、所得税額を負担するのも法定相続人ということになってしまいます（通則法5）。

　資産は法人に遺贈されてしまうにも関わらず、相続人が所得税を負担するという結果は、当事者の予想に反することが多いと思います。

　したがって、法人に対し、土地などの含み益のある資産を遺贈する場合には、譲渡所得について、所得税の処理と負担についても予め考慮した遺言書の作成が必要になります。

　遺贈が公益法人等に対するものである場合は、租税特別措置法40条の申請を行うことで譲渡所得課税が免除される特例があります。

　資産を換価し、その換価代金を遺贈するという遺言の場合も、換価の結果として生じる譲渡所得に対する所得税は、法定相続人が負担することになってしまいます。この場合も、予め、所得税の負担について検討しておく必要があります。

民法第965条（相続人に関する規定の準用）

（相続人に関する規定の準用）
第965条　第886条及び第891条の規定は、受遺者について準用する。

民法上の理解

1 胎児の受遺能力

遺贈によって受遺者が権利義務を取得するためには、その効力が生じた時点で生存し、権利能力を備えている必要があります。しかし、胎児については、相続に関する胎児の権利能力の条文（民法886）が準用され、受遺能力が認められています。

したがって、遺贈者が死亡した時点において（民法985）、既に懐胎していた胎児は受遺者となることができます。もっとも、胎児にはまだ氏名がありませんから、遺言書には「妻○○の胎児」といった表現で特定することになります。

しかし、遺贈者の死亡時にまだ懐胎していない胎児は受遺者となることができないと解されています。

そのため、例えば、将来生まれるであろう初孫に遺贈するという遺言は、遺言者死亡時までに初孫が懐胎されていなければ、効力を生じないことになります。

なお、死産の時は、その胎児は遺産を取得できません（民法886②）。そして、胎児への遺贈が効力を有しなかったときは、遺贈された財産は相続財産に帰属することになります（民法995）。

2 受益者連続信託の利用

信託法に定める受益者連続信託（信託法91）を利用すれば、相続開始時には存在しない孫等にも遺産を相続させることが可能になります。遺言代用信託（信託法90）をもって長男を死亡時の受益者として指定し、その後に長男が死亡した場合は生まれていない孫を受益者にするという受益者連続信託です。信託法91条は受益者連続信託を次のように定義しています。

「受益者の死亡により、当該受益者の有する受益権が消滅し、他の者が新たな受益権を取得する旨の定め（受益者の死亡により順次他の者が受益権を取得する旨の定めを含む。）のある信託は、当該信託がされた時から30年を経過した時以後に現に存する受益者が当該定めにより受益権を取得した場合であって当該受益者が死亡するまで又は当該受益権が消滅するまでの間、その効力を有する」。長男に持株を贈与するが、長男に万が一のことがあった場合には、そ

の株式は、長男の妻ではなく、孫に相続して欲しい。そのような場合は、既に生まれている孫、あるいは、まだ、生まれていない孫を受遺者連続信託の受益者に指定することが可能です。

③　受遺者の欠格理由

　相続については、不正な行為をした者から相続資格を剥奪する相続欠格の制度があります（民法891）。

　遺贈においても、相続の場合と同様、欠格事由にあたる不正な行為をした受遺者は、その受遺資格を剥奪されます。

　例えば、詐欺や強迫によって遺言書を作らせた場合には、その行為は欠格事由にあたり、受遺者になることができません（民法891四）。そのほか、どのような行為が欠格事由に該当するかについては、民法891条の解説を参照してください。

　欠格は、法律上当然にその資格を剥奪するものですから、廃除の場合のような特別の手続きを必要としません。欠格事由に該当する事実があれば、当然に、受遺者としても、相続人としても欠格となります。

　遺贈については、代襲受遺が認められていませんから、受遺者が欠格となった場合、代襲相続人が替わって遺贈された財産を取得することはありません。その財産は相続財産に帰属することになります（民法995）。

税法上の理解

　遺産を取得した胎児についての相続税の申告期限は、法定代理人が胎児の生まれたことを知った日の翌日から10ヶ月となります（相基通27－4（6））。

　相続税を申告した後になって欠格の事実が確定した場合は、その事実が確定した日から4ヶ月以内に、相続税についての更正の請求を行うことが必要です（相法32）。

　受益者連続信託の場合は、委託者の相続時に最初の受益者に相続税が課税され、最初の受益者が死亡した時に、その次の受益者に相続税が課税されます。つまり、相続税の節税には利用できません。

民法第966条（被後見人の遺言の制限）

> **（被後見人の遺言の制限）**
> 第966条　被後見人が、後見の計算の終了前に、後見人又はその配偶者若しくは直系卑属の利益となるべき遺言をしたときは、その遺言は、無効とする。
> 2　前項の規定は、直系血族、配偶者又は兄弟姉妹が後見人である場合には、適用しない。

民法上の理解

　未成年者であっても、15歳に達すると、法定代理人の同意なしに遺言をすることができます（民法961）。また、成年被後見人も、意思能力を一時的に回復していれば、医師2名以上の立会いの下で遺言をすることができます（民法973）。

　しかし、本条1項は、後見に付された未成年者又は成年被後見人による遺言について、特別の制限をしています。すなわち、これら被後見人が、後見人又は後見人の配偶者や直系卑属（子や孫）の利益になる遺言をしたときは、その遺言は無効とされます。

　これは、後見人から影響を受けやすい立場にある被後見人が、後見人やその近親者に対し、不当な利益を与えてしまうことを防止するために設けられた制限です。

　ただし、後見人が、被後見人の直系血族、配偶者、兄弟姉妹である場合には、この制限はなく、自由な内容の遺言をすることが可能です。

　直系血族、配偶者又は兄弟姉妹への遺贈などは無効とされていないことから、本条は、後見人との利益相反というよりも、後見人の職務の正当性の保証と位置付けるのだと思います。

　なお、本条による制限が適用されるのは、後見の計算の終了前における遺言です。後見人は、任務が終了すると、2ヶ月以内にその管理の計算をし、後見事務の執行において生じた財産の変動や現状を明らかにしなければなりません（民法870）。本条の制限がなくなるためには、単に後見人の任務が終了しただ

けでなく、この後見の計算が終了していることが必要となります。

　後見人等に対する遺贈には上記のような制限がありますが、それでも、後見人に遺産を遺したい場合は、利益相反行為を理由として家庭裁判所から特別代理人の選任（民法860、826）を得て、死因贈与契約を作成するという方法を採用することになります。

民法第967条（普通の方式による遺言の種類）

> （普通の方式による遺言の種類）
> 第967条　遺言は、自筆証書、公正証書又は秘密証書によってしなければならない。ただし、特別の方式によることを許す場合は、この限りでない。

民法上の理解

1　普通の方法による遺言

　遺言書は、遺言者の死後に効力を生じる書面なので、作成者の真意を確保し、偽造や変造などの事故を防ぐために厳格な要件が要求されます。そのため、遺言書の作成方法が限定されていますが、その一つが本条が定める普通方式による遺言です。

　遺言の方式として認められているものは、普通の方式として、自筆証書（民法968）、公正証書（民法969）、秘密証書（民法970）があります。

　また、遺言を残そうとする人の置かれている状況によっては、要件が緩和された特別の方式も認められます。この特別方式の遺言には、死亡危急者の遺言（民法976）、伝染病隔離者の遺言（民法977）、在船者の遺言（民法978）、船舶遭難者の遺言（民法979）の4種類が定められています。

　特別方式の遺言は、常に認められるものではなく、普通方式の遺言ができないやむを得ない事情があると判断される場合に限り、例外的に許されます。そのため、特別方式で作成された遺言は、遺言をした者が普通方式で遺言をすることができるようになった時から6ヶ月間生存するときは、その効力を失うとされています（民法983）。

2 死因贈与契約としての救済

　遺言書としての要件が欠ける場合でも、死因贈与契約書としての効力が認められることがあります。

　ただし、死因贈与契約の場合は、あくまでも契約ですから、生前に、贈与者と受贈者の合意が成立していることが必要です。遺言書としての効力を否定したものの、その代わりに死因贈与契約書としての効力を認めた判決に、次のようなものがあります。

　被相続人がその妻に全ての財産を遺贈する旨の秘密証書遺言をしましたが、この遺言は秘密証書遺言としても、自筆証書遺言としても要件を備えていないもので、遺言書としては無効になりました。しかし、裁判所は、被相続人が遺言書をその妻に交付したことにより、被相続人と、その妻との間で遺言と同じ内容の死因贈与契約が成立したと認定しました（東京地裁平成16年9月28日判決・判例集未掲載）。

　逆に、被相続人の死亡後に、初めて相続人と受遺者らに遺言書が提示された場合には、判決は無効な遺言の死因贈与への転換は認められないとしています（仙台地裁平成4年3月26日判決・判例時報1445号165頁）。

　つまり、死因贈与という契約が成立するためには、申込みと承諾が必要であり、判決は、遺言者（贈与者）が受遺者に生前に書面を交付したことをもって申込みと承諾があると認定しているのです。

　死因贈与契約についても、執行者を指定することが可能です。死因贈与執行者は、死因贈与の執行に必要な一切の行為をする権利義務を有します。

　相続人が相続不動産につき自己名義の所有権移転登記をしているときは、死因贈与執行者は、受贈者への真正な登記名義の回復を原因とする所有権移転登記手続を求めることができるとした判決があります（東京地裁平成19年3月27日判決・判例時報1980号99頁）。

税法上の理解

　税法上の観点からみた場合に、どの形式を選択したとしても、相続税について差異はありません。

　当然のことながら、遺言書は、遺言者の死亡後に効力を生じます。その段階

で補正することが不可能なことから、確実な遺言を行うためには、遺言の内容と形式について争いが生じることが少ない公正証書遺言としておくのが無難です。ただし、次条で説明するように、自筆証書遺言についても、作成が容易になり、「法務局における遺言書の保管等に関する法律」によって当事者確認や形式審査などが行われ、検認手続も省略されますので、公正証書遺言を作成する手間や費用を節約するために、今後は、自筆証書遺言が主役になることも期待されます。

遺言書が作成されている場合でも、相続人の全員の合意をもって遺言書と異なる遺産分割が行えることは、902条で解説したとおり、どの方式の遺言書の場合であっても同じです。

ただし、法定相続人以外の第三者に対し、一部の資産が遺贈されている場合は、受遺者の権利は遺産分割で侵害することはできませんから、遺言書に反する遺産分割は行えないことになります。この場合には、第三者に対する遺贈は実行し、その他の相続人に対する遺贈、あるいは相続分の指定については、相続人はこれを放棄し、その後、未分割遺産に復した相続財産について、相続人の全員をもって遺産分割協議を行うことになります。

民法第968条（自筆証書遺言）

（自筆証書遺言）
第968条　自筆証書によって遺言をするには、遺言者が、その全文、日付及び氏名を自書し、これに印を押さなければならない。
2　前項の規定にかかわらず、自筆証書にこれと一体のものとして相続財産（第997条第1項に規定する場合における同項に規定する権利を含む。）の全部又は一部の目録を添付する場合には、その目録については、自書することを要しない。この場合において、遺言者は、その目録の毎葉（自書によらない記載がその両面にある場合にあっては、その両面）に署名し、印を押さなければならない。
3　自筆証書（前項の目録を含む。）中の加除その他の変更は、遺言者が、その場所を指示し、これを変更した旨を付記して特にこれに署名し、かつ、その変更の場所に印を押さなければ、その効力を生じない。

民法上の理解

1 自筆証書遺言の要件

　自筆証書遺言は、遺言者本人が、全文、日付け、氏名を自書し、かつ押印をしなければなりません。

　遺言者が真正に作成した遺言であることを筆跡などで保証するためです。ただし、物件目録についてはパソコンで作成し、あるいは他の者の筆記に頼ることが可能です。遺言の全文を、自筆で、間違いなく作成することは容易ではないことに配慮したものです。目録の形式には制限が無いので、不動産の登記事項証明書や、預金通帳の写しを添付し、それを目録とすることも認められます。目録が適正に添付されたことを証明するために目録の毎葉には遺言者が署名押印する必要があります。目録の記載が両面に及ぶ場合は、その両面への署名押印が要求されます。

　さらに、自筆証書遺言について要求されていた検認手続（民法1004）の省略が可能になりました。「法務局における遺言書の保管等に関する法律」に基づき、遺言者本人（同法4①）が「遺言者住所地若しくは本籍地又は遺言者が所有する不動産の所在地を管轄する遺言書保管所」に保管を申請した場合は、家庭裁判所での検認手続は適用されない（同法11）ことにしています。さらに、遺言書保管官によって遺言の形式的な要件の審査を受けることができます（同法4②）。

　遺言書の保管に際しては遺言書保管官による本人確認手続（同法5）が為されますので、後に、本人の意思に基づかない偽造の自筆証書遺言であるという争いが生じることを防ぐことができます。

　自筆証書遺言でなく、公正証書遺言が選択されたのが従前の実務でしたが、自筆証書遺言の欠点が解消された改正法の下では、公証人に支払う手数料や、公証人役場に出向き、さらに証人2名を準備する手間などを考えると、公正証書遺言に代わり、自筆証書遺言が遺言書の主人公の地位に代わることも予想されます。公正証書遺言の作成には公証人との打合せを含めて3週間程度の日時を要しましたが、自筆証書遺言であれば、その場で作成できてしまいます。

2 自筆証書遺言が無効になった事例

　本条にいう「自書」について、その解釈が問題となる場面があります。例えば、遺言者以外の者が手を添えた場合について、遺言を無効とした事例があります（最高裁昭和62年10月8日判決・判例時報1258号64頁）。また、パソコンや点字機等の機械を用いた場合も「自書」とは認められず、録音テープ等の記録媒体に録音した場合も無効です。

　遺言書のコピーは遺言とは認められませんが、遺言書が存在したことの証明になる場合があります。つまり、相続人の1人が遺言書を破棄してしまった場合にも、遺言書のコピーが存在すれば、遺言書が作成されたことの証明となり、遺言が有効とされる場合があります（東京高裁平成9年12月15日判決・判例タイムズ987号227頁）。

　次に、「日付け」の自書については、存在し得ない日付けが記入されている場合や、日付けの記載を欠く場合は遺言は無効です。ただし、遺言者の遺志は可能な限り救済するということも必要ですから、明らかな誤記については有効と解するのが判決例の流れです。

　例えば、大阪地裁平成18年8月29日判決（判例タイムズ1235号282頁）は、「平成二千年一月十日」という表記が、「西暦2000年」あるいは「平成12年」を指すものとして有効と認めました（類似の判決として最高裁昭和52年11月21日判決・金融商事判例538号16頁等）。

　「平成元年一一月末」の記載は「月の末ころ」ではなく「月の末日」を表記したものとして有効と解しています（東京地裁平成6年6月28日判決・金融商事判例979号31頁）。

　これに対して「昭和四拾壱年七月吉日」との記載は無効とされます（最高裁昭和54年5月31日判決・判例時報930号64頁）。遺言は、最新のものが優先（民法1023）することから、作成日が特定されていることが必要だからです。

　自筆証書遺言の場合は、弁護士等の専門家が関与しているとは限らないため、記載された内容が不明確な場合があります。例えば、東京高裁平成9年11月12日判決（判例タイムズ980号246頁）の事案は、「遺言者はその所有に係る家屋と借地権を自由に裁量処分することを相続人に委任する」、「遺言者が相続人に貸付けてある貸付金は相続の時基礎控除で差引く」との条項の解釈が訴訟

で争われました。

「押印」については、「遺言者が印章に代えて拇指その他の指頭に墨、朱肉等をつけて押捺すること」でも良いとするのが判例（最高裁平成元年2月16日判決・判例時報1306号3頁）です。

署名が存しても、押印が欠ける場合は遺言としては無効になりますが、日本に帰化した外国人について、これを有効とした判例もあります（最高裁昭和49年12月24日判決・判例時報766号42頁）。

③ 自筆証書遺言の加除その他の変更

遺言の文中に加除その他の変更を加えたときは、遺言者がその場所を指示し、変更した旨を付記して署名し、さらに変更した箇所に押印をしなければならないとされています。

そのため、遺言に800万円とあったのを、8を10に置き換えて1,000万円に変更したような場合には、変更箇所に押印をした上で、その上部又は下部の欄外に、「3行目の1字削除2字加入」というように付記をし、かつ、署名する必要があります。

契約書などについて変更をした場合に行われる通常の訂正方法とは形式が異なりますので、誤記などの修正がある場合は、初めから遺言書を書き直すほうが安全です。

民法第969条（公正証書遺言）

（公正証書遺言）
第969条　公正証書によって遺言をするには、次に掲げる方式に従わなければならない。
一　証人2人以上の立会いがあること。
二　遺言者が遺言の趣旨を公証人に口授すること。
三　公証人が、遺言者の口述を筆記し、これを遺言者及び証人に読み聞かせ、又は閲覧させること。
四　遺言者及び証人が、筆記の正確なことを承認した後、各自これに署名し、印を押すこと。ただし、遺言者が署名することができない場合は、公証人がその事由を付記して、署名に代えることができる。

> 五　公証人が、その証書は前各号に掲げる方式に従って作ったものである旨を付記して、これに署名し、印を押すこと。

民法上の理解

1　公正証書遺言の手続き

　公正証書遺言は、公証人が遺言者の口述を筆記して作成する遺言書で、もっとも確実な遺言書の作成方法です。

　しかし、前条について解説した「法務局における遺言書の保管等に関する法律」による対応によって、自筆証書遺言に内在した不安事項が解消されましたので、公正証書遺言の優位性は後退すると予想されます。

　公正証書遺言の作成には2人の証人の立会いが要請されます。証人は、遺言者に人違いがないこと、精神状態が確かなこと、遺言が真実に成立したものであることを証明し、また、公証人の職権乱用を防ぐために立ち会うことになります。

　証人については、①未成年者、②推定相続人、受遺者及びその配偶者ならびに直系血族、③公証人の関係者については欠格事由とされています（民法974）。

　遺言書は遺言者本人の意思によって作成される必要があることから、遺言者本人が、遺言の趣旨を公証人に言語をもって口頭で述べることが求められます。

　従前は、手話によって公正証書遺言を作成する事は不可能でしたが、新設された民法969条の2によって、手話による公正証書遺言の作成も可能になりました。

　遺言の内容は、必ずしも逐一正確に口頭で述べる必要はなく、遺贈物件の詳細については書面で特定することも認められています。

　公証人は遺言者の口述を筆記し、これを遺言者と証人に読み聞かせます。実務的には、事前に遺言書の原稿などを公証人に提出し、その趣旨の遺言書の原案を公証人が作成した上で、その後、遺言者から口述を受けて書面の趣旨と一致することの確認を得る方法で、公正証書遺言が作成されます。

　遺言者と証人は、筆記の正確なことを承認した後、各自これに署名し、押印します。遺言者が読書きができない場合や、手の機能に障害がある場合、さら

に重病の場合は、遺言者が署名をすることができない場合として、公証人がその事由を付記し署名に代えることができます。なお、遺言者本人については実印と印鑑証明書が必要ですが、証人については認印による処理が認められています。

公正証書遺言の作成は、公証人への手数料の支払いが必要です。この手数料の金額は相続財産の時価をもとにして計算されることになっています。このため、公証人に遺言書の作成を依頼する場合には、固定資産税評価証明書や通帳のコピーなど、手数料の計算に必要な資料を提出する必要があります。公証人は、必要があれば病院などに出張しますが、出張費用などが余分にかかることになります。

2 公正証書遺言の効力

公正証書遺言は、正本と謄本が遺言者に交付され、原本は、公証人役場に保存され、かつ、遺言を作成した事実が遺言検索システムに登録されます。

そして、遺言者の生存中は遺言者本人において、また遺言者死亡後は、法定相続人、受遺者、遺言執行者などの利害関係人によって、遺言の有無を検索することができるようになっています。

公正証書遺言については、原本が民法上の遺言とされますので、遺言書の破棄（民法1024）によって遺言を撤回する場合は、原本の破棄が必要であり、正本や謄本の破棄では、遺言書の破棄の効力は生じません。

しかし、公正証書遺言の原本は公証人が保管し、その破棄は認められませんので、新たな遺言書をもって別の内容の遺言をするか、あるいは新たな遺言書をもって従前の遺言を撤回する必要があります。

税法上の理解

公正証書遺言の場合も、相続人の全員の合意をもって、遺言と異なる遺産分割を行うことは、民法上も、税法上も可能とされています。

ただし、遺言書を前提にした相続税の申告をした後に、遺言書に反する遺産分割を行った場合は、贈与、あるいは交換などの課税関係が生じると理解すべきです。

遺言書を無視し、未分割の状態にあるものとして相続税を申告することがあ

ります。遺言書に苦情を述べる相続人がいる場合に、円満な相続を期待し、納得を得た上での遺産分割を行うことを予定して行う処理ですが、このような相続税の申告には税法上のリスクがあります。

その後、遺産分割が成立せず、遺言書での処理が必要となった場合には、既に提出した相続税の申告について更正が必要になるからです。それが法定申告期限5年内であれば、国税通則法23条1項に基づく更正の請求が可能ですが、その期間を経過してしまうと更正の請求の方法がありません。

民法第969条の2（公正証書遺言の方式の特則）

(公正証書遺言の方式の特則)
第969条の2　口がきけない者が公正証書によって遺言をする場合には、遺言者は、公証人及び証人の前で、遺言の趣旨を通訳人の通訳により申述し、又は自書して、前条第2号の口授に代えなければならない。この場合における同条第3号の規定の適用については、同号中「口述」とあるのは、「通訳人の通訳による申述又は自書」とする。
2　前条の遺言者又は証人が耳が聞こえない者である場合には、公証人は、同条第3号に規定する筆記した内容を通訳人の通訳により遺言者又は証人に伝えて、同号の読み聞かせに代えることができる。
3　公証人は、前2項に定める方式に従って公正証書を作ったときは、その旨をその証書に付記しなければならない。

民法上の理解

本条は、口がきけない者及び耳が聞こえない者が、公正証書によって遺言をする場合の規定です。遺言者が口がきけない場合には、遺言の趣旨を「口授」することができませんので、「口授」に代えて、手話などによる通訳を介して申述するか、あるいは自ら筆談をするという方法を選択することができます（民法969の2①）。

また、遺言者が耳が聞こえない者である場合には、公証人が筆記した内容を読み聞かせたとしても遺言者は認識できませんので、「読み聞かせ」に代えて、遺言者自身に閲覧させるか（民法969③）、あるいは本条2項に基づき、通訳

人の通訳によって伝えることになります。

　本条1項又は2項の方式によって公正証書を作成した時には、公証人は、その旨を公正証書に付記しなければならないことになっています（民法969の2③）。なお、本条は969条の特則ですから、同条に定める証人2名の立会いや、遺言者と証人の署名及び押印が必要なことは同条と同様です。

　本条が適用される場面は、そもそも少なかったと推察しますが、自筆証書遺言の利用が安全、かつ、容易になったことから本条が適用される場面は、さらに減少するものと推察されます。

民法第970条（秘密証書遺言）

（秘密証書遺言）
第970条　秘密証書によって遺言をするには、次に掲げる方式に従わなければならない。
　一　遺言者が、その証書に署名し、印を押すこと。
　二　遺言者が、その証書を封じ、証書に用いた印章をもってこれに封印すること。
　三　遺言者が、公証人1人及び証人2人以上の前に封書を提出して、自己の遺言書である旨並びにその筆者の氏名及び住所を申述すること。
　四　公証人が、その証書を提出した日付及び遺言者の申述を封紙に記載した後、遺言者及び証人とともにこれに署名し、印を押すこと。
2　第968条第3項の規定は、秘密証書による遺言について準用する。

民法上の理解

　秘密証書遺言は、遺言の内容を秘密にしつつ遺言の存在を明確にしておきたい場合に用いられる遺言の方式ですが、あまり利用されてはいません。この方式には公証人と証人2名以上の関与を必要としますが、その手間と費用をかけるのであれば、通常は公正証書遺言をした方がよいからです。

　秘密証書遺言をするには、まず遺言書の証書を作成します。

　この証書は自筆で書かれている必要はなく、パソコンであっても、誰か別人が筆記しても構いませんが、遺言者が署名と押印をする必要があります（民法970一）。

なお、証書に訂正を加える場合には、自筆証書遺言の場合と同様の厳格な方法に従わなければなりません（民法968②）。
　この遺言証書は封筒に入れたり、紙に包むなどして封書にし、同じ印鑑で封印をした上で（民法970二）、公証人に提出します。そして、公証人と2名以上の証人の立会いのもと、遺言者がその封書が自分の遺言書であること、筆者の氏名・住所を申述します（民法970三）。
　誰か別人が筆記したり、パソコンで作成したものであれば、ここでその者の氏名（本条1項3号の筆者）と住所を申述することになります。遺言者の妻がパソコンで遺言証書を作成したにもかかわらず、その申述がなかったとして、方式違反により遺言が無効と判断された判例もありますから、この要件には注意が必要です（最高裁平成14年9月24日判決・判例時報1800号31頁）。
　次に、封書の提出を受けた公証人が日付けと遺言者の申述を封紙に記載し、その封紙に遺言者と証人が署名押印すると遺言が成立します。
　この手続きをみても分かるとおり、遺言の内容は公証人にも秘密にすることができますが、そのためこの遺言書には公証力がありません。公正証書遺言であれば、遺言者がその証書のとおりの遺言をしたことが公証されますが、この方式ではその点が争われる可能性があります。そのため、公正証書遺言では不要とされる相続開始後の検認手続を必要としますし、また、封書は家庭裁判所で開封しなければなりません（民法1004）。
　この方式が利用されることが少ないのは、手続きが煩雑であるにもかかわらず、公正証書遺言のような確実さがないためです。どうしても遺言の内容を秘密にしたい場合の選択肢としては意味がありますが、そうでなければ自筆証書遺言か、公正証書遺言を選択するのが一般的です。
　もっとも、秘密証書遺言も、全国的にみれば年間で100件程度の利用があるようです。

民法第971条（方式に欠ける秘密証書遺言の効力）

> （方式に欠ける秘密証書遺言の効力）
> 第971条　秘密証書による遺言は、前条に定める方式に欠けるものがあっても、第968条に定める方式を具備しているときは、自筆証書による遺言としてその効力を有する。

民法上の理解

　秘密証書遺言をするには、民法970条に定めのある厳格な方式に従う必要があり、方式違反が1つでもあれば、その遺言は無効になってしまいます。しかし、封じられた遺言証書自体が、自筆証書遺言（民法968）としての方式を備えていれば、自筆証書遺言として有効になります。

　もっとも、秘密証書遺言では公証人の関与があるため、方式違反が生じる可能性のある部分は限られています。また、遺言書への署名押印を欠けば、自筆証書遺言としても無効となってしまいますから、本条の存在意義は余りないようにも思えます。

　しかし、注意を要するのが、証人の欠格事由の存在です。2名の証人のうち1名が、例えば受遺者の配偶者であった場合は、証人欠格事由にあたるため（民法974）、その秘密証書遺言は無効となってしまいます。ところが、秘密証書遺言では、誰が受遺者であるかを知っているのは遺言者のみですから、そのような問題がないかをチェックできるのも遺言者のみということになります。

　その意味では、秘密証書遺言をするにあたって、自筆証書遺言としての方式を備えた遺言書を用意しておいた方が、リスクの軽減になるといえるでしょう。

　なお、遺言としては無効であっても、死因贈与と認められる場合については民法967条の箇所を参照してください。

民法第972条（秘密証書遺言の方式の特則）

> **（秘密証書遺言の方式の特則）**
> **第972条** 口がきけない者が秘密証書によって遺言をする場合には、遺言者は、公証人及び証人の前で、その証書は自己の遺言書である旨並びにその筆者の氏名及び住所を通訳人の通訳により申述し、又は封紙に自書して、第970条第1項第3号の申述に代えなければならない。
> 2 前項の場合において、遺言者が通訳人の通訳により申述したときは、公証人は、その旨を封紙に記載しなければならない。
> 3 第1項の場合において、遺言者が封紙に自書したときは、公証人は、その旨を封紙に記載して、第970条第1項第4号に規定する申述の記載に代えなければならない。

民法上の理解

秘密証書遺言の手続きにおいては、原則として、遺言者が公証人と証人の前で、その遺言書が自分のものであることなどを申述する要件が求められており（民法970①三）、遺言者自身が口頭で述べる必要があります。

しかし、口がきけない者にはそのような申述ができません。そこで本条は、口がきけない場合には、申述に代えて、手話通訳を通じて申述するか、封紙に自書するかの方法をとることを認めています。

なお、遺言者による署名については、秘密証書遺言では代替措置がなく、公正証書遺言の場合における公証人の付記（民法969④）で代えることは認められていません。したがって、遺言者は署名ができる能力を備えていなければならないことになります。

民法第973条（成年被後見人の遺言）

> **（成年被後見人の遺言）**
> **第973条** 成年被後見人が事理を弁識する能力を一時回復した時において遺言をするには、医師2人以上の立会いがなければならない。

> 2 遺言に立ち会った医師は、遺言者が遺言をする時において精神上の障害により事理を弁識する能力を欠く状態になかった旨を遺言書に付記して、これに署名し、印を押さなければならない。ただし、秘密証書による遺言にあっては、その封紙にその旨の記載をし、署名し、印を押さなければならない。

民法上の理解

　成年被後見人は、精神上の障害によって事理弁識能力を欠く常況にあると認められ、家庭裁判所から後見開始の審判を受けた者であり、行為能力がありません（民法7、8）。日用品の購入のような日常生活に関する行為は別として、成年被後見人がした契約などの法律行為は取り消すことができます（民法9）。

　しかし、遺言に関しては、成年被後見人であっても、その能力を一時的に回復したときであれば遺言をする能力が認められています（民法961、962）。

　この条文についての判決は、禁治産宣告の時代のものが紹介されているだけです（名古屋地裁岡崎支部平成5年5月27日判決・判例時報1474号128頁）。能力を一時的に回復するということが、どのような場合を想定しているのかについては、精神上の障害の内容と程度によって異なりますが、躁鬱病、アルコール中毒症、統合失調症などの治療が成功した場合など、一時的な回復というよりも、一定期間の安定期が到来した場合をいうものと想像されます。

　成年被後見人が能力を回復していたことの証明は、民法が定めた方式に従わなければなりません。すなわち、遺言の際に2名以上の医師が立ち会い、成年被後見人が事理弁識能力を回復していることを証明しなければ有効な遺言とはなりません（民法973①）。

　この場合の証明は、立ち会った医師が遺言書に能力を回復している旨を付記し、署名押印する方法で行われます。自筆証書遺言でも公正証書遺言でも、同じ付記方法が必要となります。ただし、秘密証書遺言では、遺言書自体が封印されていますから、付記や署名押印は封紙にすることになります（民法973②）。

　なお、遺言者による署名や押印が遺言の方式として要求されている場合には、遺言者がその署名や押印の意味を理解している必要もあります。そのため、立会人である医師は、遺言者が遺言の内容を筆記、口述したときだけでなく、署名や押印をした時も含めて、能力を回復していたことを確認し、その旨を付記

して証明する必要があります。

　成年被後見人の遺言書の作成には、本条による厳しい制限がありますが、これこそが成年後見制度を利用する1つの理由です。振り込め詐欺の例を持ち出すまでもなく、資産を持つ高齢者は多様な人達に狙われています。その中で一番に怖いのが遺言書の作成です。身内に対して不公平な遺言書を作成してしまう場合もあるでしょうし、老後の介護をしてくれる方達への遺贈や、それを目的に近づいてきた人達への遺贈です。そのような場合でも、本人の死亡後に、本人に遺言能力が存在しなかったことを立証することは非常に困難です。立証ができなければ遺言書は有効と宣言されてしまいます。そのような不安がある場合でも、成年後見制度を利用してしまえば本条に基づく厳格な手続による保護が図られます。

民法第974条（証人及び立会人の欠格事由）

（証人及び立会人の欠格事由）
第974条　次に掲げる者は、遺言の証人又は立会人となることができない。
　一　未成年者
　二　推定相続人及び受遺者並びにこれらの配偶者及び直系血族
　三　公証人の配偶者、四親等内の親族、書記及び使用人

民法上の理解

　自筆証書遺言を除き、遺言をするには、証人や立会人の立会いが必要とされています。例えば、公正証書遺言をするには、2名以上の証人の立会いが必要です（民法969一）。

　しかし、遺言に関する事項を証明するのに不適切な者を証人や立会人とするわけにはいきません。そのため本条では、証人や立会人として欠格となる事由が法定されています。

　欠格となるのは、①未成年者、②推定相続人・受遺者とこれらの配偶者・直系血族、③公証人の関係者です。

　欠格事由にあたる者が証人となっていたため、法定の証人数を満たせない場

合には、その遺言は方式違反となります。例えば、法定の証人数の最低である2名の証人の下で公正証書遺言をし、そのうち1名がこの欠格事由に該当していた場合には、その遺言は方式違反により無効になってしまいます。

注意を要するのは、本条2号で欠格となる範囲が、直接利害を有する推定相続人や受遺者本人だけでなく、その配偶者と直系血族にも拡大されていることです。例えば、Aが親族関係のないBに遺贈する旨の遺言をする場合に、Aの子の配偶者（推定相続人の配偶者）も、Bの祖父母（受遺者の直系血族）も証人になることはできません。

このような欠格事由による制限があるため、身近な親族の中から証人として適切な人物を確保することが難しいときがあります。そのため、弁護士などの専門家が遺言書の文案作成の依頼を受けた場合には、その弁護士や法律事務所職員が証人となるのが通例です。なお、その弁護士が遺言執行者として指定されていても、遺言執行者は証人欠格事由とはなりません（大審院大正7年3月15日判決・民録24－414）。

さらに、最近は、公証人役場が証人候補者をストックしておいて、その方達に手数料を支払って証人になってもらう実務があります。まさに、見ず知らずの者が証人になるのであって、制度が機能していない一例です。

民法第975条（共同遺言の禁止）

(共同遺言の禁止)
第975条 遺言は、2人以上の者が同一の証書ですることができない。

民法上の理解

2人以上の者が1通の遺言書によって、共同で遺言することは禁じられています。

遺言は自由に撤回することができますが（民法1022）、共同遺言を許すとすれば、そうした撤回が難しくなり、遺言者の最終的な意思を尊重することができなくなってしまいます。また、1人の遺言について無効原因があった場合に、他の者の遺言の効力をどうすべきかといった複雑な法律問題が生じてしまいま

す。共同遺言が禁じられているのは、このような問題があるからです。

つまり、夫婦が共同で子供達に向けた遺言書を書いておきたい場合があるとしても、1つの遺言書で夫婦が遺言をしてしまうと、両方の遺言が無効になってしまいます。夫婦が同時に遺言書を書くことは当然差し支えありませんが、必ず別の用紙に書く必要があります。

判例には、容易に切り離すことができる場合には共同遺言には該当しないと判示したものもあります（最高裁平成5年10月19日判決・判例時報1477号52頁）。しかし、このような判例にかかわらず、2人以上が同じ紙に遺言を書くことはもちろん、2人以上が書いた複数の遺言書を綴り合わせることも避けるべきです。遺言が無効となる危険を伴いますし、仮に有効と判断されるとしても、遺言の効力が争われる原因を作ることになるからです。

ただし、共同遺言が、相互に遺贈する趣旨の内容である場合は、死因贈与契約として有効になる場合があります。例えば、夫婦が、お互いに、配偶者に全ての財産を遺贈するという内容の遺言書を共同して作成していたような場合です。

民法第976条（死亡の危急に迫った者の遺言）

（死亡の危急に迫った者の遺言）
第976条　疾病その他の事由によって死亡の危急に迫った者が遺言をしようとするときは、証人3人以上の立会いをもって、その1人に遺言の趣旨を口授して、これをすることができる。この場合においては、その口授を受けた者が、これを筆記して、遺言者及び他の証人に読み聞かせ、又は閲覧させ、各証人がその筆記の正確なことを承認した後、これに署名し、印を押さなければならない。
2　口がきけない者が前項の規定によって遺言をする場合には、遺言者は、証人の前で、遺言の趣旨を通訳人の通訳により申述して、同項の口授に代えなければならない。
3　第1項後段の遺言者又は他の証人が耳が聞こえない者である場合には、遺言の趣旨の口授又は申述を受けた者は、同項後段に規定する筆記した内容を通訳人の通訳によりその遺言者又は他の証人に伝えて、同項後段の読み聞かせに代えることができる。
4　前3項の規定によってした遺言は、遺言の日から20日以内に、証人の1人又は利害関係人から家庭裁判所に請求してその確認を得なければ、その効力を生じない。

> 5　家庭裁判所は、前項の遺言が遺言者の真意に出たものであるとの心証を得なければ、これを確認することができない。

民法上の理解

　病気又は怪我により、死の危険が迫っている者の特別の遺言方式について定めています。文字が書ける者は自筆証書遺言を作成できるため、本条1項は文字が書けない者、2項は口がきけず文字が書けない者、3項は耳が聞こえず文字が書けない者に死の危険が迫った場合の利用を想定しています。

　まず、①遺言者が3人以上の証人に遺言の内容を口授し、②口授を受けた証人が遺言の内容を筆記し、③その内容を遺言者と他の証人に読み聞かせ、④証人の署名を得た後に、⑤家庭裁判所の確認を得ることです。

　なお、通常時においては、口はきけないが、文字が書けるという者は、筆談によって公正証書遺言を作成することが可能です（民法969の2①）。口がきけず、文字が書けないという者は、通訳、つまり手話通訳による申述によって公証人に遺言の趣旨を伝えることで、公正証書遺言を作成することができます（民法969の2②）。

　公証人は、公正証書遺言の作成後に、遺言者と証人に遺言の内容を読み聞かせることが必要です（民法969三）が、耳の聞こえない者に対しては、読み聞かせの代わりに、閲覧又は手話通訳によって読み聞かせに代えることが可能です（民法969三、969の2③）。

民法第977条（伝染病隔離者の遺言）

> **（伝染病隔離者の遺言）**
> 第977条　伝染病のため行政処分によって交通を断たれた場所に在る者は、警察官1人及び証人1人以上の立会いをもって遺言書を作ることができる。

民法上の理解

　伝染病などのために隔離された地域にいる者は、公正証書遺言（民法969）

と、秘密証書遺言（民法970）を作成することができません。ただし、自筆証書遺言の作成は可能ですので、本条が適用される場合はほとんど想定されません。

本条は伝染病に限らず、一般社会との交通ができない場所にいる場合を含みます。例えば、刑務所にいる者や、地震や洪水などにより交通が遮断されている場所にいる者です。

本条の遺言書には、遺言者自身の署名と押印が必要です（民法980）。遺言者が病気などにより自署できない場合には、立会人又は証人がその理由を付け加えて記さなければなりません（民法981）。

民法第978条（在船者の遺言）

（在船者の遺言）
第978条　船舶中に在る者は、船長又は事務員1人及び証人2人以上の立会いをもって遺言書を作ることができる。

民法上の理解

在船中の者は、公証人による公正証書遺言（民法969）と、秘密証書遺言（民法970）が作成できません。ただし、自筆証書遺言の作成は可能ですので、本条が適用される場合はほとんど想定されません。

死亡危急者の遺言と異なり、遺言者が自署しうる場合が多いため、遺言者自身の署名と押印が必要です（民法980）。ただ、遺言者が病気などにより自署できない場合には、立会人又は証人がその理由を付け加えて記さなければなりません（民法981）。

本条の遺言書について、全文を遺言者が自書するなど、自筆証書遺言としての方式と要件を備えている場合には、自筆証書遺言としての効力が存続します。

しかし、遺言がそのような方式と要件を備えていない場合は、遺言者が上陸して、普通の方式によって遺言をすることが可能になった時点から起算し、遺言者が6ヶ月生存した場合には、本条に基づく遺言はその効力を失います（民法983）。

民法第979条（船舶遭難者の遺言）

（船舶遭難者の遺言）
第979条　船舶が遭難した場合において、当該船舶中に在って死亡の危急に迫った者は、証人2人以上の立会いをもって口頭で遺言をすることができる。
2　口がきけない者が前項の規定により遺言をする場合には、遺言者は、通訳人の通訳によりこれをしなければならない。
3　前2項の規定に従ってした遺言は、証人が、その趣旨を筆記して、これに署名し、印を押し、かつ、証人の1人又は利害関係人から遅滞なく家庭裁判所に請求してその確認を得なければ、その効力を生じない。
4　第976条第5項の規定は、前項の場合について準用する。

民法上の理解

　船舶が遭難し、在船者に死の危険が迫っている場合には、臨終者の遺言（民法976）と、在船者の遺言（民法978）という2つの特別な遺言方式を利用することができます。

　しかし、船舶が遭難したような危機的な場合に、民法976条又は978条に定められた方式を実行することは困難だと思えます。そのため、本条は両条の要件を更に緩和しています。

　この遺言は、証人2人以上の立会いの下、遺言者が口頭又は手話で遺言をし、証人が遺言の趣旨を筆記し、これに署名と押印をすることによりなされます。

　なお、その場で筆記する必要もなく、船舶遭難の状態が止んでから筆記しても良いと解されています。つまり、遭難時に、同船者に遺言を伝言する方法で行われる口頭による遺言です。

　本条の遺言は、口頭又は手話でなされるため、遺言者の真意を確認する必要があります。

　そのため、家庭裁判所の確認を得なければなりません（民法979③）。この確認は、遭難が止んで、確認審判の申立てができるようになった時から遅滞なく申し立てる必要があります。

民法第980条（遺言関係者の署名及び押印）

> （遺言関係者の署名及び押印）
> 第980条　第977条及び第978条の場合には、遺言者、筆者、立会人及び証人は、各自遺言書に署名し、印を押さなければならない。

民法上の理解

　本条は、伝染病隔離者と船舶者の遺言がなされた場合（民法977、978）は、遺言者、筆者、立会人と証人が署名と押印をすべきことを定めています。

　署名と押印をすべき者とは、遺言者、立ち会った警察官（民法977）、船長又は事務員（民法978）などと証人です。

　また、遺言者以外が遺言を書いた場合には、遺言を書いた筆者も署名と押印をする必要があります。

　署名と押印ができない者がいる時でも、できない理由を付記すれば遺言は有効となります（民法981）。

民法第981条（署名又は押印が不能の場合）

> （署名又は押印が不能の場合）
> 第981条　第977条から第979条までの場合において、署名又は印を押すことのできない者があるときは、立会人又は証人は、その事由を付記しなければならない。

民法上の理解

　伝染病隔離者、あるいは在船者、又は船舶遭難者の遺言の場合に、署名や押印ができない者がいる場合は、立会人又は証人は、遺言書に、その理由を付記することになります。

　署名と押印ができない者とは、具体的には、病気や怪我により文字が書けない者、読み書きができない者、印鑑を所持していない者のことです。立会人又は証人の署名と押印が欠け、かつ付記がない場合は、遺言が無効となります。

民法第982条（普通の方式による遺言の規定の準用）

> （普通の方式による遺言の規定の準用）
> 第982条　第968条第3項及び第973条から第975条までの規定は、第976条から前条までの規定による遺言について準用する。

民法上の理解

普通方式の遺言についての条文が特別方式の遺言についても準用されます。準用されるのは、①遺言書の加除訂正（民法968②）、②成年被後見人の遺言（民法973）、③証人又は立会人の欠格事由（民法974）、④共同遺言の禁止（民法975）です。

遺言書の加除訂正には、一般の方法とは異なる独自の方法が採用されているので注意が必要です（民法968②）。実務においては、修正箇所が生じた場合は、全文を書き直すべきです。

成年被後見人が遺言をする場合は、医師2人以上の立会いによって、事理弁識能力を一時的に回復したことを証明することが必要です（民法973）。

未成年者は遺言書の作成について証人と立会人になれません（民法974①）。また、遺言の内容と利害関係がある者は、遺言の内容を自分に都合よく改変する危険性があり、遺言の真正が害されることから、証人と立会人にはなれません（民法974②）。

2人以上の者が同一の遺言書で遺言する共同遺言は、遺言者の撤回の自由を害し、その効力に争いが生じるおそれがあるため禁止されています（民法975）。

民法第983条（特別の方式による遺言の効力）

> （特別の方式による遺言の効力）
> 第983条　第976条から前条までの規定によりした遺言は、遺言者が普通の方式によって遺言をすることができるようになった時から6箇月間生存するときは、その効力を生じない。

民法上の理解

特別方式の遺言は、普通方式の遺言に比べて要件が緩和されています。そのため、遺言者が普通方式の遺言ができるようになってから6ヶ月間生存するときは、特別方式の遺言の効力は失われるとされています。

ただし、遺言者が全文を自書するなど、自筆証書の要件を充たしている場合は、自筆証書遺言としての効力があります。

なお、従前に作成した遺言を特別の方式の遺言によって取り消した場合は、その特別の方式の遺言が効力を失っても、従前の遺言は効力を回復しません（民法1025）。

民法第984条（外国に在る日本人の遺言の方式）

（外国に在る日本人の遺言の方式）
第984条　日本の領事の駐在する地に在る日本人が公正証書又は秘密証書によって遺言をしようとするときは、公証人の職務は、領事が行う。

民法上の理解

公証人の職務執行の区域は、法務局の管轄区域すなわち日本国内に限られるため、本条は、外国で公正証書又は秘密証書による遺言を行う場合は、公証人の職務を領事が行うことを定めています。

外国で作成した遺言の方式について、どの国の法律が準拠法となるかが問題となりますが、この点について、「遺言の方式の準拠法に関する法律」は、次のいずれかの国の法律に適合すれば有効としています。

つまり、遺言書を作成した行為地の法律、遺言者が国籍を有した国の法律、遺言を作成し、又は死亡の地の法律、遺言者が遺言を作成し、又は死亡の当時に常に居所していた地の法律、さらに、不動産に関する遺言については、その不動産の所在地の法律です（同法2）。

ただし、これらは遺言の方式についての規定ですので、遺言の成立及び効力については、「法の適用に関する通則法」によって本国法によるべきこととさ

れています（同法37①）。つまり、遺言者を日本人とする遺言と相続については、日本の民法が適用されることになります（同法36）。

逆に、日本国内で作成された遺言書でも、遺言者を外国人とする遺言と相続には、その外国人の本国法が適用されることになります。

税法上の理解

日本の税法は、当然のことながら、適用対象地を日本国内に限ります。

しかし、グローバル化した現在では、国境を越えた節税策が利用されることも稀ではありません。特に、相続税については、居住地と資産を国境の外に置くという節税策の防止が、ここ数年の課題となっていました。

このような節税策については、民法883条に解説したように、取得したすべての財産に相続税が課税される無制限納税義務者と、日本国内にある財産のみに課税される制限納税義務者に区分し詳細な定めを置いて、外国籍の人達が日本国内で仕事に就く場合を除外し、日本人が外国に居住して相続税を免れる方法を防止する為の対策をとっています。

民法第985条（遺言の効力の発生時期）

（遺言の効力の発生時期）
第985条　遺言は、遺言者の死亡の時からその効力を生ずる。
2　遺言に停止条件を付した場合において、その条件が遺言者の死亡後に成就したときは、遺言は、条件が成就した時からその効力を生ずる。

民法上の理解

1　遺贈の効力と所有権取得の時期

遺言者の死亡によって遺言は効力を生じます。したがって、相続させる旨の遺言（遺産分割方法の指定）がある場合は、相続開始と同時に、各相続人は遺言の指定に従って物権的な権利を取得することになります。

包括遺贈の場合も同様であり、受遺者は、相続開始と同時に遺贈財産に対する物権的な権利を取得します（最高裁平成14年6月10日判決・判例時報

1791 号 59 頁)。

　特定遺贈についても、遺贈を受けた財産が特定物である場合は、遺言者の死亡と同時にその特定物に対する権利が被相続人から直接に受遺者に移転すると解されています。特定遺贈の対象物が不特定物である場合は、それが特定した時に、受遺者に権利が移転することになります。

　特定遺贈はいつでも放棄することができますが、受遺者が遺贈の放棄をした時は、その効力は死亡時に遡って生じ（民法 986）、受遺者が受けるべきであったものは相続人に帰属することになります（民法 995）。

2　相続、遺贈と対抗要件

　「相続させる遺言」の場合は、不動産を取得した者は、登記なくしてその権利を第三者に対抗できる（最高裁平成 14 年 6 月 10 日判決・判例時報 1791 号 59 頁）と解釈されていましたが、民法 899 条の 2 が追加され、登記なくして対抗できる部分は法定相続分に限り、それを超えた部分の取得を第三者に対抗するためには相続登記が必要になりました。これは不動産に限らず、預貯金等の債権を相続した場合も同様です。

　包括遺贈と特定遺贈は、登記などの対抗要件を充足しなければ財産の取得を第三者に対抗することはできない（最高裁昭和 46 年 11 月 16 日判決・判例時報 673 号 38 頁）ことは従前どおりです。これも不動産に限らず、預貯金等の債権の遺贈を受けた場合も同様です。

　債権について、相続分の指定、遺贈あるいは遺産分割によって法定相続分と異なる割合での承継があった場合に、その内容を債務者に通知した場合には、相続人の全員が通知した場合と同様に、その者が債権者としての権利を確保することになります（民法 899 の 2 ②）。債務について民法 902 条の 2 が同様の定めをおいて「その債権者が共同相続人の 1 人に対してその指定された相続分に応じた債務の承継を承認したときは」、債権者に対しても遺言等による帰属割合に従うことになります。

　遺贈について、遺言執行者が指定されている場合は、受遺者は民法 1013 条によって保護されることになっていました。同条は「遺言執行者がある場合には、相続人は、相続財産の処分その他遺言の執行を妨げるべき行為をすることができない」としているからです。

さらに、民法1012条は「遺言執行者は、遺言の内容を実現するため、相続財産の管理その他遺言の執行に必要な一切の行為をする権利義務を有する」としていますので、相続人が、同条に違反し、「遺贈の目的不動産を第三者に譲渡し又はこれに第三者のため抵当権を設定してその登記をしたとしても、相続人の右処分行為は無効であり」「受遺者は、遺贈による目的不動産の所有権取得を登記なくして右処分行為の相手方たる第三者に対抗することができる」とされているからです（最高裁昭和62年4月23日判決・判例時報1236号72頁）。

　しかし、この点も改正され、遺言執行者の権限を侵害する処分は無効であるが、しかし、その無効は「善意の第三者に対抗することができない」とされました（民法1013②）。さらに第三者側からの権利行使も妨げられないことになりました（民法1013③）。つまり、法定相続分の差押えに対しては、遺言書がある場合も、遺言執行者が選任されている場合も、登記なくしては対抗できなくなったのです。

③　停止条件付遺言の効果

　遺言の内容に、条件を付けることも可能です。例えば、受遺者の結婚や、受遺者が大学を卒業し、職に就くことを条件とする遺贈の場合です。

　停止条件付遺言は、条件が成就した時から効力を生じます。

　長男が結婚したら、長男に土地を遺贈するという遺言をした場合は、その効力は、長男の結婚の時に生じることになります。

　遺言者が停止条件付遺言をした後、相続開始前にその条件が成就すると、遺言は無条件になります（民法131①）。また、条件の不成就が確定すると、無効の遺言になります（民法131②）。

　停止条件の成否が未定の間の受遺者の地位を守るため、受遺者には、遺贈義務者に対して、相当の担保を請求する権利が与えられています（民法991）。

　なお、解除条件付遺言も可能で、死亡後に条件が成就すれば、その時から遺言は効力を失います（民法127②）。

④　後継遺贈の効力

　条件付遺贈については、いわゆる後継遺贈と称される遺贈があります。相続開始時に生存する者に遺産を遺贈しますが、その後、受遺者が死亡した場合には、別の者が、その資産を取得する旨を遺言しておく方法です。

このような事案について、福岡高裁昭和55年6月26日判決（判例集未掲載）は、「このような法律関係が必ずしも明確でなく、殊に、第二次受贈者において自己の取得すべき遺贈利益を有効に確保する方法がないため、第二次受贈者の立場は極めて不安定」であると判示し、無効としました。しかし、最高裁（最高裁昭和58年3月18日判決・判例時報1075号115頁）は、これを①不動産の所有権を移転すべき債務を受遺者に負担させた負担付遺贈、②受遺者死亡時点において所有権が受益者らに移転するとの趣旨の遺贈、③受遺者に使用収益権を付与した受遺者の死亡を不確定期限とする遺贈と解される余地があると判示しました。

　このような手法は、信託法の改正によって、受益者連続信託（信法91）によっても対応可能となりました。受益者連続信託というのは、相続時の受益者を指定し、その後、受益者が死亡した場合に、その受益権を承継する者を予め定めておく信託の手法です。今後、信託の利用も検討の余地があります。

税法上の理解

　税務上、停止条件付遺贈があった場合の財産取得の時期は、「その条件が成就した時」とされています（相基通1の3・1の4共－9）。そのため、条件成就前においては、原則として、遺贈財産を未分割財産として取り扱い、相続人に対し、民法の規定による相続分の割合に従って、その遺贈財産を取得したものとして相続税が課税されます（相基通11の2－8）。

　条件付遺贈の条件が成就した時は、前述のとおり、受遺者に相続税が課税されることになります（相基通27－4（9））。この場合に、取得した財産の価額は、相続開始の時における価額になります（相基通27－4注書）。

　一方、条件成就によって遺贈の対象となっている財産について権利を失った相続人は、減少する相続税について、更正の請求をすることができます（相法32①六、相令8②三）。

　なお、受益者連続信託については、遺言書が効力を生じた時点で受遺者に相続税を課税し、その後、受遺者の死亡によって新たに財産を取得した者については、受遺者からの遺贈によって財産を取得したものとして相続税を課税（相法9の2）します。受益権の移動の度に相続税が課税されますので、相続税の

節税には利用できませんが、遺言者が、死亡後の財産の移動についても意思を残せる制度として利用価値があります。

民法第986条（遺贈の放棄）

（遺贈の放棄）
第986条 受遺者は、遺言者の死亡後、いつでも、遺贈の放棄をすることができる。
2 遺贈の放棄は、遺言者の死亡の時にさかのぼってその効力を生ずる。

民法上の理解

　特定遺贈の受遺者は、いつでも遺贈を放棄することができます。期限の定めはありません。このため、受遺者が遺贈の放棄の意思を確定させない場合は、遺贈義務者などの利害関係人は不安定な地位に置かれます。そこで、それらの者には、受遺者に対して、相当の期間内に遺贈の承認又は放棄をなすべき旨を催告する権利が認められています（民法987）。

　遺贈の放棄については、相続人の相続放棄と異なり、家庭裁判所に申述すべき旨の定めがありません。したがって、放棄の意思表示は、遺贈義務者、あるいは遺言執行者に対して行うことになります。

　放棄の対象は、遺贈を受けた財産の全てである必要はなく、遺贈財産が可分である場合は、遺贈の一部の放棄も可能です。

　特定の財産の遺贈を受けた相続人が、遺言の内容を知りながらこれと異なる遺産分割協議をした場合には、特段の事情のない限り遺贈を放棄したものと認定され、遺産分割協議が遺言に優先することになります（東京地裁平成6年11月10日判決・金融法務事情1439号99頁）。

　遺贈を放棄すると、その効果は、相続開始時に遡及して生じます。遺贈が放棄されれば、遺言に特段の指定がない限り、その財産は相続人に帰属することになります（民法995）。

　特定遺贈の放棄は本条に定めるところによりますが、包括遺贈の場合は、「包括受遺者は、相続人と同一の権利義務を有する」とされているため（民法990）、法定相続人と同様に、相続人の相続の承認と放棄に関する民法915条以

下の条文が適用されます。つまり、包括受遺者は、自己のために包括遺贈があったことを知った時から3ヶ月以内に家庭裁判所に放棄の申述をする必要があります。

このように、特定遺贈と包括遺贈については、放棄の方法が異なるのですが、特定遺贈と包括遺贈は、明確に区別されるわけではなく、遺言書の文言からは、どちらを意味しているのかが不明な場合があります。特に、包括遺贈の場合は、財産だけではなく、債務も承継することになるので、相続の開始を知った時から3ヶ月を経過してしまうと取返しのつかないことになってしまいます。

遺言書を作成するについては、特定遺贈なのか、包括遺贈なのかが明確に区別できるように作成しておくことが必要です。

遺贈の放棄が詐害行為になるか否かを判断した判決は存在しませんが、相続の放棄が詐害行為に該当しない（最高裁昭和49年9月20日判決・判例時報756号70頁）ことを考えれば、遺贈の放棄も詐害行為には該当しないと解されます。

税法上の理解

相続税については、相続の開始を知った後10ヶ月以内の相続税の申告が要求されています（相法27）。

もちろん、相続税の申告義務を負うのは、相続税が算出される場合に限るので、相続により取得した財産が相続税の基礎控除を下回る場合などは、相続税の申告義務は生じません。

さて、相続税の申告義務が存する場合で、相続税の申告期限までに相続税を申告してしまった受遺者は、その後、遺贈を放棄したことを理由に、相続税について更正の請求を行うことができるでしょうか。相続税法32条1項4号は、更正の請求理由として「遺贈の放棄があったこと」を掲げていますので、これが可能のようにもみえます。

しかし、民法上、遺贈の放棄には期間制限がないことから、仮に、相続から10年が経過し、次の相続が開始した時点で、10年前の相続をやり直すという趣旨で、遺贈が放棄され、遺産の帰属が再調整されることまでを税務が認めるとは思えません。

民法の概念と、税法上の概念の摺合せには難しいところがありますが、遺贈の放棄も、その1つの問題点として指摘することができます。

　「遺贈の放棄があったこと」を理由とする更正の請求は、例えば、受遺者が遺贈の事実に気がつかず、相続税について決定処分が行われた場合や、遺贈の効果に争いがあり、最終的に遺贈の一部が放棄された場合など、限定された局面でのみ利用することができる条項と理解しておいたほうが無難です。

　なお、受遺者が、遺贈の放棄を理由として更正の請求をした場合は、遺贈の放棄によって利益を得た相続人に対しては、法定申告期限から5年を経過し、相続税について除斥期間が成立している場合であっても、減額更正の日から1年間について、相続税の決定処分が行えることになっています。相続税の総額は、1つの相続について同額であるという相続税法の基本構造から採用されている制度です（相法35③）。

民法第987条（受遺者に対する遺贈の承認又は放棄の催告）

> （受遺者に対する遺贈の承認又は放棄の催告）
> 第987条　遺贈義務者（遺贈の履行をする義務を負う者をいう。以下この節において同じ。）その他の利害関係人は、受遺者に対し、相当の期間を定めて、その期間内に遺贈の承認又は放棄をすべき旨の催告をすることができる。この場合において、受遺者がその期間内に遺贈義務者に対してその意思を表示しないときは、遺贈を承認したものとみなす。

民法上の理解

　特定遺贈の場合、受遺者はいつでも遺贈の放棄をすることができ、期間の制限がありません（民法986）。

　しかし、いつまでも特定遺贈の放棄が可能だとすると、相続人らの権利義務は不安定なままとなってしまいます。

　そこで本条は、遺贈義務者（相続人及び包括受遺者）その他の利害関係人に、受遺者に対する催告権を与えています。

　これらの者が受遺者に対して相当の期間を定めて催告し、その期間内に受遺

者が遺贈義務者に放棄の意思表示をしないときは、遺贈を承認したものとみなすとしています。

なお、包括受遺者の場合には、相続人と同一の権利義務を有することから（民法990）、相続ないし遺贈を知った時から3ヶ月以内に家庭裁判所に放棄の申述をしなければなりません（民法915、938）。したがって、本条は特定遺贈の場合にのみ適用されます。

民法第988条（受遺者の相続人による遺贈の承認又は放棄）

（受遺者の相続人による遺贈の承認又は放棄）
第988条　受遺者が遺贈の承認又は放棄をしないで死亡したときは、その相続人は、自己の相続権の範囲内で、遺贈の承認又は放棄をすることができる。ただし、遺言者がその遺言に別段の意思を表示したときは、その意思に従う。

民法上の理解

特定遺贈の受遺者が遺贈の承認又は放棄をしないで死亡したときは、その相続人がその特定遺贈の承認又は放棄をすることができます。そして、相続人が数人いるときは、各相続人は自己の相続権の範囲内で承認又は放棄ができます。

ただし、遺言者が別段の意思表示をした時はその意思に従うとされています。例えば、受遺者が、遺贈の承認をする前に死亡した場合は、他の者に遺贈するという遺言も可能です。

なお、包括受遺者は相続人と同一の権利義務を有しますから（民法990）、相続において相続人が承認又は放棄をしないで死亡した場合に関する民法916条が適用され、本条は適用されません。

民法第989条（遺贈の承認及び放棄の撤回及び取消し）

（遺贈の承認及び放棄の撤回及び取消し）
第989条　遺贈の承認及び放棄は、撤回することができない。
2　第919条第2項及び第3項の規定は、遺贈の承認及び放棄について準用する。

民法上の理解

一旦なされた遺贈の承認又は放棄は、撤回することができません（民法989①）。

ただし、承認又は放棄の意思表示自体に瑕疵があった場合には、意思表示の無効や取消しの問題が生じます。意思能力を完全に喪失していた場合であれば無効となりますし、承認や放棄をした者が未成年者や成年被後見人であった場合や、詐欺・強迫による承認・放棄があった場合にはその取消しが可能です（民法989②、919②）。

ただし、意思表示の瑕疵を理由とする無効と取消しについては、その期間制限の有無に注意する必要があります。

まず、意思表示に無効原因がある場合は、いつでも無効の主張が可能です。しかし、取り消すことのできる意思表示については、取消権の行使に期間制限があります。

取消しの原因となっていた状況が消滅するなどして、追認することが可能となってから6ヶ月を経過し、又は承認又は放棄の時から10年を経過した時点で取消権が消滅することになります（民法989②、919③）。

民法第990条（包括受遺者の権利義務）

（包括受遺者の権利義務）
第990条　包括受遺者は、相続人と同一の権利義務を有する。

民法上の理解

1　包括遺贈の効力

特定の財産を遺贈することを特定遺贈、相続財産の全部又は一定の割合を遺贈することを包括遺贈といい、本条ではこのうち包括遺贈について定めています。ただ、特定遺贈か包括遺贈かの判別は、容易ではありません。実務上、遺言書の文言のみからでは、特定遺贈なのか包括遺贈なのかがはっきりしない場合があります。例えば、「所有する土地のすべてを山田一郎に遺贈する」とい

う文言の遺言が、土地に限って特定遺贈する趣旨なのか、あるいは財産のすべてを包括して遺贈する趣旨なのかは、相続財産の内容等を検討しないと判明しません。

包括受遺者は、債務を含め、相続財産の全てを承継し、相続することになりますので、包括遺贈なのか、特定遺贈なのかは、受遺者にとって重要な問題です。遺言書を作成する場合には、特定遺贈なのか、包括遺贈なのかを明確に書き分ける必要があります。包括受遺者は、遺言の効力が生じると、当然にかつ包括的に、遺贈の割合に従い、被相続人の権利義務を承継することになります。したがって、遺贈の放棄又は限定承認をしない限り、包括受遺者は、相続債務を負担することになります。

包括受遺者は、相続人と同様に、包括遺贈があったことを知った時から3ヶ月以内に、遺贈を承認し、あるいは放棄をしなければなりません（民法915）。遺産を処分した時、あるいは、3ヶ月以内に限定承認又は放棄をしなかった場合には、単純承認したとみなされる点も、相続人の場合と同様です（民法921）。

包括受遺者が遺贈を放棄した場合には、遺贈の対象とされた財産は、相続人に帰属することになります（民法995）。包括受遺者が遺贈を承認した場合に、他に相続人や包括受遺者がいる時は、それらの者との間で、遺産分割をすることになります。

包括遺贈と債務の承継割合については明確ではありません。仮に、法定相続人が子2名の場合は、各々の子は2分の1の割合で債務を承継します。そこに2分の1の割合の相続分を与えられた包括受遺者が登場した場合の債務の承継割合はどのようになるのでしょうか。

国税通則法5条は、「…相続人（包括受遺者を含む。以下同じ。）…は、…被相続人が納付し…べき国税…を納める義務を承継する」とした上で、「各相続人が…承継する国税の額は…民法第900条から第902条まで（法定相続分・代襲相続人の相続分・遺言による相続分の指定）の規定によるその相続分によりあん分して計算した額」と定めています。さらに、国税通則法基本通達5条関係は「相続による国税の納付義務の承継」として「包括遺贈の割合又は包括名義の死因贈与の割合は、この条第2項の指定相続分に含まれるものとする」と

しています。

したがって、上記の例では、包括受遺者が2分の1の国税債務を承継し、その他の相続人が、各々4分の1の国税債務を承継することになります。

しかし、債務の承継について、民法上の理解は微妙に異なります。相続人と包括受遺者の間では遺言書の指定に従いますが、この指定は債権者には対抗できず、債権者との関係では、債務は、法定相続分に従って承継するとするのが民法上の理解です（最高裁平成21年3月24日判決・判例タイムズ1295号175頁）。

② 包括遺贈と対抗要件

包括受遺者は、相続人と同一の権利義務を有すると定められていますが、対抗要件については、相続とは異なる取扱いを受けます。相続人は、法定相続分までは登記をしなくても第三者に対抗できますが（民法899の2）、包括遺贈の場合は、特定遺贈と同様に、登記などの対抗要件を充足しなければ財産の取得を第三者に対抗することはできません（最高裁昭和46年11月16日判決・判例時報673号38頁）。これは不動産に限らず、預貯金等の債権の遺贈を受けた場合も同様です。

したがって、包括受遺者が遺贈による所有権移転登記を受ける前に、相続人が所有権についての相続登記を受け、それを第三者に譲渡して移転登記をしてしまった場合は、包括受遺者は、その第三者に対して遺贈による取得を対抗できないことになります。

包括遺贈について遺言執行者の指定がある場合は、相続人による相続登記は、遺言執行者の権限に反する行為として無効になります（民法1013①、最高裁昭和62年4月23日判決・判例時報1236号72頁）。ただし、遺言執行者の権限に違反した処分も「善意の第三者に対抗することができない」とされています（民法1013②）。

相続による登記は、登記権利者のみで申請をすることができます。しかし、包括受遺者は、単独では登記申請をすることができず、相続人又は遺言執行者と共同で申請する必要があります（昭和33年4月28日民甲779号／民事局長心得通達）。受遺者が遺言執行者に指定された場合は、登記権利者、かつ登記義務者として、受遺者が事実上単独で申請をすることになります（大正9年5月4日民事1307号回答）。

税法上の理解

遺贈により財産を取得した者は、相続した者と同様に、相続税の申告義務を負うことになります。

包括受遺者は、被相続人の債務も承継することになります。そして、承継した債務は、相続税の課税財産を計算する際に、債務として控除することができます。また、包括受遺者が負担した葬式費用も、包括受遺者の相続財産から控除して、課税財産の額を計算することとされています（相法13①）。

特定遺贈の場合は債務を承継することはありません。ただし、仮に、自宅と共に、その自宅に設定された住宅ローンを引き受けるという遺贈がなされた場合は、負担付遺贈（民法1002）として、相続税の計算において負担額が控除されることになります（相基通9-11）。

受遺者が、被相続人の1親等の親族（その代襲相続人を含む。）、あるいは配偶者以外の者である場合には、相続税額が2割加算されます（相法18）。

民法第991条（受遺者による担保の請求）

> **（受遺者による担保の請求）**
> **第991条** 受遺者は、遺贈が弁済期に至らない間は、遺贈義務者に対して相当の担保を請求することができる。停止条件付きの遺贈についてその条件の成否が未定である間も、同様とする。

民法上の理解

始期付遺贈又は停止条件付遺贈を受けたものの、期限が到来せず、又は条件が未成就である間について、受遺者は、遺贈義務者である相続人及び包括受遺者に対し、相当の担保を請求することができます。

遺贈義務者が複数いる場合は、それぞれに対して請求することができますが、各遺贈義務者が担保供与の義務を負うのは、自己の相続分又は受遺分の範囲に限るものと解されています。

受遺者が担保の請求をしたものの、相手方が担保の供与に応じなかったり、

「相当」な担保について話合いがまとまらないという事態も考えられます。

そのようなときは、裁判手続により、担保の請求をするほかありません。

この場合、本条に基づく担保請求は、家庭裁判所の審判事項に含まれませんので、通常の民事訴訟の手続きによることになります。

民法第992条（受遺者による果実の取得）

（受遺者による果実の取得）
第992条 受遺者は、遺贈の履行を請求することができる時から果実を取得する。ただし、遺言者がその遺言に別段の意思を表示したときは、その意思に従う。

民法上の理解

受遺者は、遺贈の履行を請求することができる時から果実を取得します。

「遺贈の履行を請求することができる時」とは、通常は、遺言者が死亡した時を指します。

ただし、停止条件付遺贈の場合は停止条件が成就した時、始期付遺贈の場合は期限が到来した時になります。

果実には、天然果実と法定果実の双方が含まれますが、一般的には、預貯金の利息、株式の配当及び不動産の賃料等が対象となることが多いでしょう。

現実に発生したものだけでなく、「生ずべき果実」についても、受遺者に権利が認められるかについて、通説は、これを否定します。したがって、例えば、賃貸に供されていない家屋を遺贈された場合に、受遺者が、遺贈義務者に対して、生ずべき賃料を請求することはできないと解されます。

なお、遺言者が、遺言で上記と異なる意思を表示した場合には、当然遺言の内容に従うことになります。

税法上の理解

相続、あるいは遺贈の場合には、相続後の収益が各々の共有持分に応じて帰属します。したがって、仮に、貸家について生じた家賃は、各々の相続分及び受遺分に応じて不動産所得を申告することになります。さらに、貸家を売却し

た場合であれば、売却代金を各々の共有持分に応じて取得したものとして譲渡所得を申告することになります。

しかし、多額にならない賃料であれば、相続人の内の誰か1人が賃料収入について所得税を申告していれば、課税庁も事実上、その処理を是認するのが、実務の大らかさです。

民法第993条（遺贈義務者による費用の償還請求）

（遺贈義務者による費用の償還請求）
第993条　第299条の規定は、遺贈義務者が遺言者の死亡後に遺贈の目的物について費用を支出した場合について準用する。
2　果実を収取するために支出した通常の必要費は、果実の価格を超えない限度で、その償還を請求することができる。

民法上の理解

遺贈義務者である相続人や包括受遺者が、遺言者の死亡後に、遺贈された目的物のための費用を支払っていた場合には、受遺者に対してその費用の償還を求めることができます（民法993①）。

償還請求できる範囲は民法299条（留置権者による費用の償還請求）の規定に従うことになり、必要費と有益費とでは扱いが異なります。必要費とは物を保存・管理するために必要な費用をいい、物の改良のための費用を有益費といいます。

建物の例で言えば、雨漏りの修理費や固定資産税のような費用は必要費にあたり、その全額について償還を請求することができます。しかし、リフォーム費用のような有益費については、償還請求できるのは価値の増加が現存する場合に限られます。また、有益費の場合については、費やした金額か、増加額のいずれか低いほうの金額になります。

また、遺贈義務者が家賃の取立てをしたときは、その家賃を受遺者に支払う必要がありますが、遺贈義務者は、家賃の取立てに要した費用について、通常の必要費の範囲内で、かつ果実の価格を超えない限度で、受遺者に償還を請求

することができます（民法993②）。

民法第994条（受遺者の死亡による遺贈の失効）

（受遺者の死亡による遺贈の失効）
第994条 遺贈は、遺言者の死亡以前に受遺者が死亡したときは、その効力を生じない。
2 停止条件付きの遺贈については、受遺者がその条件の成就前に死亡したときも、前項と同様とする。ただし、遺言者がその遺言に別段の意思を表示したときは、その意思に従う。

民法上の理解

1 遺贈の場合

受遺者は遺言者の死亡時に存在していなければなりません。遺言者が死亡する以前に受遺者が死亡したときは、遺贈は効力を生じません（民法994①）。

なお、ここでの「以前」には同時の場合も含まれますから、遺言者と受遺者が同時に死亡したときも遺贈は効力を生じません。遺贈者と受遺者が同時死亡の推定（民法32の2）を受ける場合も同様です。

この場合は、遺贈自体が効力を生じませんから、受遺者に代わってその相続人が遺贈を受けることはできません。

相続の場合であれば、相続人が死亡すると代襲相続人が代わって相続することになりますが（民法887②、③）、遺贈においては代襲受遺は認められていません（民法965）。

したがって、受遺者Aが死亡した場合には、Aに代わってBに財産を与えたいのであれば、遺贈者の死亡時にAが既に死亡している場合は、Aに代わってBに財産を与える旨を明らかにした遺言書を作成しておく必要があります。

停止条件付遺贈においては、受遺者が遺贈者の死亡時に生存しているだけでなく、条件成就時にも生存していなければなりません。受遺者が条件成就前に死亡した場合には、遺贈の効力が失われるのが原則です（民法994②）。

ただし、遺贈者が条件成就前に受遺者が死亡した場合でも効力を失わないと

いう別段の意思を表示していた場合には、遺贈は有効になります（民法994②但書き）。

つまり、受遺者の地位が、受遺者の相続人に承継されるという別段の定めをすることが可能とされています。

2 相続させる遺言の場合

遺贈ではなく、「相続させる」旨の遺言については、相続人が先に死亡した場合について、代襲相続人が遺言書の指定相続分を承継するのか（東京高裁平成18年6月29日判決・判例時報1949号34頁）、あるいは遺言による相続分の指定は無効になるのか（昭和62年6月30日民三3411号／民事局第三課長回答）については説が分かれていましたが、最高裁平成23年2月22日判決は「遺言は無効となり、孫は代わりに相続できない」と判断しました。「遺産を特定の推定相続人に単独で相続させる旨の遺産分割の方法を指定する『相続させる』旨の遺言は、当該遺言により遺産を相続させるものとされた推定相続人が遺言者の死亡以前に死亡した場合には、当該『相続させる』旨の遺言に係る条項と遺言書の他の記載との関係、遺言書作成当時の事情及び遺言者の置かれていた状況などから、遺言者が、上記の場合には、当該推定相続人の代襲者その他の者に遺産を相続させる旨の意思を有していたとみるべき特段の事情のない限り、その効力を生ずることはない」というのが最高裁判決です。

3 死因贈与の場合

死因贈与契約に本条1項が準用されるか否かについては、肯定する見解と、否定する見解がありますが、京都地裁平成20年2月7日判決（判例タイムズ1271号181頁）は、死因贈与も契約であることと、本条第1項を死因贈与に準用する旨の明文の規定がないことなどを理由に、受贈者が先に死亡しても、死因贈与の効果は消滅しないと判示しました（同旨の判決として水戸地裁平成27年2月17日判決・判例時報2269号84頁）。逆に、本条1項の準用を肯定し、死因贈与を無効にするものとして東京高裁平成15年5月28日判決（判例時報1830号62頁）があります。東京高裁判決は「死因贈与も、その無償性に照らして何らかの個別的な人間関係に基づいてされるものであることも、遺贈と共通するといってよいであろう」と判示して死因贈与にも本条1項が準用されると判示しています。

税法上の理解

受遺者は、相続人と同様に相続税の納税義務を負いますが、その遺贈が条件付きであった場合の相続税の課税は面倒なことになります。停止条件付きの遺贈は、その条件が成就した時に財産を取得したことになるからです（相基通1の3・1の4共－9）。

したがって、停止条件の成就が未確定の段階では、遺贈の対象となった財産は相続人が取得したものとして、一旦は相続税を納めることになります（相基通11の2－8）。その後、条件が成就した場合には、相続人は遺贈を履行した上で、条件が成就したことを知った日から4ヶ月以内に、更正の請求を行うことができます（相法32①六、相令8②三）。

受遺者は、遺贈者から遺贈を受けた者として、条件成就の日の翌日から10ヶ月以内に相続税を申告することになります（相法27、相基通27－4（9））。

民法第995条（遺贈の無効又は失効の場合の財産の帰属）

（遺贈の無効又は失効の場合の財産の帰属）
第995条　遺贈が、その効力を生じないとき、又は放棄によってその効力を失ったときは、受遺者が受けるべきであったものは、相続人に帰属する。ただし、遺言者がその遺言に別段の意思を表示したときは、その意思に従う。

民法上の理解

受遺者が先に死亡し、あるいは遺贈が放棄されるなどして、遺贈が効力を生じない時には、受遺者が受けるべきであったものは相続人に帰属することになります。これは包括遺贈の場合も、特定遺贈の場合も同様です。

この場合に、相続人の相続分が増加するのは当然であることから、本条の存在意義は、相続人にのみ帰属し、他の包括受遺者には帰属しないとしたところにあるといわれています。

包括受遺者は、相続人と同一の権利義務を有しますが（民法990）、あくまでも受遺者であることから、包括遺贈が放棄された部分は相続人に帰属させよ

うというのが立法者の意思でした。

　ただし、遺贈者がそれと異なる意思を表示していたときにはその意思に従います。包括受遺者の1人について無効や放棄の事実が生じたとき、他の包括受遺者の受取り分を増加させたいのであれば、その旨を明記した遺言書を作成すればよいことになります。

民法第996条（相続財産に属しない権利の遺贈）

> （相続財産に属しない権利の遺贈）
> 第996条　遺贈は、その目的である権利が遺言者の死亡の時において相続財産に属しなかったときは、その効力を生じない。ただし、その権利が相続財産に属するかどうかにかかわらず、これを遺贈の目的としたものと認められるときは、この限りでない。

民法上の理解

1　他人の権利の遺贈

　遺言者が他人の所有物を遺贈するという内容の遺言書を作成しても、遺贈の目的となる権利が遺言者の死亡時に相続財産に属していなかったときは、遺贈は効力を生じません。

　ただし、本条但書で例外を定めており、遺言者が、敢えて相続財産に含まれない財産を遺贈の目的とする遺言書を作成した場合は、その遺贈は有効になります。

　例えば、遺言者が、受遺者にマンションを与えるという内容の遺言書を作成した場合でも、遺言者が死亡時にそのマンションを所有していなければ遺贈は効力を生じません。しかし、その遺言の趣旨が、相続財産をもってマンションを取得し、それを受遺者に与えるという趣旨と認められる場合であれば、その趣旨に従って遺言は有効になります。

　例として、金銭を相続させても消費してしまう恐れがある相続人について、遺産の中の金銭をもって賃貸用のマンションを購入し、それを遺贈するという遺言が想定されます。それらの処理を遺言執行者の業務として指定しておく方法も有効と思えます。

その場合、遺贈義務者となる相続人や包括受遺者は、遺言者の意思に従ってマンションを取得し、その権利を受遺者に移転する義務を負うことになります（民法997）。

なお、目的物が物理的に存在していない場合など、実現不可能な遺贈は、そもそも原始的不能として無効となるので、そのような場合には本条但書きによって遺贈が有効に転じることはありません。

2　生前処分との関係

遺贈した財産が相続財産中に存在しない例としては、遺言者がかつては所有していた財産を生前に処分している場合があります。そのような場合には本条は適用されません。

まず、遺言をした時点では遺言者に属していた財産を、後に他人に譲渡して処分してしまった場合には、その遺言は撤回されたものとみなされます（民法1023②）。この場合には、本条が適用となる余地はなく、本条但書きによって遺言が有効とされることはありません。

民法第997条（相続財産に属しない権利の遺贈②）

（相続財産に属しない権利の遺贈②）
第997条　相続財産に属しない権利を目的とする遺贈が前条ただし書の規定により有効であるときは、遺贈義務者は、その権利を取得して受遺者に移転する義務を負う。
2　前項の場合において、同項に規定する権利を取得することができないとき、又はこれを取得するについて過分の費用を要するときは、遺贈義務者は、その価額を弁償しなければならない。ただし、遺言者がその遺言に別段の意思を表示したときは、その意思に従う。

民法上の理解

1　他人の権利の遺贈が有効な場合

他人の所有物など、相続財産に属さない権利を遺贈の目的とした時は、その遺贈は原則として無効となります（民法996）。

しかし、民法996条の但書きは、他人の権利であったとしてもその財産を遺

贈するという趣旨であったときには、その遺贈は有効なものとしています。本条は、その但書きを受けた規定です。

　他人の権利の遺贈も有効だとすると、遺贈を誰かの手によって実現させることが必要となりますが、本条1項は、遺贈義務者に遺贈を実現すべき義務を負わせています。

　遺贈義務者になるのは、被相続人の権利義務一切を承継した相続人や包括受遺者です（民法896、990）。遺言執行者がいる場合には、遺言執行者が相続人らに代わって、他人の権利の取得や受遺者への移転の事務を行うことになります（民法1015）。

2　他人の権利を取得できない場合

　権利を有する他人が、遺贈義務者の求めに応じて権利を譲ってくれるとは限りません。そこで本条2項本文は、遺贈義務者において他人の権利を取得できなかった時は、その価額を受遺者に弁償すべきとしています。この場合の価額とは、その権利の時価を意味します。

　ただし、取得できなかった場合であっても、価額弁償をしなくともよいとの別段の意思を遺言者が表示している時は、その意思に従います。

税法上の理解

1　受遺者の税務

　受遺者は遺贈義務者による義務履行によって他人の権利を受け取ることになります。また、遺贈義務者が権利を取得できない場合には、権利の時価に相当する価額弁償金を受け取ることになります。

　取得するのは、相続財産に属さない資産ですが、相続税法上は、遺贈によって取得した資産として、相続税が課税されることになります（相法1の3一）。代償金が支払われた場合も同様です。

　受遺者は、そのような遺言があったことを知った日の翌日から10ヶ月以内に相続税の申告書を提出しなければなりません（相法27、相基通27－4(8)）。

　しかし、他人の権利が目的物であるため、その権利を実際に取得できるか否かは不確定ともいえます。

　ただし、停止条件付遺贈（民法985②）とは異なり、この場合の遺贈は死亡

時に効力が発生します（民法985①）し、取得できなければ価額弁償を受けることができますので、受遺者には、相続の開始と同時に相続税の申告義務が生じると解すべきです（相基通1の3・1の4共－9）。

2 **遺贈義務者の税務**

　他人の権利を取得するために支払うべき義務は、遺贈義務者である相続人や包括受遺者が負担します。

　仮に、5,000万円の預金をもって、マンションを取得し、これを受遺者に渡すという遺言があった場合は、各々の相続財産を幾らとして評価すべきでしょうか。相続人が、一旦は5,000万円を取得し、それをもってマンションを購入し、それを受遺者に交付したと考えると、マンションの相続税評価額が3,000万円である場合は、差額の2,000万円についての相続税を、相続人が負担することになってしまいます。

　したがって、このような遺言があった場合は、受遺者が5,000万円を取得し、それをもってマンションを購入したと考えるのが合理的な相続税の計算方法と考えられます。さらに、マンションの取得が不可能な場合は、受遺者は5,000万円の支払いを受けることを考えれば、そのような考え方が妥当と思われます。

　しかし、この場合に、受遺者が取得したのはマンションの評価額に相当する3,000万円だという考え方も成立します。代償分割によって、他の相続人が所有する固有の資産の譲渡を受けた場合と同様に考えられるからです（相基通11の2－10）。

民法第998条（遺贈義務者の引渡義務）

（遺贈義務者の引渡義務）
第998条　遺贈義務者は、遺贈の目的である物又は権利を、相続開始の時（その後に当該物又は権利について遺贈の目的として特定した場合にあっては、その特定した時）の状態で引き渡し、又は移転する義務を負う。ただし、遺言者がその遺言に別段の意思を表示したときは、その意思に従う。

民法上の理解

遺贈は、無償による財産の給付ですから、贈与（民法551）の場合と同様に「相続開始の時の状態で引き渡」せば良いのであって、遺言者及び他の相続人の瑕疵担保責任は生じないものとしました。

特定物の遺贈の場合は、仮に、この物件に担保権が設定されており、それが実行された場合においても、担保責任の問題は生じません。遺言の効力が生じた時の状態で、受遺者に対して物件を引き渡すことをもって遺贈義務は履行されたことになります。

もちろん、担保権の実行によって、他人の債務が弁済された場合は、受贈者（所有者）が、その他人に対して求償権を取得することは当然です。

これが不特定物の場合は特定した時点の状態での引渡義務を負います。民法401条（種類債権）において「債務者が物の給付をするのに必要な行為を完了し」たときは「その物を債権の目的物とする」という条文に揃えました。

税法上の理解

1　抵当権付不動産の相続税評価額

抵当権が設定された不動産の相続税評価においては、抵当権の負担は考慮されず、抵当権が設定されていないとした場合の評価額と同じ価額で評価されます。

不動産の使用収益が制限されるわけではなく、抵当権が実行されるか否かは不確実であり、仮に抵当権が実行されたとしても債務者に求償することが可能だからです。

また、抵当権付きの不動産の遺贈を受けた受遺者は、当然に被担保債務を相続するものではありませんから、その債務について債務控除（相法13）の適用を受けることはできません。

判例には「相続の時点において、債務者が弁済不能の状態にあるため担保権を実行されることが確実であり、かつ、債務者に求償して弁済を受ける見込みがないという場合には、債務者が弁済不能の部分の金額を控除して当該財産の価額を評価するのが相当である（東京地裁平成12年2月29日判決・税務訴訟資料246号1000頁）」と述べているものもあります。しかし、これはあくまで

も一般論として述べられたものであり、この判例でも結論としては評価減は認められませんでした。

② 保証債務の履行のための資産の譲渡

他人の債務を保証し、あるいは物上保証をした者が、その債務の履行のために資産を譲渡した場合は、保証債務の履行のための資産の譲渡の特例（所法64②）の適用の可否が問題になります。

保証債務を履行するため資産の譲渡をした場合において、求償権の全部又は一部を行使することができないときは、その行使することができないこととなった金額について、譲渡代金から減額するという規定です。

遺贈を受けた物件に、遺言者以外の第三者の債務を担保するための抵当権が設定されていた場合であれば、所得税法64条2項の適用があることに疑いはありません。

しかし、遺言者の債務を担保するために、遺言者自身が、自己の所有財産に抵当権を設定していた場合は疑問が残ります。

遺言者自身の生存中に抵当権が実行された場合は、自己の債務の弁済のための抵当権の実行として、所得税法64条2項は適用にならないにもかかわらず、その物件が遺贈され、物件の所有者と、被担保債権の債務者が別人になった場合には、保証債務の履行のため資産の譲渡として、所得税法64条2項が適用されると考えるのは不合理だからです。したがって、この場合には同条の適用はないと考えるべきです。

民法第999条（遺贈の物上代位）

（遺贈の物上代位）
第999条　遺言者が、遺贈の目的物の滅失若しくは変造又はその占有の喪失によって第三者に対して償金を請求する権利を有するときは、その権利を遺贈の目的としたものと推定する。
2　遺贈の目的物が、他の物と付合し、又は混和した場合において、遺言者が第243条から第245条までの規定により合成物又は混和物の単独所有者又は共有者となったときは、その全部の所有権又は持分を遺贈の目的としたものと推定する。

民法上の理解

　遺贈の目的物が滅失し、あるいは占有を奪われたことによって、遺言者が第三者に対して損害賠償請求権などを取得した時には、その権利が遺贈の目的としたものと推定されます（民法999①）。

　目的物の滅失等は、遺言書を作成した後、相続が開始するまでの間に生じる必要があります。遺言書が効力を生じた後の滅失等の場合は、相続人が、固有の権利として損害賠償請求権を取得します。

　滅失の例としては、例えば、遺贈されるはずだった建物が、遺言者が死亡する前に火災などで消失してしまう場合があります。その場合は、遺言者が火災保険の保険金請求権や損害賠償請求権を取得した時は、火災保険金請求権等が遺贈されたものと推定されます。本来の目的物の代替物に法律上の効力が及ぶことを物上代位といいますが、これは一種の物上代位を認めた規定といえます。

　ただし、火災保険金が受領され、金銭、あるいは預金となってしまった場合には、それが本条1項に定める代替物になるのか、あるいは別の財産であり、本条1項の対象外になる（通説）かについては見解が分かれています。

　なお、本条1項は遺贈者の意思を推定する規定ですので、反証によってこの推定を覆すことが可能です。遺贈義務者となる相続人らが、遺言者には損害賠償金などの権利を遺贈する意思がなかったことを証明したときには、権利は受遺者には移転しません。

　遺贈の目的物である動産に付合や混和が生じた場合の推定規定が本条2項に置かれています。

　所有者が異なる複数の動産が結合して分離できなくなった場合を付合といい、混ざり合って元の動産が識別できなくなった場合を混和といいます。このような場合には、民法243条から245条の規定により、複数の動産のうち主たる動産の所有者がその合成物を単独所有することになり、主従の区別がつかない時は価格の割合に応じて共有となります。

　本条2項は、これらの規定によって遺贈者が単独所有となったときはその所有権全部が、また共有となったときは共有持分権が遺贈の目的としたものと推定しています。

民法第1001条（債権の遺贈の物上代位）

> （債権の遺贈の物上代位）
> 第1001条　債権を遺贈の目的とした場合において、遺言者が弁済を受け、かつ、その受け取った物がなお相続財産中に在るときは、その物を遺贈の目的としたものと推定する。
> 2　金銭を目的とする債権を遺贈の目的とした場合においては、相続財産中にその債権額に相当する金銭がないときであっても、その金額を遺贈の目的としたものと推定する。

民法上の理解

1　物の引渡しを目的とする債権の遺贈

債権の遺贈は、遺言者が有する第三者に対する債権を遺贈する場合と、遺言者が有する受遺者に対する債権を遺贈する場合があります。後者の例は、遺言者が受遺者に対する債権を免除する目的で行われる遺贈です。

さて、債権については、物の請求権である場合と、金銭の請求権である場合がありますが、本条1項は物の請求権について定め、2項は金銭の請求権について定めています。

1項が適用されるのは、例えば、土地の引渡請求権が遺贈された場合に、その土地が相続財産中にある場合は、その土地を遺贈の目的にしたと推定することになります。ただし、本条は推定規定ですから、遺贈者が反対の意思であったことを反証すれば、遺贈義務者である相続人らは遺贈義務から免れることができます。

2　金銭債権を目的とする遺贈

金銭債権の場合には、遺言者が弁済として受け取った金銭が、なお相続財産として残されているか否かを判別することは困難です。そもそも金銭は純粋な価値を表すものですから、仮に、貸金の弁済を受けた場合にも、その金銭が相続財産中に存在するか否かを問題にすること自体が無意味です。

そのため、本条2項は、金銭債権が遺贈され、その後、遺言者が弁済を受け

た場合については、相続財産中にその債権額に相当する金銭が存在しないときでも、弁済を受けた債権額に相当する金銭を、受遺者に遺贈したものと推定するとしました。

したがって、受遺者は、遺贈義務者である相続人や包括受遺者に対して、その金銭の支払いを請求できることになります。

しかし、預金を遺贈した場合などには、この規定による推定が常識に反してしまう場合があります。遺言者が遺言書作成の後に預金を引き出し、相続開始時には預金残高が減少している場合に、仮に遺言者の意思が本条2項の推定のとおりだとすれば、受遺者は、遺言者が引き出した金額を遺贈義務者に請求できることになってしまいます。

預金については、遺言者の意思は、遺言書作成時の預金残高ではなく、死亡時の預金残高を遺贈する意思であるのが通常と考えられます。この規定はあくまでも推定規定ですから、遺言者に遺言書作成時の残高をとくに遺贈する意思がなければ、相続開始時の預金残高の限度でのみ遺贈は効力を有すると考えられます。投資信託や、国債、その他の金融資産について満期が到来し、回収金が預金になっている場合も、同様に理解します。つまり、回収金が金銭債権の代替物として理解されるのか、あるいは別の相続財産である預金と理解するかについては、通常の場合は、預金と理解されることが多いものと考えられます。

いずれにせよ遺言書作成時には、特に金銭債権に関する本条の推定規定が存在することに注意し、どの時点での債権の残高を遺贈する意思であるかを明記する配慮が必要です。

税法上の理解

第三者に対する債権の遺贈を受けた場合なら、その債権が相続税の課税の対象になります。

受遺者に対する債権が遺贈の目的になったのであれば、債権は混同によって消滅しますが、相続税の課税では、その債権が遺贈された物として相続税が課税されることになります（相法8）。

民法第1002条（負担付遺贈）

> **（負担付遺贈）**
> 第1002条　負担付遺贈を受けた者は、遺贈の目的の価額を超えない限度においてのみ、負担した義務を履行する責任を負う。
> 2　受遺者が遺贈の放棄をしたときは、負担の利益を受けるべき者は、自ら受遺者となることができる。ただし、遺言者がその遺言に別段の意思を表示したときは、その意思に従う。

民法上の理解

1　負担付遺贈の内容

　負担付遺贈とは、受遺者に一定の債務を負担させる遺贈のことです。包括遺贈、特定遺贈のどちらでも行うことができ、遺贈の目的物とは無関係の負担を負わせることも可能です。

　また、受遺者の負担によって利益を受ける者に制限はなく、他の相続人でも、無関係の第三者であっても構いません。ただし、遺贈を受ける者は相続人であることが多いでしょう。

　具体的には、事業を承継する子Aに対して事業用資産を相続させ、その代わり、子Aは子Bに対して500万円を支払うという負担を付けるような場合です。負担付遺贈も、負担のない遺贈と同じく、相続開始の時に効力が生じます。負担を履行しない場合でも、遺贈の効力が消滅することはありません。負担が履行されない場合には、相続人、あるいは遺言執行者が負担の履行を求めることになります。負担による利益を受ける者には、受遺者に対して負担の履行を求める直接の請求権は存在しないと解されていますが、この点については見解が分かれます。

　相続人等は、受遺者に対して履行請求の訴えを提起し、負担の履行を求めますが、その方法の他に、受遺者に対し、相当の期間を定めて負担の履行の催告をした上で、催告期間内に履行がない場合については、家庭裁判所に、遺言のうちの負担付遺贈に関する部分の取消しを請求する方法も選択できます（民法

1027）。

　負担付遺贈を受けた者は、受贈物の価額の範囲内において、負担した義務を履行する責任を負います（本条1項）。前述した具体例でいうと、営業財産の価額が300万円しかなかった場合には、AはBに対して300万円を支払えばよいことになっています。

　通常、受遺者が遺贈を放棄した場合には、受贈財産は相続人に帰属します（民法995）。しかし、負担付遺贈では受遺者が遺贈を放棄した場合に、遺言に特別の定めがないときには、負担の利益を受ける者が受遺者となることができます（本条2項）。負担の利益を受ける者に対する遺言者の意志を実現するためです。

　負担付遺贈の実務における利用例としては、住宅ローンが設定された土地建物の遺贈について、そのローンを引き受けさせる場合や、あるいは他の相続人が負担する相続税も、特定の受遺者に負担させるという遺言が考えられます。ただし、負担付遺贈をもって債務の引受けを負担とした場合でも、その効果を債権者に対抗することはできませんので、債権者との間では、改めて免責的債務引受けの処理をする必要があります。

2　後継ぎ遺贈は有効か

　妻に居宅と賃貸アパートを遺贈するが、その遺贈には、妻が死亡した際には、居宅と賃貸アパートは先妻の子に遺贈されるという条件が付されている。このような負担付遺贈を後継ぎ遺贈といいます。

　このような遺言書の効力について、福岡高裁昭和55年6月26日判決（判例集未掲載）は無効と判断しましたが、最高裁昭和58年3月18日判決（判例時報1075号115頁）は、次のように遺言を有効と解する余地があると判示しました。

　「与作（遺言者）の真意とするところは……、①本件遺言書による被上告人に対する遺贈につき遺贈の目的の一部である本件不動産の所有権を上告人らに対して移転すべき債務を被上告人に負担させた負担付遺贈であると解するか、また、②上告人らに対しては、被上告人死亡時に本件不動産の所有権が被上告人に存するときには、その時点において本件不動産の所有権が上告人らに移転するとの趣旨の遺贈であると解するか、更には、③被上告人は遺贈された本件

不動産の処分を禁止され実質上は本件不動産に対する使用収益権を付与されたにすぎず、上告人らに対する被上告人の死亡を不確定期限とする遺贈であると解するかの各余地も十分にありうるのである」

仮に、③と解釈すれば、先妻の子に居宅と賃貸アパートを遺贈するが、しかし、妻の存命中は、妻に居宅を使用させ、賃料も妻が受領するという負担付贈与と理解することができるという判示です。

このような手法について、信託法は、受益者連続信託という制度を作りました（信託法91）。受益者連続信託では、最初の受益者を妻とし、妻が死亡した後の受益者を先妻の子と指定することができます。相続時点での受遺者を指定するだけではなく、受遺者が死亡した後の次の受遺者も指定することができるのが受益者連続信託です。

税法上の理解

1 負担付遺贈と相続税

遺言により、負担付遺贈があった場合は、受遺者が取得した財産の価額は次のように計算されます。まず、遺贈の対象財産について、負担がないものとした場合の価額を算定し、そこから負担額を差し引いた価額を、受遺者の取得した財産の価額とします。

ただし、負担額として控除されるのは、遺贈のあった時において確実と認められる金額に限りますので、例えば、両親を扶養する義務のように、金銭に見積もることができない負担は控除の対象にはなりません（相基通11の2-7）。

負担の利益を受けた者は、遺贈によってその財産を取得したことになり（相基通9-11）、負担の利益を受けた者が、1親等の血族又は配偶者以外の場合には相続税額の2割加算の適用を受けます（相法18）。ただし、この場合も、負担の利益が具体的に計算できない場合は相続税の課税対象にはなりません。

負担が年金で支払われる場合は、負担額は年金現価の方法で計算されることになります。相続税法24条及び25条は定期金に関する権利の評価を定めていますので、同条による評価額が採用されます。

負担の内容は多種多様に設定することが可能です。単純な負担の例では、相続税額の全額を長男が負担するという内容も考えられます。さらに、受遺者が

所有する固有の不動産を他の相続人に引き渡すという負担を付けることも可能です。この場合は、固有の不動産の引渡しについて、譲渡所得課税が行われることになります。

2 負担付遺贈と譲渡所得

　負担付遺贈が、相続人以外の者に対して行われた場合は譲渡所得課税に注意する必要があります。「被相続人の債務について、負担付遺贈によって、受遺者が被相続人の債務を引き受けたことにより、被相続人の債務が消滅したという経済的利益は、被相続人が負担付遺贈により譲渡したA宅地の譲渡の対価として、被相続人の譲渡所得の収入金額に該当します（所法36①②、所基通59－2）」という解説があるからです（平成21年7月6日　週刊税務通信3073号）。つまり、準確定申告において譲渡所得の申告が必要になります。

　これが相続人に対する負担付遺贈であれば、そもそも相続人は資産と負債を承継する立場にあるので負担付遺贈であっても譲渡所得は認識されません。しかし、第三者への負担付遺贈の場合は、生前に負担付贈与として行われた場合と同様に、負担を対価にする譲渡と認識されてしまうのです。

3 後継ぎ遺贈の課税関係

　負担が条件付き、あるいは期限付きだった場合は、相続税の計算に難しいところが生じます。

　例えば、妻に全ての財産を遺贈するが、妻の死亡時に残っていた遺産は長男に引き渡すという負担だった場合は、後継ぎ遺贈として、これが有効か否かについて前述したような議論があります（最高裁昭和58年3月18日判決・判例時報1075号115頁）が、相続税の課税について、妻と長男への財産評価額を、どのように割り振るのかについては解明されていません。

　この点について、信託法は　前述したように、受益者連続信託という制度を作りました（信託法91）。ただし、相続税法は、受益者連続信託について、委託者が死亡した段階と、その後の受益者の変更時と、2度の相続税の課税を行うことにしています（相法9の2）。

　後継ぎ遺贈が、一度の課税で済んでしまうのなら、受益者連続信託を利用した場合よりは税務上は有利になります。

民法第1003条（負担付遺贈の受遺者の免責）

（負担付遺贈の受遺者の免責）
第1003条 負担付遺贈の目的の価額が相続の限定承認又は遺留分回復の訴えによって減少したときは、受遺者は、その減少の割合に応じて、その負担した義務を免れる。ただし、遺言者がその遺言に別段の意思を表示したときは、その意思に従う。

民法上の理解

　負担付遺贈により取得した財産が、限定承認や遺留分侵害額の請求によって減少した場合には、受遺者はその減少した割合に応じて、負担する金額を減少させることができます。ただし、遺言によって、特別な定めがある場合にはそれが優先することになります。

　例えば、相続人が子Aと子Bの2人である場合、友人Cに400万円を支払うことを条件として1億円相当の全ての財産を子Aに相続させる旨の遺言があり、その後、相続が開始したとします。

　何も相続できなかった相続人子Bは遺留分侵害額の請求（民法1046）を子Aに対して行うことができます。ここで行われる遺留分侵害額の請求の価額は、遺留分が子Bの法定相続分の2分の1であることから、2,500万円となります。遺留分侵害額の請求により、子Aは子Bに全財産の4分の1である2,500万円を支払うことになるので、負担である400万円の4分の1にあたる100万円は支払わなくてもよいことになります。

税法上の理解

　限定承認や遺留分侵害額の請求によって負担すべき金額が減少した場合には、その減少した金額をもとに相続税を計算することになります。また、既に申告・納税を終えている場合には、その事実が生じた日から4ヶ月以内に更正の請求を行うことができます（相法32）。

　上記の例では、当初は、1億円の遺贈を受けるために400万円を負担することが必要であり、子Aは、9,600万円を、友人Cは400万円を受け取ることに

なるため、この両名が相続税の申告を行うことになります。遺留分侵害額の請求は、遺贈があったことを知った日から1年間は行うことができる（民法1048）ので、相続税の申告を行った後に遺留分の回復が行われることもあります。

このような場合には、子Aは、1億円から遺留分侵害額の請求に基づき支払った2,500万円と、負担金300万円を差し引いた7,200万円に対する相続税を、子Bは2,500万円、友人Cは300万円に対する相続税を負担することとなり、当初申告に対しての調整が必要となります。この調整は、相続税法32条に基づく更正の請求として行われることになります。

民法第1004条（遺言書の検認）

（遺言書の検認）
第1004条　遺言書の保管者は、相続の開始を知った後、遅滞なく、これを家庭裁判所に提出して、その検認を請求しなければならない。遺言書の保管者がない場合において、相続人が遺言書を発見した後も、同様とする。
2　前項の規定は、公正証書による遺言については、適用しない。
3　封印のある遺言書は、家庭裁判所において相続人又はその代理人の立会いがなければ、開封することができない。

民法上の理解

検認とは、相続人に対し、遺言の存在と内容を知らせるとともに、遺言書の形状など、検認の日における遺言書の内容を明確にして、遺言書の偽造・変造を防止するための手続きです。検認は、遺言の有効・無効を判断する手続きではありませんので、検認を経ても、その後の訴訟手続などで遺言書が無効と判断される可能性は残ります。

遺言書の保管者は、相続の開始を知った後、遅滞なく家庭裁判所に遺言書を提出し、検認の請求をしなければなりません。保管者がいない場合には、遺言書を発見した相続人が、その義務を負います（本条1項）。

明らかに無効な遺言であっても、本条の適用があり、検認を経なければなり

ません。ただし、公正証書遺言については、提出・検認の必要はありません（本条2項）。検認手続が要求されないことが公正証書遺言を利用するメリットの1つでしたが、「法務局における遺言書の保管等に関する法律」によって、遺言書保管所に保管（同法2）された自筆証書遺言については本条による検認手続は不要になりました（同法11）。

　本条1項の義務者が、遺言を家庭裁判所に提出せず、検認を経ないまま遺言を執行した場合は、5万円以下の過料を科すとされています（民法1005）。また、検認手続を取らず、遺言書の存在を隠していた場合は、遺言書を隠匿した者として、相続人の欠格事由に該当する恐れがあります（民法891、965）。

　検認の手続きを取らなければ、その遺言書に基づく預金の引出し、あるいは不動産についての相続登記はできません（平成7年12月4日民三第4344号／民事局第三課長通知）。

　検認期日において、相続人が遺言書は無効である旨を述べ、それが審問調書に記載されている場合は、その遺言書に基づく相続登記は受理されません（平成10年11月26日民三第2275号／民事局第三課長通知）。

　遺言書の検認の申立ては、相続開始地すなわち遺言者の最後の住所地を管轄する家庭裁判所に対して行います（家事手続法209）。申立てを受けた家庭裁判所は、全ての相続人に遺言書の検認の期日を通知します。

　このため、検認の申立てについては、全ての相続人が判明する戸籍謄本の添付が要求されます。

　検認が終了すると、家庭裁判所の書記官は、検認に立ち会わなかった申立人、相続人、受遺者その他の利害関係人に対してその旨を通知します（家事手続法210）。また、遺言書は、検認済みの証明書を付して、申立人に返還されます。

　本条3項は、封印のある遺言書の開封について定めています。封に印のある遺言書についての開封の制限ですから、単に封入されている遺言には本項は適用されません。

　しかし、封筒が糊付けされた遺言書は、事前には開封せず、遺言の検認の場で開封するのがトラブル回避策です。

税法上の理解

検認手続を経ていない遺言書でも、遺言書としての要件を整えていれば、それが遺言書であることに違いはありません。したがって、遺言書が存在する場合であれば、検認を経ていない場合であっても、遺言書に基づく相続税の申告を行うべきは当然です。

民法第1005条（過料）

> **（過料）**
> **第1005条** 前条の規定により遺言書を提出することを怠り、その検認を経ないで遺言を執行し、又は家庭裁判所外においてその開封をした者は、5万円以下の過料に処する。

民法上の理解

公正証書遺言と、「法務局における遺言書の保管等に関する法律」によって保管された自筆証書遺言を除く遺言書の保管者又は相続人は、家庭裁判所に検認を申し立てることが義務付けられています（民法1004①）。また、封印されている遺言書は、家庭裁判所で、相続人又はその代理人の立会いのもと、開封しなければなりません（民法1004③）。

これらの義務に違反して、検認を経ずに遺言を執行したり、また家庭裁判所以外で封印された遺言書を開封した場合には、本条により5万円以下の過料に処すべきこととされています。

ただ、実効性のある規定ではなく、現実に過料に処せられることも稀と思えます。

民法第1006条（遺言執行者の指定）

（遺言執行者の指定）
第1006条 遺言者は、遺言で、一人又は数人の遺言執行者を指定し、又はその指定を第三者に委託することができる。
2 遺言執行者の指定の委託を受けた者は、遅滞なく、その指定をして、これを相続人に通知しなければならない。
3 遺言執行者の指定の委託を受けた者がその委託を辞そうとするときは、遅滞なくその旨を相続人に通知しなければならない。

民法上の理解

遺言者は、遺言で遺言執行者の指定をしたり、その指定を第三者に委託することができます（民法1006①）。

遺言執行者を必要とするにもかかわらず、このような指定がない場合には、利害関係人の請求によって、家庭裁判所が遺言執行者を選任することになります（民法1010）。

遺言で、子の認知をするとき（戸籍法64）、相続人の廃除及びその取消しをするときについては（民法893、894②）、遺言執行者による執行を必要とすることが法定されています。

したがって、そのような遺言をするにあたっては、遺言と同時に遺言執行者の指定をしておくべきです。なお、遺言執行者になれる資格については民法1009条を参照してください。

このような場合以外では、必ずしも遺言執行者を要するわけではありません。例えば、一般的な「相続させる」遺言の場合は、遺言の効力が発生すると直ちに当該遺産は当該相続人に承継されると考えられており（最高裁平成3年4月19日判決・判例時報1384号24頁）、不動産登記も、相続を受けた相続人が単独で申請することができますから、遺言執行者による執行は実質的には不要といえます。

しかし、遺言執行者が必須でない場合であっても、預金等の名義変更手続等

については、遺言執行者の指定をしておいた方が円滑な遺言の実現が期待できます。

相続人や受遺者も遺言執行者になれます。遺言執行者に、弁護士や、その他の専門家を選任した場合は遺言執行者の報酬（民法1018）が必要になります。それなりに多額の報酬が請求されるのが最近の事情ですから、仲の良い家族であれば、その遺言で一番に利益を受ける相続人を遺言執行者にしておけば良いと思います。

なお、遺言者は、自ら遺言執行者を指定せず、その指定を第三者に委託することができますが、委託を受けた者は、遅滞なくその指定をしたうえで相続人に通知しなければなりません（本条2項）。

また、委託を辞するのであれば、遅滞なくその旨を相続人に通知しなければなりません（本条3項）。

遺言書を作成した後、実際に遺言を執行するまでには長期の期間が経過することも想定されます。

したがって、その間に遺言執行者が死亡などによって欠けることなどを想定し、遺言執行者を指定すると共に、その遺言執行者が欠けた場合の予備的な遺言執行者の指定を行っておくことも考えるべきです。

民法第1007条（遺言執行者の任務の開始）

（遺言執行者の任務の開始）
第1007条　遺言執行者が就職を承諾したときは、直ちにその任務を行わなければならない。
2　遺言執行者は、その任務を開始したときは、遅滞なく、遺言の内容を相続人に通知しなければならない。

民法上の理解

遺言者は、遺言で遺言執行者を指定することができますが（民法1006①）、それは一方的な指定なので、指定された者が就職を承諾するか否かは自由です。

遺言で遺言執行者の指定が委託され、その委託された者が指定した場合も同

様です。

　しかし、遺言執行者は、就職することを承諾した時には、直ちに執行の事務に着手しなければなりません。

　2項が追加されましたが、これは遺言執行者が就任したか否かが不明な事態を避けるために、遅滞なく、遺言の内容を相続人に通知することとしたものです。遺言執行者に就任するか否かは自由ですが、就任してしまった場合は、遺言執行者の辞任には家庭裁判所の許可が必要です（民法1019②）。

　信託銀行が遺言執行者になっている場合は、執行報酬などを考えて、遺言執行者を辞退してもらいたいと考える事例が増えています。仲良し家族の相続では多額の執行報酬を支払ってまで信託銀行に遺言執行事務を行ってもらう必要がないからです。そのような場合は、本条によって遺言執行者に就任する前に辞退して頂くように申し入れる必要があります。従前は、信託銀行は、遺言執行者を辞退することに消極的でしたが、最近は、トラブルが予見される遺言執行については自ら身を引く例が増えていると聞いています。

民法第1008条（遺言執行者に対する就職の催告）

（遺言執行者に対する就職の催告）
第1008条　相続人その他の利害関係人は、遺言執行者に対し、相当の期間を定めて、その期間内に就職を承諾するかどうかを確答すべき旨の催告をすることができる。この場合において、遺言執行者が、その期間内に相続人に対して確答をしないときは、就職を承諾したものとみなす。

民法上の理解

　遺言執行者の指定があったとしても（民法1006①）、その指定を受けた者が就職を承諾するか否かは自由です。また、承諾するか否かを自ら通知すべき義務もありません。

　しかし、諾否が不明のままでは遺言執行に遅延が生じますから、相続人その他の利害関係人には催告権が認められています。利害関係人には、指定の委託を受けた者、相続債権者、受遺者、受遺者の債権者、相続認知の対象となった

子などが含まれます。

　これらの者は、遺言執行者として指定された者に対し、相当の期間を定めて就職を承諾するか否かを確答するよう催告することができます。そして、その期間内に確答がない場合には、就職したものとみなされることになります。

　確答がなく、遺言執行者に就職したとみなされた者が、遺言執行業務に着手しない場合は、利害関係人は、家庭裁判所に遺言執行者の解任を請求することができます（民法1019）。

民法第1009条（遺言執行者の欠格事由）

> （遺言執行者の欠格事由）
> 第1009条　未成年者及び破産者は、遺言執行者となることができない。

民法上の理解

　未成年者と破産者は遺言執行者となることができません。その他には、遺言執行者についての資格制限は存せず、広範囲の者を遺言執行者として指定することが可能です。未成年者、あるいは破産者の場合も、遺言を執行する段階で、それらの欠格事由が解消されていれば遺言執行者に就任することができます。つまり、成人に達し、あるいは破産法の復権をしている場合です。

　相続人や受遺者は、遺言に直接的な利害関係を有していますが、これらの者を遺言執行者にすることも禁止されていません。逆に、遺言によって利益を受ける者を遺言執行者に指定することが便利な場合もあります。

　例えば、遺贈の登記申請は、受遺者（登記権利者）とその者を除く相続人全員又は遺言執行者（登記義務者）の共同申請が必要となりますが、受遺者が遺言執行者として指定されると、その者が登記権利者と登記義務者の地位を兼ねる結果となります。そして、登記実務上、このような地位の兼務は問題がないものとされ、その者による実質的な単独申請が認められています（大正9年5月4日法務省民事局長1305号回答）。登記の申請は、債務の履行に準ずるものであるため、利益相反にはあたらないと理解されているからです。

　また、遺言執行者は自然人に限定されるわけではなく、法人でも構いません。

したがって、信託銀行などが遺言執行者として指定されるケースもありますし、同族会社が指定されても民法上の制約はありません。ただし、その権限が法律によって限定されている公益法人や税理士法人は遺言執行者になることはできません。なぜなら税理士法が定める税理士法人の業務に遺言執行者への就任が含まれていないからです。遺言執行者の職務である認知や推定相続人の廃除など、税理士法人の業務ではありません（平成28年8月　税理士法人に関するQ＆A　日本税理士会連合会制度部）。

さらに、遺言の際に証人や立会人となった者を遺言執行者として指定することも差し支えありません。弁護士などが遺言書の作成に関与する場合には、その弁護士などが証人となり、かつ遺言執行者として指定されるのが通例です。

民法第1010条（遺言執行者の選任）

（遺言執行者の選任）
第1010条　遺言執行者がないとき、又はなくなったときは、家庭裁判所は、利害関係人の請求によって、これを選任することができる。

民法上の理解

遺言による遺言執行者の指定がされなかった場合など、遺言執行者が存在しないときは、利害関係人の申立てにより、家庭裁判所が審判をもって遺言執行者を選任します（本条、家事手続法210）。

遺言による認知（戸籍法64）、相続人の廃除及びその取消し（民法893、894②）のように、遺言執行者によるべきことが法定されている場合には、遺言執行者の存在が必須です。遺言で遺言執行者が指定されていなかったり、指定があっても就職を拒否されたような場合には、選任の申立てをしなければなりません。

一方、遺言の内容によっては、必ずしも遺言執行者を要しない場合がありますが、そのような場合でも、家庭裁判所による遺言執行者の選任は認められています。遺言執行者の手に委ねたほうが、公正で迅速な遺言内容の実現が期待できる場合があるからです。

家庭裁判所は、遺言執行者の選任の申立てがあった場合は、遺言が無効であることが明らかな場合を除き、遺言執行者を選任する実務を採用しています（東京高裁平成9年8月6日決定・家庭裁判月報50巻1号161頁）。
　家庭裁判所は、遺言に限らず、死因贈与契約についても死因贈与執行者の選任を認めています（東京高裁平成9年11月14日決定・家庭裁判月報50巻7号69頁、昭和37年7月3日最高裁家庭局長回答）。
　したがって、遺言、あるいは死因贈与について、登記手続などに相続人の協力が得られない場合は、家庭裁判所に遺言執行者の選任を申し立てるのも1つの解決策です。
　選任の申立てにあたっては、実務上、申立人側があらかじめ遺言執行者の候補者から就職の承諾を得たうえで、家庭裁判所に推薦する方法がとられています（家事手続法210）。
　なお、遺言執行者の選任申立は相続開始地を管轄する家庭裁判所になります。

民法第1011条（相続財産の目録の作成）

（相続財産の目録の作成）
第1011条　遺言執行者は、遅滞なく、相続財産の目録を作成して、相続人に交付しなければならない。
2　遺言執行者は、相続人の請求があるときは、その立会いをもって相続財産の目録を作成し、又は公証人にこれを作成させなければならない。

民法上の理解

　遺言執行者は、就職後、直ちに財産目録を作成する義務を負います。
　財産目録の作成により、相続財産の状態が明確になり、遺言執行者の管理処分権（民法1012）の対象や責任範囲（民法1012②）が明確になります。
　財産目録の様式は法定化されていませんが、相続財産や債務の内容を分かっている範囲で記載します。個々の相続財産の価額を調査して記載するまでの必要はありません。財産目録の作成費用は相続財産から支出されます（民法1021）。

相続人は、財産目録の作成に立ち会うことができますし、公証人に目録を作成させることもできます（民法1011②）。公証人が財産目録を作成する場合には、相続人を立ち会わせ、目録の1通を公証役場に保存し、他の1通を遺言執行者に交付する取扱いとなっています。しかし、公証人への財産目録調整の依頼は、実務においてはほとんど利用されていません。

　特定遺贈の場合には、遺言執行者の権限は、その遺贈に限りますので、特定財産についてのみ財産目録を作成すれば良いものとされます（民法1014）。

　実務では、本条に基づく財産目録が作成されることは少なく、多くの場合は税理士が行う申告業務と並行して財産が調査され、相続税の申告書の明細が財産目録として利用されます。相続税の申告のために利用する資料であれば網羅性について保証があるからです。

税法上の理解

　財産の明細は、相続税の申告で必要になりますので、遺言執行についての財産目録は、当初から税理士が作成するのが合理的です。相続財産について、被相続人の財産を漏れなく記載するために、不動産の登記事項証明書や名寄帳、土地評価証明書を入手し、預貯金と借入金は残高証明書を依頼する等、全ての資産と負債を洗い出す必要があります。

　ここで問題になるのが、被相続人の親族名義の預金と株式です。これらが相続財産に含まれるのか、名義人の固有の財産なのかは、常に相続税の調査の現場で議論になります。つまり、名義預金、あるいは名義株の問題です。

　預金については、通帳や印鑑を誰が管理していたのか、また、預金の預入れと引出しを誰が行っていたのか、また、名義人には、預金の原資になる収入が存在したのかなどが問われます。

　仮に、預金の原資となった資金が被相続人から贈与されたと主張する場合は、その贈与についての贈与税の申告の有無も問われることになります。収入のない配偶者が、生活費の中から蓄えた配偶者名義の預金については、配偶者自身が、それを自己の預金と理解している場合が多く、課税庁との間に議論が生じてしまいます。

　相続税の段階で、名義預金等の誤解を受けないようにするためには、相続人

は、自己名義の預金について通帳、あるいは印鑑を自分で管理し、かつ、自分の収入と区別せず、自分の資産として預金を管理する必要があります。さらに、問題になることが多いのが同族会社の株式です。商法は、以前には7名の発起人と、1人の出資者を要求していたので、この8名を揃えるために、真実の出資者ではない名義人が株主になることがありました。さらには、会社の設立後に、身内に対して株式が譲渡され、その旨の名義変更が行われていることもあります。

これらは、法人税申告書の別表2の株主欄で管理されており、いわば株主名簿に代わる資料が、毎年、課税庁宛に提出されているのですが、この事実のみをもってしては、なかなか名義人を真実の所有者とは認めてもらえないのが相続税の課税の実務です。

したがって、名義人が真実の所有者であることを主張する場合は、名義人が配当を受け取り、株主総会で議決権を行使するなどの間接事実に加えて、株式の購入代金の収支に関する資料の保存や、株式の贈与に関する贈与税の申告書を示し、株式名義の変更について、適正な処理がなされていることを課税庁に積極的に説明する必要があります。

民法第1012条（遺言執行者の権利義務）

（遺言執行者の権利義務）
第1012条 遺言執行者は、遺言の内容を実現するため、相続財産の管理その他遺言の執行に必要な一切の行為をする権利義務を有する。
2 遺言執行者がある場合には、遺贈の履行は、遺言執行者のみが行うことができる。
3 第644条、645条から第647条まで及び第650条の規定は、遺言執行者について準用する。

民法上の理解

1 遺言執行者の権限

遺言執行者は、遺言の執行に必要な行為をすることができる権限を有しており、また、義務を有しています。

例えば、金銭の遺贈を実現するため相続財産の換価処分が必要であれば、遺言執行者は相続財産を換価する権限を有することになります。一方、相続人は遺言執行者の執行を妨げる行為をすることができず、その範囲で管理処分権限を失います（民法1013）。

不動産の遺贈がなされた場合には、登記権利者である受遺者と登記義務者である相続人の共同申請による登記が必要になりますが、遺言執行者が指定されている場合は、登記義務者になるのは、相続人ではなく、遺言執行者です。また、受遺者が遺贈された不動産の所有権移転登記を求めて提訴する場合には、遺言執行者を被告とすることになります。相続人は被告適格を有しません（最高裁昭和43年5月31日判決・判例時報521号49頁）。

遺贈の場合は、このように遺言執行手続が必要になりますが、「相続させる」遺言の場合は、遺言執行手続は不要だと解するのが判例です。

「相続させる遺言」は、遺産分割の方法を定めた遺言であり、被相続人の死亡によって直ちに相続による承継の効果が生じると考えられています。そのため、遺言執行の余地はなく、遺言執行者には登記を申請すべき権限も義務もないと解されています（最高裁平成7年1月24日判決・判例時報1523号81頁）。

ただし、民法1014条は「相続させる遺言」を「特定財産承継遺言」という造語で定義し、特定財産承継遺言の場合にも、法定相続分を超える財産の取得について対抗要件を備えるために遺言執行者に遺言執行権限を与えました。民法899条の2によって法定相続分を超える部分については登記などの対抗要件が必要になったためです。

さらに、例えば、相続人Aに相続させる旨の遺言があったにもかかわらず、他の相続人Bへの所有権移転登記がなされてしまった場合のように、遺言の実現が妨害されたときには、遺言執行者はその妨害を排除するため、Bへの登記の抹消や、Aへの所有権移転登記手続を請求する権限があるとされています（最高裁平成11年12月16日判決・判例時報1702号61頁）。

相続人が不存在の場合は、遺言執行者と相続財産管理人との役割の配分が問題になります。

この点に関しては、登記実務上は、相続人のいない遺言者が、遺産を換価処分し、債務の返済をしたうえで残金を受遺者に遺贈する旨の清算型遺言をして

いた場合について、相続財産管理人の選任を要せず、遺言執行者において相続財産の処分についての相続登記と、その後の所有権移転登記が行えると認めた先例があります（登研619号）。

2 遺言執行者と預金の解約

相続財産に含まれる預金の解約については、銀行の所定の書類への相続人の全員の押印と印鑑証明書の提出を求めるのが銀行実務です。しかし、遺言執行者の指定がある場合は、銀行は、遺言執行者の押印のみで預金の解約を認めるのが通例です。

銀行預金についての手続きが簡単になることが、遺言執行者を選任することの最大の目的だと指摘する人もいます。

ただし、相続人、あるいは受遺者が遺言執行者の地位を兼ねる場合は、銀行によっては、遺言執行者の押印のみでは預金の払戻しに応じない場合があります。

特に、遺言執行者ではない相続人が取得することになっている預金について、払戻しには慎重なところがあります。したがって、預金の払戻しについて、相続人の全員の同意が得られない可能性のある遺言の場合は、弁護士を遺言執行者に選任しておくほうが無難です。

税法上の理解

遺言執行費用は、相続財産から支出されますが、これは相続税の計算における債務控除の対象にはなりません。

民法第1013条（遺言の執行の妨害行為の禁止）

（遺言の執行の妨害行為の禁止）
第1013条　遺言執行者がある場合には、相続人は、相続財産の処分その他遺言の執行を妨げるべき行為をすることができない。
2　前項の規定に違反してした行為は、無効とする。ただし、これをもって善意の第三者に対抗することができない。
3　前2項の規定は、相続人の債権者（相続債権者を含む。）が相続財産についてその権利を行使することを妨げない。

民法上の理解

1 遺言執行者の権限に反した処分

相続人は、相続によって承継した相続財産に対する管理処分権を持っています。

しかし、遺言執行者がいる場合には、遺言執行者の管理処分権が優先し、相続人は遺言執行者による遺言執行を妨げる行為ができなくなります。

つまり、相続人は、遺言執行者が管理処分権を有する範囲内において、相続財産に対する管理処分権を喪失することになり、相続人は遺産の売却処分や、遺産についての抵当権の設定などの行為を行うことができません。

相続開始後に、不動産について遺言の趣旨に反する所有権移転登記を得た相続人に対しては、遺言執行者は、所有権移転登記の抹消登記手続のほか、真正な登記名義の回復を原因とする所有権移転登記手続を求めることができます（最高裁平成11年12月16日判決・判例時報1702号61頁）。

この規律に反して、相続人が相続財産を処分したとしても、その処分行為は無効になります（大審院昭和5年6月16日判決・民集9巻550頁）。ここでの無効は遺言執行者との関係でのみ無効となる相対的な無効ではなく、第三者を含む全ての人にとって無効を意味します。

したがって、遺言執行者がいる場合には、遺言の対象となった不動産について、相続人が法定相続分に基づく登記手続を行ったうえで、第三者に所有権移転登記をしたとしても、第三者は、不動産について所有権を取得することができません。

不動産の遺贈を受けた受遺者は、所有権の移転登記を受けた第三者に対しても、登記なくして自己の所有権を主張することができます（最高裁昭和62年4月23日判決・判例時報1236号72頁）。管理処分権を喪失した相続人による処分行為は無効であるため、対抗要件である登記の有無は問われないことになるからです。

「相続させる遺言」の場合は、遺産の分割の方法を定めるものであり、「相続させる遺言」があった場合は、特段の事情のない限り、遺産は、遺言者の死亡によって直ちに相続人に承継されます。つまり、遺言執行者の執行を必要とし

ませんので、例えば遺留分権利者が遺留分行使について相手方とすべきは、遺言執行者ではなく、遺言書によって遺産を取得することになった相続人本人ということになります（広島高裁平成19年9月27日決定・判例時報1999号81頁）。

　遺言執行者がその職務に就職するのは、就職の承諾があったときからとなります（民法1007）。しかし、本条にいう「遺言執行者がある場合」とは、遺言で遺言執行者に指定された者が承諾する前も含むものとされています（前掲最高裁判決）。

　ところで、相続人全員の協議によって、遺言の内容とは異なった遺産分割が行われることも珍しくはありません。もし遺言執行者の指定があったとすると、相続人は遺言執行者による執行を妨害することができませんから、そのような遺産分割の効力には疑問が生じるところです。

　しかし、遺贈であれば、受遺者は遺贈を自由に放棄することが可能ですし、「相続させる」遺言についても、相続人が遺言による取得分を処分するのは自由ですから、そのような遺産分割の効力が否定されることはないと考えられています（東京地裁平成13年6月28日判決・判例タイムズ1086号279頁）。

2　善意の第三者の保護

　上記のような絶対的な無効は、遺言執行者の存在を知らなかった第三者の権利を害します。そこで本条に2項が追加され、遺言執行者の権限に反する処分であっても、それについて善意である第三者は救済されることになりました。

　実際の取引を想定しても、相続登記がある不動産を、その名義人から購入するのが実務であって、遺言書の存否や、遺言執行者の有無を確認することは現実的に不可能です。登記に公信力がないとしても、登記の信頼を信じた第三者は保護されるべきであり、今回の改正は、その保護を実現したことになります。

　本条は、法定相続分を超えた部分については「登記、登録その他の対抗要件を備えなければ、第三者に対抗することができない」とする民法899条の2の新設に加えて、遺言執行者が選任されている場合であっても、登記なくしては善意の第三者に対抗できないことになりました。

　その結果、相続登記のある不動産を購入する場合は、法定相続分までは登記を信頼することが可能になり、遺言執行者が選任されている場合でも、善意の

第三者であれば、その信頼は覆されないことになりました。第三者は善意であればよく、無過失であることは要求されません。

民法第1014条（特定財産に関する遺言の執行）

> （特定財産に関する遺言の執行）
> 第1014条　前3条の規定は、遺言が相続財産のうち特定の財産に関する場合には、その財産についてのみ適用する。
> 2　遺産の分割の方法の指定として遺産に属する特定の財産を共同相続人の1人又は数人に承継させる旨の遺言（以下「特定財産承継遺言」という。）があったときは、遺言執行者は、当該共同相続人が第899条の2第1項に規定する対抗要件を備えるために必要な行為をすることができる。
> 3　前項の財産が預貯金債権である場合には、遺言執行者は、同項に規定する行為のほか、その預金又は貯金の払戻しの請求及びその預金又は貯金に係る契約の解約の申入れをすることができる。ただし、解約の申入れについては、その預貯金債権の全部が特定財産承継遺言の目的である場合に限る。
> 4　前2項の規定にかかわらず、被相続人が遺言で別段の意思を表示したときは、その意思に従う。

民法上の理解

　遺言が特定財産に関する場合には、前3条の規定は、その財産についてのみ適用されます。

　したがって、特定財産に関する遺言における遺言執行者は、その特定財産についてのみ財産目録を調整すればよく（民法1011）、遺言執行者の管理処分権はその特定財産に限定されることになります（民法1012）。また、相続人の管理処分権はその特定財産の限度でのみ喪失することになり（民法1013）、それ以外の相続財産については、遺言執行者がいる場合でも、相続人は自由に処分できることになります。

　ここでの「特定財産に関する」というのは、遺言の対象が他の相続財産と区別して特定できる場合を広く意味するものと解されています。したがって、土地が所在地や地番などによって特定されている場合だけでなく、遺産のうち不

動産の全てというような特定の仕方も含まれることになります。

「相続させる」遺言を「特定財産承継遺言」という造語で特定し、これについての登記手続を遺言執行者の権限に含めました。民法899条の2によって「相続させる」遺言の場合も、法定相続分を超える部分については登記などの対抗要件が必要になったためです。しかし、「相続させる」遺言については、執行手続を要せず、当然に相続人が所有権を取得し、単独申請による登記手続が認められていることと、遺言執行者が選任されていない遺言も存在するのですから、本条の改正後も、相続人の単独申請による相続登記手続が制限されるとは思えません。

民法第1015条(遺言執行者の行為の効果)

(遺言執行者の行為の効果)
第1015条　遺言執行者がその権限内において遺言執行者であることを示してした行為は、相続人に対して直接にその効力を生ずる。

民法上の理解

「遺言執行者は、相続人の代理人とみなす」とした条文が削除され、本条の内容に入れ替わりました。代理人である場合は、代理制度についての民法99条以下にある多様な規定が準用されてしまいます。代理人である以上は相続人の指示に従う義務も生じてしまいますが、それは遺言執行制度に反します。本条は、代理人法理から離れて、遺言執行者の行為は相続人に対して直接に効力を生じると端的に規定することにしました。

遺言執行者が「相続人の代理人」ではなくなったことから、相続人と遺言執行者との利益相反規定に影響を与えるのか否かが気になります。つまり、弁護士が遺言執行者になった場合に、一部の相続人の代理人として調停手続などに参加することはできなくなるのか否かです。遺言執行者の地位と権限からすれば、弁護士の利益相反規定に変更があったとは思えません。これからも遺言執行者は一部の相続人の代理人として、他の相続人を相手にした法律行為を行うことはできないと考えるべきです。

民法第1016条（遺言執行者の復任権）

> **（遺言執行者の復任権）**
> 第1016条　遺言執行者は、自己の責任で第三者にその任務を行わせることができる。ただし、遺言者がその遺言に別段の意思を表示したときは、その意思に従う。
> 2　前項本文の場合において、第三者に任務を行わせることについてやむを得ない事由があるときは、遺言執行者は、相続人に対してその選任及び監督についての責任のみを負う。

民法上の理解

遺言執行者は「やむを得ない事由がなければ、第三者にその任務を行わせることができない」としていた条文が削除され、自由に、第三者に対して任務の一部又は全部を行わせることができることになりました。ただし、その場合は復任者の選任と、その行為について遺言執行者は全面的な責任を負います。ただし、本条2項によって「やむを得ない事由がある」場合は責任が軽減されることになっています。

本条は、全ての任務を遺言執行者が自ら行うことを定めたのではなく、履行補助者を使用することは当然に認められます。履行補助者とは、遺言執行者の判断に基づき、遺言執行者の手足として事務処理をする者で、信託銀行が遺言執行者に指定されている場合に、信託銀行の行員が実際の業務を行う場合などが該当します。

民法第1017条（遺言執行者が数人ある場合の任務の執行）

> **（遺言執行者が数人ある場合の任務の執行）**
> 第1017条　遺言執行者が数人ある場合には、その任務の執行は、過半数で決する。ただし、遺言者がその遺言に別段の意思を表示したときは、その意思に従う。
> 2　各遺言執行者は、前項の規定に関わらず、保存行為をすることができる。

民法上の理解

　遺言執行者が複数いる場合の執行方法を、本条は定めています。この場合は、共同遺言執行者は、多数決によって遺言を執行します。

　共同遺言執行者が偶数の場合には可否同数になる可能性がありますが、そのような場合は、遺言執行者の全員について解任事由が生じることになります（民法1019）。そのような事実が生じた場合は、遺言執行者の一部あるいは全員を解任し、後者の場合は、改めて遺言執行者を選任するなどの対応が必要になります。

　ただし、被相続人が遺言によって、執行方法について本条の規定とは異なる方法を定めていた場合は、その指示が優先されます。遺言執行の意思決定について、遺言執行者に序列を定めておく等の方法です。なお、遺言執行者は、保存行為については単独で執行することができます。

　複数の遺言執行者を必要とする場合は通常は想定されません。ただし、遺言執行者として指名しようとする者が高齢な場合や、弁護士などの専門家と共に、相続人の内の1名を遺言執行者に指定する場合など、遺言書を作成するについて複数の遺言執行者を指名した方が安心できることがあります。そのような場合を想定した条文です。

　なお、複数の遺言執行者について順位を定め、先順位の遺言執行者が欠けた場合に備えることが実務上は有効です。特に、遺言執行者が高齢な場合や、遺言執行を引き受けて貰えるか否かについて不安がある場合です。

民法第1018条（遺言執行者の報酬）

（遺言執行者の報酬）
第1018条　家庭裁判所は、相続財産の状況その他の事情によって遺言執行者の報酬を定めることができる。ただし、遺言者がその遺言に報酬を定めたときは、この限りでない。
2　第648条第2項及び第3項並びに第648条の2の規定は、遺言執行者が報酬を受けるべき場合について準用する。

民法上の理解

　遺言執行者の報酬が遺言で定められている場合は、これに従うことになります。遺言に特段の定めがない場合には、遺言執行者が、家庭裁判所に報酬の付与を申し立てることになります。

　報酬付与の申立てに係る管轄は、遺言者の相続開始地の裁判所です（家事手続法215）。報酬付与の申立てを受けた家庭裁判所は、相続財産の状況などを考慮して報酬を定めます。

　執行者の責に帰することができない事由によって執行業務が中途で終了した場合には、既に履行した割合に応じて報酬を請求することができます（本条②、民法648③）。

　遺言執行者の報酬について、遺言執行者と相続人及び受遺者との間の合意が成立した場合は、家庭裁判所への申立てが不要なことは当然です。なお、遺言執行者の報酬は、委任における受任者の報酬と同様に後払いが原則です（本条②、民法648②）。

　弁護士会の旧報酬規程では、経済的利益の額を基準として、300万円以下の部分は30万円、300万円を超え3,000万円以下の部分については2％、3,000万円を超え3億円以下の部分は1％、3億円を超える部分については0.5％としていました。遺言執行に裁判手続を要する場合は、遺言執行手数料とは別に、裁判手続に要する弁護士報酬を請求することができるとされていました。

　信託銀行の遺言執行報酬の一例を示せば次の通りです。まず、基本報酬として30万円とし、財産比例報酬として、遺言執行の対象になる財産について、1億円以下の部分は1.3％、1億円超で6億円以下の部分は0.8％、6億円超で10億円以下の部分は0.5％、10億円超の部分は0.3％です。遺言執行報酬は、遺言執行の対象になる財産について、財産評価基本通達による相続税評価額を基礎に、債務を控除せずに計算するとされています。

　資産総額10億円、負債総額9億円という場合も、10億円を基準に遺言執行費用が請求され、多額の遺言執行費用に驚かされることがあります。信託銀行が遺言執行者になった場合でも、相続税の申告には税理士を、登記手続には司法書士を、それぞれ依頼することが必要です。

税法上の理解

　遺言執行費用は、相続後に必要となる費用なので、相続税の計算における債務控除の対象にはなりません。

　遺言執行者が財産を換価し、その換価代金を相続人等に取得させるという内容の遺言の場合で、遺産の換価に要する報酬が他の報酬と区別できる場合は、それを換価（譲渡）についての経費として処理することが可能です。

　ゴルフ会員権を贈与により取得した場合について、受贈者が支出した名義書換手数料をゴルフ会員権の取得費として認めた最高裁平成17年2月1日判決（判例時報1893号17頁）を受けて、「資産課税課情報第15号、平成17年8月12日」が公表されました（所基通60－2）。ここでは遺産分割の際の訴訟費用や弁護士費用は、相続人間の紛争を解決するための費用なので、取得費を構成するものではないとされています。

　この考え方に従えば、遺言執行費用は紛争解決費用とは区分され、資産の取得に要した費用と認められるものと理解されます。ただし、この点についての明確な解説は存しません。

民法第1019条（遺言執行者の解任及び辞任）

（遺言執行者の解任及び辞任）
第1019条　遺言執行者がその任務を怠ったときその他正当な事由があるときは、利害関係人は、その解任を家庭裁判所に請求することができる。
2　遺言執行者は、正当な事由があるときは、家庭裁判所の許可を得て、その任務を辞することができる。

民法上の理解

1 遺言執行者の解任

　遺言執行者は、遺言（民法1006①）により、又は家庭裁判所の選任（民法1010）によって就職します。

　遺言執行者は、遺言者の意思を実現する役割を持っており、その解任と辞任

には家庭裁判所の許可が必要です。

　遺言執行者を解任するには、遺言の執行について利害関係を有する者が相続開始地の家庭裁判所に対して、解任の請求をする必要があります。利害関係人とは、相続人、受遺者、共同遺言執行者、相続債権者のことですが、さらに相続人や受遺者の債権者も含まれます。

　解任事由として、遺言執行に着手せず、あるいは遺言執行事務が著しく遅延している場合が考えられます。

　その他に、相続財産を理由なく相続人に引き渡さない場合や、執行行為の報告を怠る場合があります。

　なお、遺言執行者が相続人の一部に有利に振る舞うことがありますが、このような事情も解任理由になる場合があります。

② **遺言執行者の辞任**

　遺言執行者は、健康状態や職業上の多忙等により遺言執行の任務を果たすことが困難な場合には、執行者本人の申立てにより、家庭裁判所に辞任の許可を求めることができます。

　具体的には、相続人間の敵対関係が続き、遺言者の意思を実現できない場合が多いと思われます。

　逆に、相続人間に争いがない場合には、相続人は遺言執行者への報酬を節約するため、執行者の辞任を求めることも考えられます。

　しかし、その場合は、遺言執行者が就任する前に対処すべきです。

　なお、遺言執行職務の一部の辞任は認められません。遺言は、全体で一体の意味を成すものなので、一部を辞任すると、遺言全体の実現を不可能にしてしまうからです。

民法第1020条（委任の規定の準用）

（委任の規定の準用）
第1020条　第654条及び第655条の規定は、遺言執行者の任務が終了した場合について準用する。

民法上の理解

遺言執行者の任務は執行業務の完了や、執行者の解任又は辞任（民法1019）、遺言執行者の死亡、遺言執行者についての破産手続（民法1009）の開始の決定によって終了します。

ただし、遺言執行に関し、時効の中断をする必要がある場合など、差し迫った処理を要する時には、任務が終了した場合であっても、遺言執行者は相続人等に不利益が生じないようにする義務があります。

遺言執行者の死亡あるいは後見の開始により委任が終了した場合には、委任者が委任した事務を処理することができるようになるまで、遺言執行者の相続人もしくは法定代理人は必要な処分をしなければなりません（民法654）。

遺言執行者の任務が終了した場合でも、その事実を相続人や受遺者が知らない場合には、遺言執行者は任務の終了を相続人に主張できません（民法655）。したがって、管理を要する物件、例えば、賃貸物件などがある場合は、任務の終了を相続人、あるいは受遺者に書面をもって通知しておく必要があります。

民法第1021条（遺言の執行に関する費用の負担）

（遺言の執行に関する費用の負担）
第1021条　遺言の執行に関する費用は、相続財産の負担とする。ただし、これによって遺留分を減ずることができない。

民法上の理解

遺言の執行に関する費用には、遺言書の検認費用（民法1041）、財産目録の作成費用（民法1011）、相続財産の管理費用（民法1012）、遺言執行者の報酬（民法1018）、その他訴訟費用、登記費用など（民法1018）があります。

遺言執行費用は、相続人や受遺者への相続財産の配分に優先して支出されることになります。

遺留分侵害額の請求があった時は、遺留分からは、遺言の執行に関する費用を控除することはできません。

遺留分の制度は、相続する権利の最小限度を定めたものなので、ここから遺言執行費用を差し引くと、目的が達成されないことになるからです。この場合の費用負担者は受遺者になります。

税法上の理解

1 遺言執行費用と債務控除

遺言執行費用は相続税の計算上、債務控除の対象とはなりません（相基通13－2）。

相続税法の債務控除の対象となる債務は、被相続人の債務で相続開始の際に現に存するもの（相法13①一）に限ります。

2 相続費用と取得費への加算

相続又は遺贈によって取得した資産については、その取得に際して通常必要と認められる費用を、資産の取得費に加算し、将来、その資産を売却する場合の取得価額として差し引くことができます（所基通60－2）。

所得税法60条は、相続による資産の取得については、相続人が「引き続きこれを所有していたものとみなす」ことにして、被相続人の取得の時期と取得価額を引き継ぐことにしていますが、それに加え、相続について「通常必要と認められる費用」を取得価額に加算することにしているわけです。

現時点で、相続について通常必要と認められる費用とされているのは、ゴルフ会員権の名義書換手数料（最高裁平成17年2月1日判決・判例タイムズ1177号150頁）、不動産登記費用、不動産取得税、株券の名義書換手数料などです。これらが事業の用に供される資産である場合は、その業務についての必要経費に算入できます（所基通37－5）。

これに対して、遺産分割のために支出した弁護士費用や訴訟費用、さらに相続税などは、相続人間の紛争を解決するための費用なので、相続の際に通常支出される費用とはいえず、取得費を構成するものではないとされています（資産課税課情報第15号・平成17年8月12日）。

民法第1022条（遺言の撤回）

> （遺言の撤回）
> 第1022条　遺言者は、いつでも、遺言の方式に従って、その遺言の全部又は一部を撤回することができる。

民法上の理解

1　最終意思の尊重

遺言者の最終意思を尊重するという趣旨で、遺言者はいつでも、理由の如何を問わず、自ら行った遺言の全部又は一部を撤回することが認められています。ただし、遺言の撤回は、遺言の方式に従って行うことが求められるので、単に遺言を撤回するという意思を表示しただけでは、何らの効果も生じません。

民法1023条は、抵触する後の遺言又は処分行為があった場合、また、民法1024条は、遺言者が遺言書又は遺言の目的物を破棄した場合に、遺言の撤回とみなす旨を定めていますが、いずれも本条の例外を定めた規定です。

本条にいう遺言の方式は、撤回の対象となる遺言と同じ方式である必要はありません。

例えば、公正証書遺言の撤回を、自筆証書遺言で行うことも可能です。

本条は、死因贈与契約にも、方式に関する部分を除いて準用されます（最高裁昭和47年5月25日判決・判例時報680号40頁）。したがって、贈与者はいつでも贈与を取り消すことができるわけです。

ただ、負担付死因贈与で、受贈者が負担の全部又はそれに類する程度の履行をした場合には、贈与契約締結の動機、負担の価値と贈与財産の価値との相関関係、契約上の利害関係者間の身分関係その他の生活関係等に照らし、負担の履行状況にもかかわらず負担付死因贈与契約の全部又は一部の取消しをすることがやむを得ないと認められる特段の事情がない限り、死因贈与の撤回は認められません（最高裁昭和57年4月30日判決・判例時報1042号96頁）。

認知症などが希な時代には、遺言者の最終意思を尊重することに何の疑いもありませんでした。しかし、長寿化の社会では、判断力について疑問が生じた

まま生活をする期間が長く続くことが予想され、遺言者の最終意思が、本当に正しい判断だったのかについて大いに疑問がある事案が登場することも少なくはありません。撤回不能の遺言などの制度を導入する必要があると思いますが、税法と異なり、ほとんど改正されることのない民法に、そのような時代への適合性を期待することは難しい面があります。そこで撤回不能信託を利用する方法も提案されています。

2 撤回不能信託を利用する方法

遺言書は、遺言者の最終意思を尊重するという趣旨で、いつでも遺言を撤回し、あるいは書き換えることが認められています。このため、自宅の遺贈を受けることを約束して同居した場合や、株式の遺贈を受けることを前提に経営を引き受けた場合に、遺言書の書き換えによって、その期待が裏切られてしまうことがあります。さらには、しっかりと考えた上で作成された遺言書が、その後、判断力に疑問が生じた時点で書き換えられるというトラブルの元になる遺言書を見受けることも珍しいことではありません。

そのような場合には、遺言書の作成に代えて利用できるのが遺言代用信託（信託法90）です。父の財産につき、生前は委託者である父を受益者とする自益信託を設定し、父が死亡した時には受益権は配偶者や子に移転するという信託です。このような信託には遺言と同様の効果があることから遺言代用信託といいます。

遺言代用信託では、受益者として指定された者は、父の相続が発生するまでは受益者としての権利がないため、委託者である父は自由に受益者を変更することができます。しかし、信託契約で受益者を変更する権限を消滅させておくことで、撤回不能の信託を設定することができるのです（信託法90ただし書）。遺言代用信託は、遺言と同様の効果がありますが、しかし、遺言ではないので、死因贈与とは異なり、民法の遺言に関する制約を受けることはありません。

遺言代用信託に、当初の予定に反した場合の撤回の特約を信託内容として取り込むことも可能です。仮に、相続人が先に死亡した場合や、相続人の欠格事由（民法891）、推定相続人の廃除（民法892）の事実が生じた場合には、委託者の意思で遺言を撤回するという特約を付す方法です。

3 相続時精算課税を利用する方法

遺産の確保について、より確実な方法は相続時精算課税を利用して財産の生前贈与を受けてしまうことです。しかし、生前に財産を贈与してしまうことには逆のデメリットも想定されます。相続人と不仲になった場合や、相続人が先に死亡した場合です（相法21の17）。

さらに、生前贈与を受けた場合には小規模宅地等の特例が使えませんし、最近のデフレの時代では、贈与時よりも相続時の方が財産評価額が低額になるという逆転した現象にも備える必要があります。暦年贈与した同族会社株式が、毎年、値下がりを続けるのはよく見かける事例です。さらに信頼できる親子であっても、長寿化の時代ですから、20年、30年の先を予測しての財産管理が必要です。目標は節税ではなく、平穏な生活ですから、税制上のメリットに目を奪われることなく、冷静な判断を行うことが必要です。

民法第1023条（前の遺言と後の遺言との抵触等）

（前の遺言と後の遺言との抵触等）
第1023条 前の遺言が後の遺言と抵触するときは、その抵触する部分については、後の遺言で前の遺言を撤回したものとみなす。
2 前項の規定は、遺言が遺言後の生前処分その他の法律行為と抵触する場合について準用する。

民法上の理解

民法は、遺言者が遺言をした後、一定の行為をした場合には、遺言が撤回されたとみなす旨を定めています（民法1023、1024）。

そのうち、本条は、遺言者が、前の遺言と抵触する遺言を作成した場合（本条①）と、遺言と抵触する処分行為等をした場合について規定しています（本条②）。

後の遺言が前の遺言と抵触する場合は、前の遺言は撤回されたとみなされるわけですが、ここで問題となるのが「抵触」しているか否かの判断基準です。現実には抵触するか否かの判断には困難が伴う場合があります。

例えば、遺言者が、第1遺言で遺産の全てを妻に譲るとした後に、第2遺言で妻の存命中は土地家屋その他一切現状を維持し、その死後は土地家屋その他を処分して現金に換え、子供らに4分の1を与える旨の遺言をしたケースについて、第一審は、第2遺言が第1遺言に抵触するとし、子供らが直接土地家屋等を取得するとしました。

ところが、控訴審は、原判決を取り消し、第2遺言は第1遺言と抵触するものではなく、相続により妻が土地家屋等を取得したと判断しました（東京高裁平成14年8月29日判決・判例タイムズ1114号264頁）。

このように判断が分かれてしまったのは、遺言の記載の趣旨が明確ではなかったためです。2つ以上の遺言が作成された場合は、このような解釈の問題が生じてしまいますので、遺言を作成する場合は、従前の遺言を撤回（民法1022）した上で、遺言事項の全てを新しい遺言に記載しておくことが必要です。

本条2項により遺言が撤回したとみなされるのは、遺言者自身が、遺言と抵触する生前処分その他の法律行為をした場合です。例えば、遺贈すると定めた建物を生前に売却してしまったような場合です。ただし、その建物が第三者の不法行為により滅失した場合は、遺言が撤回されたとはみなされず、受遺者は、遺言者が有する損害賠償請求権を取得することになります（民法999①）。

民法第1024条（遺言書又は遺贈の目的物の破棄）

（遺言書又は遺贈の目的物の破棄）
第1024条　遺言者が故意に遺言書を破棄したときは、その破棄した部分については、遺言を撤回したものとみなす。遺言者が故意に遺贈の目的物を破棄したときも、同様とする。

民法上の理解

本条は「遺言書を故意に破棄した時は、撤回したものとみなす」と規定します。では、どのような行為が破棄に当たるのか。これを判断した事案があります。遺言書は用紙1枚で、文面の左上から右下にかけて赤色のボールペンで斜線が1本引かれていた事案です。1、2審は「文字が判読できる状態であれば

有効」と判断したのですが、最高裁は「遺言書に故意に本件斜線を引く行為は、民法1024条前段所定の『故意に遺言書を破棄したとき』に該当する」と判断しました（最高裁平成27年11月20日判決・判例時報2285号52頁）。

　遺言者が、遺言の目的物を破棄した場合も、遺言は撤回されたとみなされます。実際には、遺言の目的物が物理的に破壊される場合よりも、前条2項の生前処分によって遺言が撤回される場合のほうが多いでしょう。

　遺言の撤回とみなされるのは、遺言者自身の破棄であることが必要であり、第三者が勝手に遺言書を破棄しても撤回の効力は生じません。第三者によって遺言書が破棄された場合は、遺言内容も不明になってしまう場合が多いと思われますが、遺言自体が無効になるわけではないので、何らかの方法で遺言内容が明らかになれば、その内容に従った遺言の執行が可能になります（東京高裁平成9年12月15日判決・判例タイムズ987号227頁）。

　公正証書遺言については、遺言者の手元にある正本の破棄ではなく、公証人役場に保管してある原本を破棄する必要があります（東京地裁昭和58年3月23日判決・ジュリスト809号86頁）が、公証人が保管する原本を破棄することは実際には不可能です。公正証書遺言を撤回する場合は、新たな遺言書をもって公正証書遺言を撤回するか、あるいは公正証書遺言で定めた事項について、新たな遺言をすることが必要です。実務的には、新たな遺言書に、「今までに作成した遺言書は全て撤回する」と記載しておくことで、遺言の解釈についての紛争を防ぐのが賢明です。

税法上の理解

　相続後に、相続人の全員で合意し、遺言書を破棄し、遺産分割協議をする場合があります。これは遺言書と異なる遺産分割になりますが、税法上も、この処理は有効と解されています。

　遺言に反する遺産分割については民法902条の解説をご覧下さい。

民法第1025条(撤回された遺言の効力)

(撤回された遺言の効力)
第1025条 前3条の規定により撤回された遺言は、その撤回の行為が、撤回され、取り消され、又は効力を生じなくなるに至ったときであっても、その効力を回復しない。ただし、その行為が錯誤、詐欺又は強迫による場合は、この限りでない。

民法上の理解

遺言書が物理的に破棄された場合は、その撤回ということはあり得ませんので、本条が定める撤回は、新たな遺言書をもって、それ以前の遺言を取り消した場合や、元の遺言に抵触する遺言書を作成した場合について、元の遺言を復活させることは認められないとしたものです。

第1遺言を作成し、その後、第2遺言で第1遺言を取り消した。しかし、その後、第3遺言をもって第2遺言を取り消した場合に、第1遺言が効力を復活するのか。あるいは、第2遺言を物理的に破棄した場合に、第1遺言が復活するのか。

この場合に、第1遺言の復活を認めた判決(最高裁平成9年11月13日判決・判例時報1621号92頁)もありますが、事実認定の問題であり、学説上の争いもあります。

実務的には、新しく作成した遺言書は、その遺言書のみをもって遺言者の意思の全てが明確に表現されるようにしておくのが肝要です。

今回の改正で本条の詐欺又は強迫に「錯誤」が加えられました。

民法は、強迫、詐欺、錯誤の取り消し事由を明確に区分しています。強迫の場合は無条件で取り消せますが(民法96)、詐欺の場合は、相手方が行った場合と、第三者が行った場合を区別し、前者については無条件に、後者については第三者が詐欺の事実を知っている場合に限って取り消すことができます(同条②)。さらに、詐欺による取り消しは善意で過失がない第三者には対抗できません(同条③)。

錯誤については、「錯誤が法律行為の目的及び取引上の社会通念に照らして

重要なものであるとき」に限って取り消すことを認め、動機（内心）の錯誤については、「その事情が法律行為の基礎とされていることが表示されていたとき」に限って取り消すことを認めています（民法95）。

このような効果が異なる錯誤、詐欺、強迫を区別せず、遺言の「撤回の撤回」を認めた改正法は、実務の混乱の元になるように思います。特に、遺言書についての錯誤は、遺言者が死亡した後に問われる問題なので、それが錯誤か否かについて死者の内心の意思を追求するという難しさが生じます。

実務としては、遺言の撤回という処理は、遺言書を作り替えることで対応すべきであり、撤回の撤回という疑問が生じる処理は避けるのが常識です。

民法第1026条（遺言の撤回権の放棄の禁止）

（遺言の撤回権の放棄の禁止）
第1026条　遺言者は、その遺言を撤回する権利を放棄することができない。

民法上の理解

遺言の撤回を制限する旨の遺言や、遺言を撤回しない旨の第三者との合意は効力を持ちません。遺言では、遺言者の最終意思を尊重する必要がありますので、いつでも、撤回が可能です。

実務的には、遺言書に記載された通りの遺言が実現されるという前提で、扶養義務の履行、その他の家族間の財産状態の調整が為されることが少なくはありません。例えば、生前の贈与を行い、遺留分の放棄を受け、それを前提に遺言書を作成した場合であっても、その後の遺言の取消しによって、前提になった事実は、基礎から覆されてしまうことになります。

さらに、正常な判断力のある段階で作成された遺言書が、その後、遺言者の判断力が低下した段階で書き換えられてしまうというリスクも、現実の問題として、あり得ないことではありません。

そのために、撤回できない遺言書を作成したいという実務上の要請が存在します。そこで、この代案として、負担付死因贈与が利用されることがあります。死因贈与は、遺贈に関する規定に従うことになっていますので（民法554）、

書面をもって行う贈与契約であっても、いつでも撤回が可能とされています。しかし、死因贈与の場合であっても、それが負担付きであり、かつ、負担が先履行されている場合は、契約の全部又は一部を取り消すことがやむを得ないと認められる特段の事情がない限り、遺言の撤回の規定は準用されないとされています（最高裁昭和57年4月30日判決・判例時報1024号96頁）。

ただ、実務的には、どの程度の負担の先履行があれば、負担が先履行されていることになるかについては、明確な基準がありません。特に、扶養義務者が行う父母の扶養などが負担になるのか、あるいは単純な扶養義務の履行にすぎないのかは、疑義が生じる箇所です。

そのような場合に利用されるのが撤回不能の条件を付した遺言代用信託や、生前に財産を贈与してしまう相続時精算課税です。これらの利用については1022条の解説を参照して下さい。

税法上の理解

相続時精算課税は、その名称の通り、生前贈与財産についての課税は、相続時点で精算されるという税制です。仮に、生前に5,000万円の贈与が為された場合は、2,500万円までを基礎控除として、それを超える2,500万円について20％に相当する500万円の贈与税を納めることになりますが、これは相続時に精算されることになります。

つまり、相続時点で1億円の相続財産があれば、それに生前贈与財産である5,000万円を加算した1億5,000万円を相続財産として相続税を計算し、その相続税額から、既に納付した500万円の贈与税を控除した金額を、納付すべき相続税とする制度です。仮に、この相続税がマイナスとして計算された場合は、相続時点で、既に納付している贈与税が還付されることになります。

つまり、相続税の計算では、節税などの効果が生じない中立的な制度ですが、生前の贈与が可能になったという意味で便利な制度です。

民法第1027条（負担付遺贈に係る遺言の取消し）

> **（負担付遺贈に係る遺言の取消し）**
> **第1027条** 負担付遺贈を受けた者がその負担した義務を履行しないときは、相続人は、相当の期間を定めてその履行の催告をすることができる。この場合において、その期間内に履行がないときは、その負担付遺贈に係る遺言の取消しを家庭裁判所に請求することができる。

民法上の理解

　遺言によって遺贈を受け、その承認をした者（民法986）が、負担した義務を履行しない場合は、相続人は、相当の期間を定めて履行を催告し、その履行がない場合は、家庭裁判所に遺言の取消しを請求することができます。

　遺言の取消しを請求できるのは相続人とされていますが、相続人と同一の地位になる包括受遺者（民法990）、さらには遺言執行者も取消請求権者になります。

　ただし、負担によって利益を受ける者は、取消請求権を持ちません。本条によって遺贈が取り消された場合は、当然、負担の履行義務がなくなりますので、負担によって利益を受けることになっていた者の権利も消滅することになります。ただし、負担の利益を受けるべき者は、自ら受遺者になることが認められています（民法1002②）。

　例えば、長男が全ての財産を取得し、その負担として全ての債務を引き受けるという遺言が作成される場合があります。そのような場合に、長男が債務の弁済を完了すればよいのですが、弁済を怠った場合には、他の相続人が、相続分について債権者から債務の履行を請求されることになります。そのような場合に、本条を適用し、そもそもの相続財産の遺贈について、遺言の取消しを請求してしまう手法が使えることになります。この請求権は、遺留分侵害額の請求と異なり、期限の制限がないことから、事情によっては、有効に活用できる場面があるかもしれません。

税法上の理解

　本条によって遺贈が取り消された場合は、受遺者は、相続税について更正の請求をすることになり（相法32①六、相令8②一）、遺贈の取消しによって利益を受けた者は、相続税について修正申告を行うことになります（相法31）。

§8 配偶者の居住の権利

民法第1028条（配偶者居住権）

（配偶者居住権）
第1028条 被相続人の配偶者（以下この章において単に「配偶者」という。）は、被相続人の財産に属した建物に相続開始の時に居住していた場合において、次の各号のいずれかに該当するときは、その居住していた建物（以下この節において「居住建物」という。）の全部について無償で使用及び収益をする権利（以下この章において「配偶者居住権」という。）を取得する。ただし、被相続人が相続開始の時に居住建物を配偶者以外の者と共有していた場合にあっては、この限りでない。
一 遺産の分割によって配偶者居住権を取得するものとされたとき。
二 配偶者居住権が遺贈の目的とされたとき。
2 居住建物が配偶者の財産に属することとなった場合であっても、他の者がその共有持分を有するときは、配偶者居住権は、消滅しない。
3 第903条第4項の規定は、配偶者居住権の遺贈について準用する。

民法上の理解

　婚外子に実子と平等の相続権を認めた最高裁平成25年9月4日判決から始まった民法相続編の改正で、当初は、本条による配偶者居住権に合わせて、配偶者の相続分を増額する改正案が検討されていました。

　婚外子に実子と平等の相続分を与えた結果、配偶者が居宅から追い出されてしまう不安が生じたのが理由です。相続人の全員が実子の場合であれば、母親を追い出してまで居宅の換価は要求しないと期待されますし、第1次相続での遺産分割では共有関係に留めて母親の居住を継続させることも可能です。しかし、婚外子が出現した場合は、婚外子は、配偶者が死亡する第2次相続に参加することはできず、父親の死亡時に自己の権利を主張せざるを得ません。

　婚外子が出現しない場合でも、他の相続人が相続分を主張した場合は配偶者は居宅を追い出されてしまいます。そのような場合に備え、配偶者居住権と配偶者の相続分を増額する改正案が検討されました。

　ところが、改正案についてパブリックコメントを求めたところ、配偶者の相続分を増額することには反対意見が多く、これが頓挫し、残ったのが本条によ

る配偶者居住権という制度です。

　全ての相続人が配偶者に居住権を認めるという遺産分割協議を行った場合（本条1項1号）と、遺贈（遺言書）をもって配偶者居住権が配偶者に与えられた場合（本条1項2号）です。なお、遺贈をもって婚姻期間が20年以上の夫婦の一方に配偶者居住権が与えられた場合は、その遺贈については持戻し免除の意思表示があった（民法903④）と推定されます（本条3項）。

　しかし、どのような場面での利用を想定した制度なのか見えないところがあります。遺産分割で配偶者居住権を認める事案は、相続人の全員が仲良しの場合なのでしょう。敵対している相続人がいる場合に成立する分割内容とは思えません。そうであるなら、なぜ、配偶者の取得分を、居宅の所有権ではなく、配偶者居住権に留める必要があるのか。配偶者の居宅処分権限を奪うことが目的なのか。

　配偶者居住権を遺贈の目的にする場合は、居宅以外には見るべき財産が無く、遺産分割をしてしまったら居宅が維持できない事例なのか。それならば、居宅を配偶者に遺贈すれば良いと思いますが、その場合は遺留分が請求されるという微妙な財産構成の相続事案なのでしょうか。

　そして、配偶者の残りの人生には多様な出来事が出現することが想像されます。再婚することもあるでしょうし、子や孫が同居する場合もあるでしょう。転居する必要が生じることもありますし、介護を必要とする状況になることもあります。バリアフリーへの建物の建て替えが必要になる場合もあるでしょう。介護施設への入居の為に居宅が不要になる場合や、入居の為に資金が必要になる場合もあるでしょう。そのような場合に換金が不可能で、建物の建て替えも認められない配偶者居住権について、どのように対応すべきなのか。そもそも所有権を有さない「居住権」が自分の住まいの根拠であることに安心感を持つことが可能なのか。多くの場合は高齢な人達が利用する事になると思える居宅の使用について、それが所有権ではなく、無償の居住権であることに安心感を持てる人達が存在するのでしょうか。

　なお、居住建物が配偶者以外の者と共有になっている場合は配偶者居住権は認められません。これは他の相続人が共有者であった場合も同様で、共有者の所有権を侵害することはできないからです。

賃貸併用住宅に配偶者居住権が設定できるのでしょうか。その場合は、賃貸部分も配偶者居住権の内容に取り込まれて、配偶者は賃料を受け取ることが可能なのか。配偶者居住権の対象になるのが居宅部分だけだとしたら、その部分についての登記手続には区分建物としての登記を行うのか。実務を考えたら、配偶者居住権には処理不能の問題が生じてしまうように思います。

税法上の理解

配偶者が配偶者居住権を取得し、子が建物と土地を相続した場合には、配偶者居住権についての相続税法上の評価額を算定し、これを土地建物の相続税評価額から控除し、子の相続財産とする必要があります。

相続税の問題ですから、計算の基礎になるのは、建物については固定資産税評価額で、土地は路線価であることは確かですが、その価額を前提に、配偶者居住権をどのように評価するのか。最終的には、財産評価基本通達に明記されるはずですが、現時点で予測する問題点は次の通りです。

① 配偶者居住権の評価は、建物の価額に限るのか、敷地についても及ぶのか。
② 敷地に及ぶとした場合は、貸家建付地評価減と同様に借地権価額を基に計算するのか、更地価額を基礎に計算するのか。
③ これらの価額から家賃を想定し、居住予想年数を推定して配偶者居住権を年金現価の方法で計算するのか、その場合の割引率を幾らにするのか。
④ 賃貸併用住宅に配偶者居住権が設定され、賃貸部分も配偶者居住権の内容に取り込まれた場合は、配偶者は、その部分の減価償却費を必要経費として利用することが可能なのか。

配偶者居住権は、建物に関する権利という意味で借家権に似ていますが、土地についても使用制限の効果が生じるという意味で、敷地についても貸家建付地と同様の計算が必要です。

それらによって計算された配偶者居住権の価額ですが、これを取得するのは配偶者なので、配偶者の相続税の軽減によって税負担は生じないものと推察されます。仮に、配偶者居住権に相続税が課税された場合は、換価処分ができない財産を相続した配偶者の担税力の問題も生じてしまいます。

配偶者居住権の制限がある建物と土地を相続した相続人は、建物価額と更地

価額から配偶者居住権の価額を差し引いた金額をもって相続税の課税価額とするはずです。しかし、その後、配偶者が居住権を放棄した場合には、配偶者居住権の残余価値に贈与税を課税するのか。あるいは配偶者が予定した期間よりも早期に亡くなった場合には、配偶者居住権の残余価値を相続財産に加えるのか。仮に、仲良し母子の中で配偶者居住権が設定されて、母子が同居する場合でも、配偶者居住権の評価と、土地建物の価額からの配偶者居住権の控除が認められるのか。

さらに、配偶者居住権には小規模居住用宅地の評価減が認められるのか。底地を相続した相続人にも、相続人が同居している場合は小規模居住用宅地の評価減を認めるのか。残された妻の居住を保護するという社会的な政策を無効化するような通達は作れませんが、その内容によっては相続税の節税に利用されてしまう惧れもあります。どのような評価方法を採用するのか実務家としては強い関心をもつところです。

民法第1029条（審判による配偶者居住権の取得）

> （審判による配偶者居住権の取得）
> 第1029条　遺産の分割の請求を受けた家庭裁判所は、次に掲げる場合に限り、配偶者が配偶者居住権を取得する旨を定めることができる。
> 一　共同相続人間に配偶者が配偶者居住権を取得することについて合意が成立しているとき。
> 二　配偶者が家庭裁判所に対して配偶者居住権の取得を希望する旨を申し出た場合において、居住建物の所有者の受ける不利益の程度を考慮してもなお配偶者の生活を維持するために特に必要があると認めるとき（前号に掲げる場合を除く。）。

民法上の理解

調停ではなく、審判手続にまで進行してしまった事案についての処理です。つまり、相続人の仲が悪い事案を想定しますが、その場合に、本条1号の「配偶者居住権を取得することについて合意」が成立することがあり得るのか。

本条2号は、居宅以外に見るべき財産が存在しない場合に、配偶者には居住

権を、その他の相続人には、その敷地と建物の所有権を与えるという解決策を想定しているものと思います。この2号こそが、現実的にあり得る配偶者居住権の利用方法かもしれません。

民法第1030条（配偶者居住権の存続期間）

（配偶者居住権の存続期間）
第1030条　配偶者居住権の存続期間は、配偶者の終身の間とする。ただし、遺産の分割の協議若しくは遺言に別段の定めがあるとき、又は家庭裁判所が遺産の分割の審判において別段の定めをしたときは、その定めるところによる。

民法上の理解

　配偶者居住権の存続期間は、原則として、配偶者の終身になります。しかし、配偶者の終身について、どの程度の期間を想定するかによって、配偶者居住権を利用する場合のイメージは大きく異なってきます。

　平均余命が3年程度の配偶者の場合と、それが30年である場合の配偶者です。3年であれば、未分割のまま放置し、第2次相続が開始してから遺産分割を行うことが可能です。30年の場合は、居宅について、30年間について修繕費用の問題を抱えたままの利用権を設定することが合理的か否か。

　相続時点で、既に、相当の年数を経ている建物が多いと思いますが、それらの建物について、大規模修繕もせず、建物の建て替えも想定せず、使用し続けるという前提にも疑問のある制度です。

　現実的には、配偶者が相当な高齢者の場合に、暫定的な措置として、配偶者居住権が利用されることになるはずです。仮に、高齢の母親に配偶者居住権を与えて、土地建物は子ども達が共有で相続する。母親が死亡した後には土地建物を売却して、その代金を分割する。そのような利用法です。

民法第1031条(配偶者居住権の登記等)

(配偶者居住権の登記等)
第1031条 居住建物の所有者は、配偶者(配偶者居住権を取得した配偶者に限る。以下この節において同じ。)に対し、配偶者居住権の設定の登記を備えさせる義務を負う。
2 第605条の規定は配偶者居住権について、第605条の4の規定は配偶者居住権の設定の登記を備えた場合について準用する。

民法上の理解

当然のことながら、配偶者居住権は登記され、土地と建物を譲り受けた第三取得者に対して対抗できることを前提にします。

登記した不動産の賃貸借の対抗力(民法605)と、不動産の賃借人による妨害停止の請求権(民法605の4)の規定が配偶者居住権に準用されます。

民法605条が準用されていることから推察すれば、配偶者居住権は、物権ではなく、建物所有者との間に成立する債権債務関係と位置付けられると思います。つまり、配偶者居住権が成立した後に、当事者の合意によって、それを廃止し、あるいは内容を変更することも自由な権利です。

民法第1032条(配偶者による使用及び収益)

(配偶者による使用及び収益)
第1032条 配偶者は、従前の用法に従い、善良な管理者の注意をもって、居住建物の使用及び収益をしなければならない。ただし、従前居住の用に供していなかった部分について、これを居住の用に供することを妨げない。
2 配偶者居住権は、譲渡することができない。
3 配偶者は、居住建物の所有者の承諾を得なければ、居住建物の改築若しくは増築をし、又は第三者に居住建物の使用若しくは収益をさせることができない。

> 4　配偶者が第1項又は前項の規定に違反した場合において、居住建物の所有者が相当の期間を定めてその是正の催告をし、その期間内に是正がされないときは、居住建物の所有者は、当該配偶者に対する意思表示によって配偶者居住権を消滅させることができる。

民法上の理解

　配偶者は善良な管理者の注意義務をもって居宅を使用することが要求されます。自己のものと同一にする注意義務ではなく、他人のものを管理する注意義務です。居宅の改築や増築、さらに第三者に対する貸与には建物の所有者の承諾が必要です。同居人を迎えることまで禁止されるとは思えません。つまり、再婚や高齢者の友人との同居生活です。あるいは再婚することも想定され、その夫婦に子が生まれることも想定されます。しかし、これらが転貸だと認定された場合は配偶者居住権の消滅理由になります。

民法第1033条（居住建物の修繕等）

> （居住建物の修繕等）
> 第1033条　配偶者は、居住建物の使用及び収益に必要な修繕をすることができる。
> 2　居住建物の修繕が必要である場合において、配偶者が相当の期間内に必要な修繕をしないときは、居住建物の所有者は、その修繕をすることができる。
> 3　居住建物が修繕を要するとき（第1項の規定により配偶者が自らその修繕をするときを除く。）、又は居住建物について権利を主張する者があるときは、配偶者は、居住建物の所有者に対し、遅滞なくその旨を通知しなければならない。ただし、居住建物の所有者が既にこれを知っているときは、この限りでない。

民法上の理解

　居宅の賃貸であれば、修繕義務は、賃貸人が負担しますが、配偶者居住権については、無償の裏返しとして、修繕は配偶者が行うことになります。修繕を建物所有者の義務としたとしても、建物所有者には、修繕をする動機がありません。

耐震構造など、建物の基本部分に瑕疵がある場合に、そのことによって生じた損害について、土地の工作物等の占有者及び所有者の責任（民法717）を負うのは、占有者である配偶者なのか、建物の所有者なのか。配偶者の一生という長期の使用関係であることから、予測できない事象が大量に発生するように思います。

民法第1034条（居住建物の費用の負担）

> （居住建物の費用の負担）
> 第1034条　配偶者は、居住建物の通常の必要費を負担する。
> 2　第583条第2項の規定は、前項の通常の必要費以外の費用について準用する。

民法上の理解

　「居住建物の通常の必要費」が何を意味するのかは、これからの実務を見る必要がありますが、重要な費用として固定資産税があります。所有者宛に請求される公課ですが、これは配偶者が負担しなければ不合理です。配偶者居住権が存続する限り、土地建物の所有者には利用権限は存在せず、それに固定資産税を負担させるのは不合理だからです。

　では、火災保険を負担する者は誰なのか。建物が火災で焼失してしまった場合は配偶者居住権は消滅（民法1036）しますが、失火について配偶者は善良なる管理者の注意義務違反がある場合は賠償義務を負う（民法1032）ので、配偶者も火災保険に加入しなければなりません。

　区分所有建物（マンション）の一室の場合は管理費と修繕積立金が必要になります。借地上の建物が配偶者居住権の目的になった場合は、地代は、地主に対しては建物所有者が支払い、それを配偶者に求償することになるのでしょうか。

　しかし、それらが「居宅建物の通常の必要費」なのか。事情によっては30年、50年と続く配偶者居住権について、それら負担について明確な定めが存在しないことに違和感を感じます。もし、これを建物と土地の所有者が負担するとしたら、相続税法の評価額の計算では、この負担も差し引く必要が生じてしまいます。

配偶者が改良費や有益費を支出した場合は、その増加額が現存する場合に限りますが、現存額相当の支払いを請求することができます（民法583、196）。

民法第1035条（居住建物の返還等）

> **（居住建物の返還等）**
> **第1035条** 配偶者は、配偶者居住権が消滅したときは、居住建物の返還をしなければならない。ただし、配偶者が居住建物について共有持分を有する場合は、居住建物の所有者は、配偶者居住権が消滅したことを理由としては、居住建物の返還を求めることができない。
> 2　第599条第1項及び第2項並びに第621条の規定は、前項本文の規定により配偶者が相続の開始後に附属させた物がある居住建物又は相続の開始後に生じた損傷がある居住建物の返還をする場合について準用する。

民法上の理解

配偶者は、配偶者居住権が消滅したときには居宅を明け渡すことになりますが、配偶者が、居宅に共有持分を有する場合は、その後は共有物分割（民法256）の手続によって解決されることになります。

配偶者が居宅に附属させた物がある場合は、配偶者は、それを収去する義務を負いますが、その分離が困難な場合や過分の費用を要する場合は分離することが免除されます（民法599①）。

配偶者は、通常の使用によって生じる賃借物の損耗と賃借物の経年変化を除き、賃借物に生じた損傷を原状に復する義務を負います。ただし、その損傷が配偶者の責めに帰することができない事由によるものであるときは免除されます（民法621）。

民法第1036条(使用貸借及び賃貸借の規定の準用)

> (使用貸借及び賃貸借の規定の準用)
> 第1036条 第597条第1項及び第3項、第600条、第613条並びに第616条の2の規定は、配偶者居住権について準用する。

民法上の理解

配偶者居住権に期間を定めた場合は、配偶者は、その期間満了時に居宅を明け渡す義務を負います(民法597①)。配偶者が死亡したときには配偶者居住権は消滅します(民法597③)。

配偶者の用法違反によって生じた損害賠償義務と、配偶者が支出した有益費用の償還請求権は、居宅の返還時から1年で時効によって消滅します(民法600)。

配偶者が、居宅所有者の承諾を得て居宅を転貸した場合の転借人の義務と権利は、賃貸借契約の転貸の効果(民法613)が準用されます。

配偶者居住権の対象になる居宅の全部が滅失し、その他の事由によって使用不能になった場合は、配偶者居住権は消滅します(民法616の2)。

民法第1037条(配偶者短期居住権)

> (配偶者短期居住権)
> 第1037条 配偶者は、被相続人の財産に属した建物に相続開始の時に無償で居住していた場合には、次の各号に掲げる区分に応じてそれぞれ当該各号に定める日までの間、その居住していた建物(以下この節において「居住建物」という。)の所有権を相続又は遺贈により取得した者(以下この節において「居住建物取得者」という。)に対し、居住建物について無償で使用する権利(居住建物の一部のみを無償で使用していた場合にあっては、その部分について無償で使用する権利。以下この節において「配偶者短期居住権」という。)を有する。ただし、配偶者が、相続開始の時において居住建物に係る配偶者居住権を取得したとき、又は第891条の規定に該当し若しくは廃除によってその相続権を失ったときは、この限りでない。

> 一　居住建物について配偶者を含む共同相続人間で遺産の分割をすべき場合　遺産の分割により居住建物の帰属が確定した日又は相続開始の時から６箇月を経過する日のいずれか遅い日
> 二　前号に掲げる場合以外の場合　第３項の申入れの日から６箇月を経過する日
> ２　前項本文の場合においては、居住建物取得者は、第三者に対する居住建物の譲渡その他の方法により配偶者の居住建物の使用を妨げてはならない。
> ３　居住建物取得者は、第１項第１号に掲げる場合を除くほか、いつでも配偶者短期居住権の消滅の申入れをすることができる。

民法上の理解

配偶者が、相続開始の時に被相続人が所有した建物に無償で居住していた場合には、遺産分割によって建物の帰属が確定するまでの間と、相続開始の日から６ヶ月を経過した日のいずれか遅い日まで、そのまま建物を使用することができます。

遺言等によって配偶者以外の者が建物の所有権を取得したときでも、建物所有者の明け渡しの申入れ日から６か月を経過する日までは、配偶者短期居住権が確保されます（民法1037①二）。

しかし、最高裁（平成８年12月17日判決）は、相続人の１人が被相続人の許諾を得て被相続人所有の建物に同居していた場合には、特段の事情がない限り、被相続人とその相続人との間で、相続開始時を始期とし、遺産分割時を終期とする使用貸借契約が成立していたものと推認されるとされており、相続人はこの判例に従い、遺産分割終了までは引き続き無償での建物使用を続けられると考えられています。つまり、本条で定めた配偶者短期居住権が、最高裁の判決を超えて機能を発揮する場面は登場しないように思います。

配偶者短期居住権は配偶者居住権への繋ぎの役割を果たすものと位置付けられます。

税法上の理解

配偶者短期居住権は、相続前から有していた権利が承継されているものであり、相続税の課税対象にはなりません。また、配偶者居住権とは異なり、短期

間無償で建物を利用する権利である配偶者短期居住権は相続分の計算においても考慮されません。

民法第1038条（配偶者による使用）

（配偶者による使用）
第1038条　配偶者（配偶者短期居住権を有する配偶者に限る。以下この節において同じ。）は、従前の用法に従い、善良な管理者の注意をもって、居住建物の使用をしなければならない。
2　配偶者は、居住建物取得者の承諾を得なければ、第三者に居住建物の使用をさせることができない。
3　配偶者が前2項の規定に違反したときは、居住建物取得者は、当該配偶者に対する意思表示によって配偶者短期居住権を消滅させることができる。

民法上の理解

配偶者は善良なる管理者の注意義務を持って居宅を管理することになります。被相続人の生前においては自己のものと同一にする注意義務でしたが、相続後は、管理義務が加重されることになります。建物を第三者に転貸することは禁止されますが、第三者を同居させることまで禁止されるのか。配偶者居住権の場合と異なり、本条は、相続時の現状を変更するような使用方法を許していないと解されます。

民法第1039条（配偶者居住権の取得による配偶者短期居住権の消滅）

（配偶者居住権の取得による配偶者短期居住権の消滅）
第1039条　配偶者が居住建物に係る配偶者居住権を取得したときは、配偶者短期居住権は、消滅する。

民法上の理解

配偶者居住権が認められる場合は、短期居住権は、そこに至るまでの繋ぎの役割を果たします。

民法第1040条（居住建物の返還等）

> （居住建物の返還等）
> 第1040条　配偶者は、前条に規定する場合を除き、配偶者短期居住権が消滅したときは、居住建物の返還をしなければならない。ただし、配偶者が居住建物について共有持分を有する場合は、居住建物取得者は、配偶者短期居住権が消滅したことを理由としては、居住建物の返還を求めることができない。
> 2　第599条第1項及び第2項並びに第621条の規定は、前項本文の規定により配偶者が相続の開始後に附属させた物がある居住建物又は相続の開始後に生じた損傷がある居住建物の返還をする場合について準用する。

民法上の理解

短期居住権の終了についても、長期居住権の終了の場合（民法1035）と同様の原状回復義務が定められています。

民法第1041条（使用貸借等の規定の準用）

> （使用貸借等の規定の準用）
> 第1041条　第597条第3項、第600条、第616条の2、第1032条第2項、第1033条及び第1034条の規定は、配偶者短期居住権について準用する。

民法上の理解

長期居住権についての民法1036条と同様の内容が、短期居住権に必要な限度で準用されています。

§9　遺　留　分

民法第1042条(遺留分の帰属及びその割合)

(遺留分の帰属及びその割合)
第1042条 兄弟姉妹以外の相続人は、遺留分として、次条第1項に規定する遺留分を算定するための財産の価額に、次の各号に掲げる区分に応じてそれぞれ当該各号に定める割合を乗じた額を受ける。
一 直系尊属のみが相続人である場合 3分の1
二 前号に掲げる場合以外の場合 2分の1
2 相続人が数人ある場合には、前項各号に定める割合は、これらに第900条及び第901条の規定により算定したその各自の相続分を乗じた割合とする。

民法上の理解

遺留分とは、その取得が相続人に保証されている相続財産の一定の割合をいいます。本条は、遺留分を有する者は誰かということと、遺留分の割合はどれだけかを定めています。

相続人は遺留分を有するのが原則ですが、兄弟姉妹と、その代襲相続人である甥姪は遺留分を有しません。

遺留分の割合は、配偶者と子(代襲相続人を含む。)が相続人の場合、子のみが相続人の場合、配偶者のみが相続人の場合、それに、配偶者と直系尊属が相続人の場合は2分の1とされています。配偶者と兄弟姉妹が相続人の場合は、配偶者は2分の1の遺留分を有することになります。直系尊属のみが相続人の場合の遺留分は3分の1です。

遺留分権利者が複数の場合は、遺留分は、法定相続分の割合で配分されます。つまり、配偶者と3人の子が相続人の場合は、配偶者は4分の1、子の各々は12分の1の遺留分を有することになります。配偶者と兄弟姉妹が相続人の場合、あるいは配偶者のみが相続人の場合は、配偶者は2分の1の遺留分を有します。

相続分と遺留分は、共に相続財産に対する取得分の割合ですが、相続分は遺言書が作成されていない場合の取得分の基準、遺留分は遺言書が作成されている場合の取得分の基準と位置付けることができます。

遺留分は、ローマ法、あるいはゲルマン法に基礎をおく制度です。日本では家督相続人の相続権の確保として採用されてきました。家督相続を廃止した現行民法では、①遺産には近親家族の潜在的持分が含まれているので、それを家族に取得させるという趣旨と、②遺産の一部を相続人の生活の保障のために相続させる制度と位置づけられています。

　しかし、それらの制度の趣旨は時代の変化によって大きく異なってきたように思います。農家や個人商店のように家族全員が家業に参加していた時代から核家族化への変化と、長寿化によって遺留分を行使する人達が60代、70代と高齢化するという時代の変化です。現在の相続と遺留分制度は、現職を退いて、老後の生活に直面した人達が、最後に資産を手に入れる手段になってしまっているように思います。

民法第1043条（遺留分を算定するための財産の価額）

（遺留分を算定するための財産の価額）
第1043条　遺留分を算定するための財産の価額は、被相続人が相続開始の時において有した財産の価額にその贈与した財産の価額を加えた額から債務の全額を控除した額とする。
2　条件付きの権利又は存続期間の不確定な権利は、家庭裁判所が選任した鑑定人の評価に従って、その価格を定める。

民法上の理解

1　遺留分の基礎になる価額

　遺留分を算定するための財産の価額は、相続開始の時に有した財産に贈与財産を加算し、債務を控除することによって算定します（最高裁平成21年3月24日判決・判例タイムズ1295号175頁）。贈与財産の加算の趣旨は、相続直前、あるいは遺留分を害することを承知の上で行った贈与は、相続財産に加えて遺留分を算定すべきという考え方によるものです。

　被相続人が相続人に対して有していた債権は混同によって消滅しますが、その債権も、相続開始の時に有した財産に含まれます。遺贈、あるいは死因贈与

された財産は、相続開始と同時に受遺者、あるいは受贈者に所有権が移転しますが、これらも相続開始の時において有した財産に含まれます。他方、被相続人の一身に専属する権利及び系譜・祭具・墳墓等の所有権などの祭祀財産は相続財産には含まれません。

条件付きの権利や、存続期間の不確定な権利は、家庭裁判所が選任した鑑定人の評価に従って、遺留分の計算の基礎に算入します。抵当権が設定されている資産については、それが実行されてしまう可能性を評価することになります。

贈与財産については、贈与時の時価ではなく、相続時の時価をもって評価します。贈与財産が受贈者の行為によって滅失、変造、処分などがされている場合は、その資産が相続開始の時において原状のままあるものとみなして価額を算定します（民法1044、904）。

控除される債務は、私法上の債務だけではなく、租税債務、罰金などの公法上の債務も含まれます。一方、相続税、相続財産の管理費用などの相続財産に関する費用や、遺言書検認申請の費用、相続財産目録調製の費用などの遺言執行に関する費用は、本条による債務として控除されません。

2 遺留分財産についての価額の合意

中小企業における経営の承継の円滑化に関する法律は、被相続人の生存中に贈与を受けた財産について、その価額を贈与時の価額に固定し、あるいは遺留分の計算に含めないという合意をすることを認めています。

つまり、会社の代表者が、推定相続人を事業の後継者として指定した場合には、推定相続人の全員の合意をもって、後継者が代表者から贈与により取得した会社の株式について、その価額を遺留分を算定するための財産の価額に算入しないこと、あるいは、その株式について、遺留分を算定するための財産の価額に算入すべき価額を、合意の時における価額として固定することができるとしています（承継法4）。

また、株式についての合意に加え、その他の財産についても遺留分の計算の基礎に含めない旨の合意をすることが可能（承継法5）であり、さらに、後継者以外の者が贈与により取得した財産についても、遺留分の計算の基礎に含めない旨の合意をすることができるとしています（承継法6）。この合意の効力が生じるためには、経済産業大臣の確認（承継法7）と、家庭裁判所の許可が

必要です（承継法8）。

　ただし、この合意は、贈与者（代表者）の生存中に受贈者（後継者）が死亡し、又は後見が開始し、あるいは保佐が開始した場合は効力を失います。さらに、贈与者に新たな推定相続人（実子、あるいは養子）が出現した場合なども効力を失うとされています（承継法10）。当事者の合意を前提にするため、受贈者が死亡するなど合意の前提が崩れた場合や、新たな相続人が登場するなど全員の合意という前提が崩れた場合は、合意の効力が失われる制度になっています。

　これら制度は、贈与税の納税猶予制度を利用して後継者に贈与された株式について、贈与後の株式の値上益を、後継者の貢献によるものと認め、遺留分の計算には含めないという趣旨で導入された制度です（措法70の7）。しかし、後継者の努力によって事業規模が拡大した場合においても、その後、後継者について後見開始、あるいは死亡などの事由が生じた場合は合意の効力が失われることになっているなど、不確実な要素を含む制度になっています。

民法第1044条（遺留分を算定するための財産の価額②）

> **（遺留分を算定するための財産の価額②）**
> **第1044条**　贈与は、相続開始前の1年間にしたものに限り、前条の規定によりその価額を算入する。当事者双方が遺留分権利者に損害を加えることを知って贈与をしたときは、1年前の日より前にしたものについても、同様とする。
> 2　第904条の規定は、前項に規定する贈与の価額について準用する。
> 3　相続人に対する贈与についての第1項の規定の適用については、同項中「1年」とあるのは「10年」と、「価額」とあるのは「価額（婚姻若しくは養子縁組のため又は生計の資本として受けた贈与の価額に限る。）」とする。

民法上の理解

① 相続開始の1年内の贈与の加算

　民法1043条は、遺留分を算定するための財産の価額は、被相続人が相続開始の時において有した財産の価額に、贈与した財産の価額を加えたものとして

います。

　本条は、遺留分に算入される贈与は、原則として相続開始前1年以内に行われた贈与に限ると定めています。

　贈与の時期については、契約が締結された時点で判断しますので、仮に、10年前に贈与契約が締結されていた場合は、その履行が1年以内に行われていた場合でも遺留分侵害額の請求の対象には含まれません。停止条件付きの贈与についても契約締結日を基準にします。

② 相続人に対する贈与

　ただし、贈与が法定相続人に対して行われた場合は、相続開始日の1年以内か否かにかかわりなく、特別受益とされる贈与の全てが遺留分侵害額の対象になるとされていました。

　なぜなら、民法1044条（筆者注・改正前の条文）は特別受益の範囲についての民法903条を準用していることと、「1030条（筆者注・現行1044条）の定める要件を満たさないものが遺留分減殺の対象とならないとすると、遺留分を侵害された相続人が存在する」のにかかわらず、「遺留分相当額を確保できないことが起こり得るが、このことは遺留分制度の趣旨を没却する」からです（最高裁平成10年3月24日判決・判例時報1638号82頁）。

　最高裁が示した判断、つまり、法定相続人に対する贈与を無条件に遺留分の対象に含めることについては、消極説と積極説の争いがありました。

　消極説は、特別受益の持戻しと遺留分の減殺とは制度的な意義を異にし、遺留分算定と遺留分減殺の対象とは必ずしも一致しないと論じていました（埼玉弁護士会編／新版遺留分の法律と実務74頁）。しかし、この点については上記の最高裁判決で結論が出たことになります。

　最高裁判決によって新たに生じた疑問点もあります。例えば、子供達に財産を贈与した後に再婚した後妻は、自分の婚姻前の贈与についても遺留分侵害額の請求が可能なのか。あるいは、生前贈与を受けた相続人が相続を放棄した場合も、最高裁判決に従い、生前の贈与が全て遺留分侵害額の対象に含まれるのかなどです。

③ 相続開始の10年内の贈与に限定

　今回の民法改正で、相続人に対する贈与については、永久に遡るのではなく、

相続開始の前10年について遡ることにしました。相続人に対する贈与について永久に遡るとする最高裁判決は実務において支障が生じていましたが、最高裁の考え方を全面的に否定することにも問題があり、妥協作として遡及期間を10年にしたと見ることができます。

本条の改正によって、贈与から10年が経過すれば、遺留分の対象には含まれないことになりました。事業承継などの場合は10年間のゆとりを持った贈与の実行が必要です。

なお、10年の期間について、経過措置には特段の記載がないので、施行日以降に開始した相続からは10年の期間制限が適用されることになります。

4 遺留分の侵害を知って行った贈与

遺留分の侵害を知って行った贈与は、相続日より1年以上前に行われたものでも、遺留分の計算の基礎に算入されます。「損害を加えることを知って」とは、当事者双方が遺留分権利者の権利を害することを認識していればよく、遺留分権利者が誰かを知る必要はありません（大審院昭和4年6月22日判決・民集8）。

侵害の認識は、将来、財産の増加がないことを予見しながら遺留分を侵害する贈与を受けることです。

加害の認識は、贈与当時の事情によって判断されますので、贈与者が再婚した場合については、当然のことながら、再婚前に行った贈与には、後妻に対する加害の認識は存在しないことになります。

5 遺留分侵害額の算定

遺留分の計算でも、生前贈与された資産の価額は「その価格の増減があったときであっても、相続開始の時においてなお原状のままであるものとみなしてこれを定める」ことになります（民法1044、904）。父親に役員退職金を支払い、株価を引き下げて、相続時精算課税を利用して同族会社株式の贈与を受ける。その後、息子の努力で株価が10倍に増加した場合でも、その増加した価額での贈与を受けたものとして遺留分が計算されます。

贈与には、単純な贈与に限らず、相続人に対する債務の免除や、債務の引受け、低額譲渡、さらには相続人を受益者とする信託の設定なども含まれます。

相続人を受取人として支払われた生命保険金は、原則として特別受益には含

まれませんが、「保険金受取人である相続人とその他の共同相続人との間に生ずる不公平が民法903条の趣旨に照らし到底是認することができないほどに著しいものであると評価すべき特段の事情が存する場合には、同条の類推適用により、当該死亡保険金請求権は特別受益に準じて持戻しの対象」になります（最高裁平成16年10月29日判決・判例時報1884号41頁）。

それを受けて、「保険金を受領したことによって遺産の総額に匹敵する巨額の利益を得ており」、「保険金受取人である相続人とその他の共同相続人との間に生じる不公平が民法903条の趣旨に照らし到底是認することができないほどに著しいものである」ので死亡保険金は特別受益に準じて持戻しの対象となると判示した東京高裁平成17年10月27日決定（家庭裁判月報58巻5号94頁）があります。

したがって、これらの判決の趣旨に従えば、生命保険金の場合は、「共同相続人との間に生ずる不公平が…是認することができないほどに著しいもの」の場合は、遺留分侵害額の請求の対象に含まれることになると解することになります。

税法上の理解

1 3年内贈与と相続時精算課税の適用を受けた贈与財産の加算

民法では、相続開始前1年以内の贈与が遺留分の算定の基礎となるのに対し、相続税法では、相続開始前3年以内に贈与された財産も相続税の課税価格に加算（相法19）されます。

ただし、相続税の課税価格に加算されるのは、相続によって財産を取得した者など、相続税の納税義務者になる者に限られます。

相続時精算課税の制度を利用した贈与については、期間に関係なく、無制限に相続財産に取り込まれます（相法21の15）。相続時精算課税の適用を受けた者については、仮に、相続を放棄し、相続財産を1銭も取得しない場合においても、相続税の納税義務者として、相続時精算課税によって取得した財産についての相続税の課税を受けます（相法21の16）。

遺留分侵害額の請求の計算に取り込まれる財産の価額は、その財産が現存していたとした場合の時価ですが、相続税の計算において課税価格に取り込まれ

る価額は贈与税の課税価格です。つまり、贈与時点において財産評価基本通達に従って計算した価額が、相続税の課税価格に取り込まれることになるわけです。

相続時に残存した相続財産に贈与財産を加算し、相続税の総額を計算した上で、各人の相続税額を計算するのが現行の相続税法ですが、そのような方法で計算された各人の相続税額からは、上記によって加算された贈与について課税された贈与税額を控除することになります。

なお、過去に被相続人から相続人等に贈与が行われたかどうかは、贈与を受けた相続人以外には分かりにくいのが通常です。そこで、相続、あるいは遺贈により財産を取得した者は、①他の相続人が被相続人から受けた相続の開始前3年以内の贈与財産の明細、あるいは②他の共同相続人が相続時精算課税の適用を受けて贈与を受けた課税価格の内容について、被相続人の死亡時における住所地の税務署長に開示の請求をすることができるようになっています（相法49）。

2 贈与について遺留分侵害額の請求が行われた場合の更正の請求

過去に行われた贈与について、相続時に遺留分侵害額の請求を受け、贈与財産が取り戻されてしまった場合は、贈与税について更正の請求をする必要があります（相法32）。更正の請求は返還すべき、又は弁償すべき額が確定したことを知った日の翌日から4ヶ月以内とされています。

相続に近接して贈与が行われた場合であれば、贈与税の課税価格と相続税の課税価格が大きく乖離することはありません。しかし、5年、あるいは10年前に行われた贈与について遺留分侵害額の請求が行われた場合は、贈与時点での課税価格と、相続時点での課税価格が大きく乖離してしまうことが考えられます。

例えば、10年前に贈与が行われた時点での贈与財産の価額が3,000万円の場合に、それが相続時点では5,000万円に値上がりし、遺留分侵害額の請求に応じて2,500万円が支払われた場合を想定すると、贈与について2,500万円相当が失われたとする贈与税の更正の請求を認めることは不合理です。

このような場合は、現時点での時価を基礎にした圧縮計算をして、贈与時点での価額である3,000万円に対し、1,500万円相当の贈与が失われたとしての

更正の請求に制限されることにしています（国税庁の質疑応答事例「特定贈与者から贈与を受けた財産について遺留分減殺請求に基づき返還すべき額が確定した場合の課税価格の計算」）。

さて、この場合に、遺留分権利者の相続税について、課税価格に加えるべき金額は、1,500万円なのか、あるいは2,500万円なのでしょうか。贈与税との整合性を考えれば1,500万円になるべきだと思いますが、実務は2,500万円になると解説しています（国税庁の質疑応答事例「遺留分減殺請求により相続時精算課税に係る贈与財産を取得した遺留分権利者に係る相続税の課税関係」）。

民法第1045条（不相当な対価による有償行為）

（不相当な対価による有償行為）
第1045条　負担付贈与がされた場合における第1043条第1項に規定する贈与した財産の価額は、その目的の価額から負担の価額を控除した額とする。
2　不相当な対価をもってした有償行為は、当事者双方が遺留分権利者に損害を加えることを知ってしたものに限り、当該対価を負担の価額とする負担付贈与とみなす。

民法上の理解

負担付贈与については、目的物の価額から負担額を控除した残額が遺留分侵害額の請求の対象になります。

仮に、8,000万円の土地について、3,000万円の負担が付されている場合であれば、5,000万円を遺留分の対象として計算することになります。

贈与や遺贈に限らず、低額な価額での資産の譲渡等についても遺留分侵害額の請求は可能です。

このような場合に、対象物件に対する無条件の遺留分侵害額の請求を認めると、善意によって対象物件の権利を取得した者に対する取引の保護に反することから、取引の双方の当事者が遺留分権利者を害することを知って為した行為に限り、遺留分侵害額の請求の対象に取り込んでいます。

遺留分侵害額の請求の対象になるのは、前条の負担付贈与の場合と同じく、負担額を控除した残額部分を計算の基礎とした場合の遺留分侵害額に限られま

す。

　実務においては、被相続人が経営する同族会社について、相続人の1人に特に有利な価額での新株を発行するなどの方法で資産価値を移動する方法や、積立金部分が多い養老保険に加入し、その受取人を特定の相続人にするなどの方法で資産価値を移動することが考えられます。

　それらは、被相続人と相続人間の直接の取引ではなく、会社、あるいは生命保険会社を仲介させた行為になるため、本条によって遺留分権利者が救済できるのか否かについては明確にはなっていません。

民法第1046条（遺留分侵害額の請求）

> **（遺留分侵害額の請求）**
> **第1046条**　遺留分権利者及びその承継人は、受遺者（特定財産承継遺言により財産を承継し又は相続分の指定を受けた相続人を含む。以下この章において同じ。）又は受贈者に対し、遺留分侵害額に相当する金銭の支払を請求することができる。
> 2　遺留分侵害額は、第1042条の規定による遺留分から第1号及び第2号に掲げる額を控除し、これに第3号に掲げる額を加算して算定する。
> 一　遺留分権利者が受けた遺贈又は第903条第1項に規定する贈与の価額
> 二　第900条から第902条まで、第903条及び第904条の規定により算定した相続分に応じて遺留分権利者が取得すべき遺産の価額
> 三　被相続人が相続開始の時において有した債務のうち、第899条の規定により遺留分権利者が承継する債務（次条第3項において「遺留分権利者承継債務」という。）の額

民法上の理解

1　遺留分侵害額に相当する金銭の請求

　遺留分減殺請求について基本的な改正がありました。従前は、遺留分減殺請求によって、相続財産の全てが共有になり、その共有部分を遺留分権者に返還することで遺留分は満たされることになっていました（改正前の民法1034）。遺留分義務者が希望する場合は価額弁償をすることで相続財産の返還を免れるという制度でした（改正前の民法1041）。これが「遺留分侵害額に相当する金

銭の支払請求」と改正されました。

　遺留分権利者にも、遺留分義務者にも、義務の履行方法についての選択権は存在せず、金銭での支払いしか認められないことになりました。本来、相続は、遺言書による場合も、遺産分割の場合も、遺留分減殺請求の場合であっても、相続財産を分けあう手続であって、これが金銭請求をもって精算されることは予定されていないはずです。しかし、本条は金銭請求に限りました。これによって幾つかの問題が生じます。

2　金銭請求に限ったことによる問題点

　遺留分義務者は、弁済すべき金銭を確保することが必要になりました。相続財産を換価する必要が生じる場合もあるでしょうが、その場合の所得税は遺留分義務者側の負担です。

　遺留分侵害額の請求が為された場合に備え、遺言書をもって給付する財産を特定しておくことが認められていました（改正前の民法1034）。つまり、「遺留分減殺請求があった場合はA土地から充当する」というような遺言書による指定です。しかし、金銭の支払いのみとされた改正法においては、遺言書をもってもそのような指定は行えないものと考えられます。

　ただ、この点については、弁護士が新しいテクニックを開発することも想定されます。たとえば次のような遺言文言です。「乙から遺留分侵害額の請求があった場合は、甲に対するA土地の遺贈は効力を失い、A土地を乙に遺贈する」という条件付遺贈です（民法985）。

　遺留分侵害額の請求の対象になる財産には制限はありません。したがって、受遺者の固有財産である預金に対する仮差押えを行うことも可能です。事業経営者の場合は預金への仮差押えは致命傷にもなりかねません。仮差押えを申請するについて保全の必要性が厳密に審査されるとしても、仮差押えが絶対に認められないという保証はありません。金銭による支払いが行えない場合は、早急に、裁判所に対し、遺留分侵害額の請求額ついての期限の付与を求める必要があります（民法1047⑤）。

　遺留分減殺請求という制度であれば、仮に、第三者に自宅が遺贈されてしまった場合にも、相続人は遺留分減殺請求によって共有持分を取り戻し、残余の持分を買い戻すなどの交渉が可能でした。しかし、遺留分侵害額の請求とし

て金銭請求権のみになってしまった場合は、自宅を買い戻すという交渉が難しくなります。

　換金が難しい資産、仮に、同族会社の株式などが遺産の大部分を占める相続では、相続税の納税資金の確保に難があり、相続すること自体がリスクでした。しかし、遺留分侵害額の請求ならリスクはありません。相続税の申告も、現実に対価を受け取った後の手続になるので不安はありません。今回の遺留分制度の改正は、遺留分権利者に優しい改正です。

③ 遺留分侵害額の計算

　遺留分の侵害額は本条２項によって計算されます。法定相続分から計算した遺留分の額から、遺留分権利者が特別受益として、あるいは相続財産として取得した資産額を控除し、遺留分権利者が負担した債務額を加算した金額です。

[税法上の理解]

　遺留分侵害額の請求に対して、遺留分権利者の承諾を得て、相続財産の一部を給付した場合は、金銭の支払請求権に対する代物弁済として譲渡所得課税の対象になってしまうのでしょうか。それはあり得ないと思います。遺留分侵害額の請求を契機として、受遺者が遺贈の一部を放棄し、改めて遺産分割を行ったと解されるからです。ただ、遺留分侵害額の請求が生前贈与財産に対して行われた場合は代物弁済という構成以外は考えられません。

　遺留分侵害額の請求に基づいて遺留分侵害額が確定した場合には、弁済義務者は、既に申告した相続税又は贈与税について更正の請求をすることになります（相法32①三）。

　遺留分権利者が支払いを受けた場合は、期限後申告、あるいは修正申告が必要になりますが、この場合は、無申告加算税や過少申告加算税、延滞税は課税されません。遺留分が存在しても、それを行使するか、また、実現できるかは未確定であり、相続時点では、「相続又は遺贈により財産を取得した個人」、すなわち相続税の納税義務者に該当するとは考えられないからです（相法１の３）。

　遺留分権利者に対する支払いがなされても、通常は相続税の総額に変動はありません。そのことから、遺留分権利者などの当事者が、当事者間において修正される相続税について、相互にやり取りして精算してしまう方法も、実務上

は認められています。

民法第1047条（受遺者又は受贈者の負担額）

（受遺者又は受贈者の負担額）
第1047条　受遺者又は受贈者は、次の各号の定めるところに従い、遺贈（特定財産承継遺言による財産の承継又は相続分の指定による遺産の取得を含む。以下この章において同じ。）又は贈与（遺留分を算定するための財産の価額に算入されるものに限る。以下この章において同じ。）の目的の価額（受遺者又は受贈者が相続人である場合にあっては、当該価額から第1042条の規定による遺留分として当該相続人が受けるべき額を控除した額）を限度として、遺留分侵害額を負担する。
一　受遺者と受贈者とがあるときは、受遺者が先に負担する。
二　受遺者が複数あるとき、又は受贈者が複数ある場合においてその贈与が同時にされたものであるときは、受遺者又は受贈者がその目的の価額の割合に応じて負担する。ただし、遺言者がその遺言に別段の意思を表示したときは、その意思に従う。
三　受贈者が複数あるとき（前号に規定する場合を除く。）は、後の贈与に係る受贈者から順次前の贈与に係る受贈者が負担する。
2　第904条、第1043条第2項及び第1045条の規定は、前項に規定する遺贈又は贈与の目的の価額について準用する。
3　前条第1項の請求を受けた受遺者又は受贈者は、遺留分権利者承継債務について弁済その他の債務を消滅させる行為をしたときは、消滅した債務の額の限度において、遺留分権利者に対する意思表示によって第1項の規定により負担する債務を消滅させることができる。この場合において、当該行為によって遺留分権利者に対して取得した求償権は、消滅した当該債務の額の限度において消滅する。
4　受遺者又は受贈者の無資力によって生じた損失は、遺留分権利者の負担に帰する。
5　裁判所は、受遺者又は受贈者の請求により、第1項の規定により負担する債務の全部又は一部の支払につき相当の期限を許与することができる。

民法上の理解

1　負担額の計算

　贈与、遺贈、あるいは相続させる遺言（特定財産承継遺言）によって資産を取得した者に対して遺留分を行使する場合の負担の順序と負担額について定め

ます。

　まず、負担額ですが、遺留分義務者が相続人である場合は、贈与や遺贈等によって取得した財産価額から、自己の遺留分相当を差し引いた残額を限度として遺留分の負担に応じることになります（最高裁平成10年2月26日判決・判例時報1635号55頁）。仮に、3,000万円の遺贈を受けた者について、その者の遺留分が1,500万円である場合は、残額の1,500万円を限度とする遺留分の負担です。遺留分義務者の取得分として保証されているのは、法定相続分ではなく、遺留分を限度とすることになります。

　2名の相続人が、各々4,000万円の遺贈を受け、各々の相続人の遺留分が1,500万円である場合は、各々は2,500万円を限度として遺留分の負担に応じますが、各々の遺留分負担額が幾らになるのか。その負担者の順序を定めたのが本条1項1号、2号、3号です。

　なお、相続人以外の者が遺留分負担義務者の場合は、受けた利益の全額が遺留分の対象になります。

2　負担者の順位

　本条1項1号は改正前の1033条が定めた「贈与と遺贈」に対する負担の順序で、遺贈から先に充当し、2号は改正前の1034条が遺贈について「その目的の価額の割合に応じて減殺」としていたのを遺贈と贈与に適用し、贈与が同時に行われた場合は「目的の価額の割合に応じて負担する」ことを定めています。3号は改正前の1035条が定めた贈与について「後の贈与から順次前の贈与に」と負担の順位を定めています。

3　改正前の議論

　改正前の条文について議論されていた内容を含めて1項各号を紹介すれば次の通りです。

　まず、1号については次のような議論です。

　遺贈だけではなく、被相続人が生前に行った贈与も遺留分侵害額の請求の対象になると定めています。何故なら、遺贈のみを請求の対象とすると、相続開始前に贈与を行うことによって遺留分の制限を潜脱することができるからです。ただし、贈与に請求するのに先立って、遺贈に請求する必要があります。死因贈与は、遺贈に次いで、生前贈与よりも先に請求の対象になります（東京高裁

平成12年3月8日判決・判例時報1753号57頁)。

贈与は、遺贈とは異なり、当事者間の契約として締結されるので、契約によって権利を得た受贈者の利益は、遺贈よりも保護される必要があるからです。死因贈与が、遺贈よりも保護されるのも同様の趣旨です。

遺贈について負担の順位を定めることが認められています(改正前の民法1034)が、贈与については、新しいものから充当し、順次、遡るとしています(本項3号)。遺贈に先立って贈与に負担させるように指定することはできません。贈与は契約であり、遺贈に先立って、受贈者の権利を奪うことは公平に反し、取引の安全に反するからです。

なお、生命保険金や、死亡退職金が遺留分侵害額の請求の対象になる場合には、その順位は死因贈与と同列になると解すべきでしょう。

次に、2号については次の議論です。

遺贈又は同時期に為された贈与に対して遺留分侵害額の請求権が行使された場合は、全ての遺贈又は贈与に、その価額の割合に応じて負担させることになります。ただし、遺言者が異なる意思を表示していた場合は遺言者の意思に従うことになります。例えば、AとBに対する遺贈がある場合に、Aに対する遺贈から請求する旨を指定することができます。

「別段の意思」は金銭の負担割合についての意思であって、遺留分侵害額の請求が為された場合に備え、遺言書をもって給付する財産を特定しておくことが認められるのか(改正前の民法1034)。つまり、「遺留分侵害額の請求があった場合はA社の無議決権株式から充当する」という遺言による指定です。金銭の支払いにのみとされた改正法において、遺言書をもって、そのような指定は行えないものと解されます。

これらは、相続させる遺言、つまり、遺産の分割方法の指定、さらに相続分の指定があった場合も同様に解されます(東京高裁平成12年3月8日判決・判例時報1753号57頁)。相続分の指定があった財産は、遺贈と同順位で、目的物の価額に応じて負担することになります。

最後に3号については次の議論です。

複数の贈与について遺留分侵害額の請求があった場合は、新しい贈与から負担し、順次、古い贈与に遡るとされています。複数の遺贈の場合とは異なり、

遺言によってもこの順序を変えることはできません。贈与は契約行為のため、受贈者の権利を保護する必要があるからです。死因贈与は、遺贈に次いで、生前の贈与に先立って負担の対象になります（東京高裁平成12年3月8日判決・判例時報1753号57頁）。

　長男への贈与、次に次男への贈与が行われ、その後、三男から遺留分侵害額の請求が行われた場合は、まず次男の遺留分を超える部分の贈与が負担し、次に長男の遺留分を超える贈与が負担するという順番になります。

④　贈与財産の価額

　遺留分侵害額の請求の対象になる贈与について「その価格の増減があったときであっても、相続開始の時においてなお原状のままであるものとみな」すと定めた民法904条が準用され、「条件付きの権利又は存続期間の不確定な権利」について定めた民法1043条2項が準用され、負担付贈与については「目的の価額から負担の価額を控除した額」とするとした民法1045条が準用されています。

⑤　債務を弁済した場合

　遺言書が存在する場合も、債務は、法定相続分に従った割合で承継されるのが民法の原則です（民法902の2、964）。したがって、遺留分権利者も債務を承継することになりますが、これは当事者の認識と異なります。資産の遺贈を受けた者が債務も承継すると考えている場合が多いと思います。そこで3項は、受遺者などが、遺留分権利者に帰属する債務を弁済し、遺留分権利者の債務を消滅させた場合は、消滅した債務の限度で遺留分侵害額の請求権は消滅することにしています。弁済と「その他の方法」による債務の消滅が対象なので、現実に弁済した場合と、免責的な債務引受によって遺留分権利者を免責させた場合を含みます。

⑥　無資力の者がいる場合の負担

　4項は、改正前の1037条で「受遺者又は受贈者の無資力によって生じた損失」は遺留分権利者の負担と定めています。改正前の条文で議論されていた内容を紹介すれば次の通りです。

　遺留分を侵害する贈与が行われてから長期間が経過した後に相続が開始した場合には、その時点では、受贈者が資力を喪失し、破綻していることも想定さ

れます。そのような場合の損失は誰が負担するのでしょうか。

　この問題について、本項は、損失は遺留分権利者が負担するとしています。資力を失った受贈者を無視し、それ以前に贈与を受けた受贈者に遡っての遺留分侵害額の請求を認めるという立法論もあり得ますが、本項は、そのような考え方は採用していません。

7　支払期限の猶予

　遺留分の解決を金銭の支払いに限ったことから、遺留分侵害額の負担者は、その支払いの為の資金を準備しなければなりません。本条5項は、その支払いについて遺留分義務者からの申し立てに応じて、家庭裁判所は、期限の利益を与えることを定めています。その場合に担保提供を命じることがあるのか、利息が付されることになるのか等は不明です。

税法上の理解

　複数の受遺者に対する遺留分侵害額の請求があった場合に、その中の特定の者が、自己の負担分を超えて、遺留分侵害額の請求に応じるという和解も想定されます。例えば、子供達の間の争いについて、母親が自己の負担分を超えて、遺留分侵害額の請求に応じる場合です。

　このような場合でも、相続税は、その結果を是認するのが実務です。遺産分割においては、どのような分割も可能であることを考えれば、この実務は、遺留分侵害額の請求という方法による遺産分割を認めていると位置づけることができそうです。

　贈与について遺留分侵害額の請求が行われた場合は、贈与税について、更正の請求を行うことができます。更正の請求は、返還すべき財産、あるいは弁償すべき額が確定した日の翌日から4ヶ月以内に行う必要があります（相法32）。

　贈与財産について、贈与時の評価額と相続時の評価額が異なる場合は、評価額について圧縮計算が必要になります。例えば、贈与時の評価額が2,000万円で、相続時の評価額が6,000万円の場合に、贈与財産の3分の1について遺留分侵害額の請求がなされ、弁償金として2,000万円が支払われた場合に、贈与税の全額について更正の請求を認めるのは不合理です。

　この場合は、贈与財産の3分の1が遺留分侵害額の請求によって失われたと

考えて、贈与財産の3分の1についての更正の請求を認めるのが合理的です（相基通11の2－10）。

しかし、逆に資産が値下がりし、贈与時の評価額が2,000万円で、相続時の評価額が1,000万円という場合に、代償金500万円が支払われたとしても、贈与財産の2分の1について遺留分侵害額の請求が行われたとする更正の請求が認められるとは思えません。このような場合は、贈与財産そのものについて2分の1を遺留分侵害額の請求の対象として交付するほうが税法的には有利な結果になります。しかし、遺留分侵害額の請求の手続では現物（贈与財産）による返還は認めていません。

なお、これは相続時精算課税を利用した贈与の場合も同様です。さらに、遺留分侵害額の請求によって金銭の支払いを受けた遺留分権利者についての相続税の課税価格は、贈与時の価額（圧縮計算）ではなく、支払いを受けた金額とするのが実務です（国税庁の質疑応答事例「遺留分減殺請求により相続時精算課税に係る贈与財産を取得した遺留分権利者に係る相続税の課税関係」）。

民法第1048条（遺留分侵害額請求権の期間の制限）

（遺留分侵害額請求権の期間の制限）
第1048条 遺留分侵害額の請求権は、遺留分権利者が、相続の開始及び遺留分を侵害する贈与又は遺贈があったことを知った時から1年間行使しないときは、時効によって消滅する。相続開始の時から10年を経過したときも、同様とする。

民法上の理解

遺留分侵害額の請求権の時効は、相続が開始したことと、遺留分の侵害の対象となる贈与や遺贈があったことを知った時から1年です。ここでの「知った」とは、単に贈与や遺贈の存在を知るだけではなく、その贈与や遺贈が遺留分を侵害していることを認識する必要があります。

例えば、遺留分権利者が、相続財産の全容が不明なために遺留分が侵害されていることを知らなかった場合や、贈与や遺贈があったことを知っていても遺留分を侵害しない程度だと思っていた場合は消滅時効は進行しません。

後見開始の審判の申立てが遺留分減殺請求権の時効の期間の満了前にされている事例について、平成26年3月14日最高裁判決（判例時報2224号44頁）は、「民法158条1項を類推適用して、A弁護士が成年後見人に就職した平成22年4月24日から6箇月を経過するまでの間」は、遺留分減殺請求権の消滅時効は完成しないと判示しています。
　遺留分侵害額の請求権は相続が開始したときから10年を経過した場合も消滅します。10年については除斥期間とされています。そのため、遺留分権利者が知っていたかどうかに関係なく相続開始時点から起算されます。
　遺留分減殺請求権は形成権と理解されていました。したがって、権利者の一方的な意思表示で法律効果が生じます（最高裁昭和57年3月4日判決・判例時報1038号285頁）。遺留分権利者が減殺請求をした場合、受遺者が取得した資産については、遺留分を侵害する限度で、当然に遺留分権利者との間に共有関係が成立することになります（最高裁平成7年6月9日判決・判例時報1539号68頁）。所有権（共有持分）は消滅時効にかからないため、遺留分を減殺する旨を受遺者に通知しておけば、その後は、遺留分減殺請求の問題ではなく、共有物の所有権になるので消滅時効は適用にならないと解されていました。
　さて、遺留分減殺請求が、遺留分侵害額の請求に改正された後の時効問題は、どのように解釈されるのか。これが金銭請求権である以上は、民法166条が適用されて「債権者が権利を行使することができることを知った時から5年間」で時効消滅すると考えるべきです。
　では、遺留分権利者が贈与や遺贈について無効確認訴訟をしている場合に、時効の起算点である「知った時」はいつになるのでしょうか。判例は、無効の主張について、仮に、事実上及び法律上の根拠があったとしても、「遺留分権利者が右無効を信じているため遺留分減殺請求権を行使しなかったことがもっともと首肯しうる特段の事情が認められない限り」、遺留分を侵害する贈与の存在を「知っていた」と推認するのが相当としています（最高裁昭和57年11月12日判決・金融商事判例669号20頁）。つまり、「知った時」は無効確認の判決に敗訴した時ではないとしているのです。
　そのため、実務では贈与や遺贈の無効を確信し、無効確認訴訟を提起した場合でも、贈与や遺贈が有効と判断されることに備えて、予備的に遺留分侵害額

の請求を行い、時効を中断しておく必要があります。

税法上の理解

遺留分についての協議が整い、支払うべき金額が確定した場合は、受贈者等について、その確定の日の翌日から4ヶ月以内の更正の請求が可能です（相法32）。

「支払うべき額」が確定した場合は、遺留分権利者は相続税の申告義務を負うことになります。

しかし、この確定が、相続税の法定申告期限から5年を経過した後である場合は、相続税について除斥期間が経過してしまうことになります。相続税法35条3項は、このような場合に備え、受贈者等が更正の請求をした場合は、その日から1年以内に限り、遺留分権利者に対して相続税の決定処分を行うことができるとしています。

つまり、相続税法は、相続人の全員が納めるべき相続税の総額を一定として、それを取得財産の価額に応じて配分するという構造を採用しているので、一方に対する相続税額の減額は、他方に対する増額として実現する必要があることから、上記のような法律構成を採用しているわけです。

民法第1049条（遺留分の放棄）

（遺留分の放棄）
第1049条　相続の開始前における遺留分の放棄は、家庭裁判所の許可を受けたときに限り、その効力を生ずる。
2　共同相続人の1人のした遺留分の放棄は、他の各共同相続人の遺留分に影響を及ぼさない。

民法上の理解

1　遺留分の放棄と裁判所の許可

家庭裁判所の許可を条件に、推定相続人は、相続開始前であっても遺留分を放棄できることになっています。家庭裁判所の許可を要件としたのは、例えば、両親の生存中に、両親、あるいはその他の者の圧力によって遺留分が放棄させ

られることを防止するためです。

　家庭裁判所は、遺留分の放棄が自由意思に出たものか、遺留分権利者の利益を不当に害するものではないか、家督相続的な相続を実現し、平等相続の理念に反する相続を実現するものではないか、適正な代価が支払われているかなどを審理して許可を与えるか否かを判断することになります。

　遺留分の事前放棄を認めることには、平等相続という民法の基本理念に反するという批判があります。また、遺留分を放棄した者も、相続人の地位を失わないことから、相続放棄の手続を怠った場合は、積極財産は何も取得できないにもかかわらず、相続債務だけは負担することになるなど、不合理な結果になる場合もあります。遺留分を放棄しても、遺言書をもって遺贈を受けることは可能です。遺言書が存在しなければ法定相続分による相続が受けられることになります。つまり、遺留分の放棄は遺言書、あるいは生前贈与とのセットで利用されることになります。

　遺留分の放棄の申立は甲類審判手続に分類されますが、上記のような批判があり、厳しい運用が期待される制度であるにもかかわらず、許可申立件数に対する認容件数の割合は85％を超えると指摘されています（『埼玉弁護士会編 新版遺留分の法律と実務』29頁）。さらに、最近の実務においては、裁判官の面接を要せず、書面審理だけで裁判所の許可が得られている事例が多くなっているようです。もっとも、裁判所の許可が得られない事案については、申立の取下げが指導されることも多いと想像されます。

　なお、遺留分の放棄は、全ての遺産について放棄する場合の他に、特定の生前贈与などについて、遺留分減殺請求権を放棄することも可能です。そのような処理が法制度として採用されたのが「中小企業における経営の承継の円滑化に関する法律」による遺留分についての合意です。

　遺留分が放棄されても、他の共同相続人の遺留分が増加することはありません。遺留分の放棄は、被相続人が自由に処分できる財産額が増加するだけです。そこが相続放棄とは異なるところです。

　遺留分を放棄した者が死亡し、代襲相続が開始した場合には、遺留分放棄の効果は代襲相続人に引き継がれると解されています。代襲者は、被代襲者が生存していれば取得することになる相続権以上の権利は取得できませんので、代

襲者が取得する相続権は、遺留分の欠けた相続権になると理解されます。

② 経営承継円滑化法に基づく遺留分の合意

「中小企業における経営の承継の円滑化に関する法律」は、中小企業における事業承継のための制度として、遺留分について次の4つの合意を認めました。

事業の後継者が、先代の社長（被相続人）から生前の贈与によって取得した中小企業の株式について、相続人の全員の合意をもって、①遺留分の計算に含めず、あるいは②遺留分の計算に含める価額を贈与時の価額に固定し（経承法4）、さらには③株式以外の財産を遺留分の計算から除外（経承法5）することを認めました。さらに、事業の後継者について、そのような優遇を与える見返りに、その他の相続人についても、④被相続人から贈与によって取得した財産を遺留分の計算から除外する旨の合意（経承法6）を行うことを認めました。

このような合意を認めた趣旨は次のようなところにあります。中小企業の事業経営者が、贈与税の納税猶予制度を利用し、持株を後継者に贈与することによって、生前に事業承継を行う手法が準備されています（措法70の7）。しかし、その後、後継者の経営努力によって内部留保が蓄えられた場合は、それが株式の評価額に反映され、特別受益（民法1044（筆者注・改正前の条文）が準用する民法904）として遺留分侵害額の請求の基礎財産に含まれてしまうという問題がありました。

そこで、事業承継のために贈与された株式の評価は、遺留分侵害額の請求の計算についても、贈与の時点での株価に固定し、後継者の経営努力によって蓄えた内部留保が遺留分侵害額の請求の対象とならないという制度を構築することになりました。

しかし、株価を固定するだけでは、会社が使用する工場敷地などが個人所有の場合は、これが遺留分の対象に含まれることになってしまいます。また、後継者を優遇する以上は、他の相続人に対しても、それなりの見返りを提供する必要があります。それらが上記の①から④の合意として採用されることになったわけです。

合意は、相続人の全員で行う必要があり、かつ、経済産業大臣の確認（経承法7）を得た上で、さらに、家庭裁判所の許可（経承法8）を得る必要があります。この制度は運用事例が少ないので、例えば、裁判所は「合意が当事者の

全員の真意に出たものであるとの心証」のみで許可を与えるのか、あるいは遺留分の放棄と同様に、遺留分権利者の利益を害する恐れや、家督相続的な相続の回避、平等相続の理念に反する相続の実現の恐れなどまで考慮するのか否かについて、具体的な運用が明らかになっていません。

　さらに、これらの合意をした場合でも、後継者が贈与者（旧代表者）よりも先に死亡し、あるいは後継者が後見開始もしくは保佐開始の審判を受けたときは、合意は無効になるものとされています（経承法10）。後継者に対する事業承継を目的とする制度なので、旧代表者より先に後継者が死亡した場合、あるいは後継者について事業承継の能力を失った場合は、合意の効力を失わせるという趣旨の制限です。

　また、遺留分についての合意は、相続人の全員で行うことを前提にしているため、その後、新たな相続人が出現した場合、つまり、贈与者に実子が生まれ、あるいは養子縁組をした場合や、認知、あるいは死後認知が確定した場合、さらには贈与者が再婚した場合は、遺留分についての合意の効力が失われることになります（経承法10）。

　遺留分制度が必要か否か、また、有効に活用されているか否かについては議論があると思いますが、しかし、事業承継という極めて限定された場面についてのみ、遺留分放棄の合意を認めることや、後継者の死亡、あるいは成年後見の開始、さらには旧代表者が行う養子縁組や認知など、予測不能の事実に合意の効力をかからしめることには、民法理論からの批判がありそうです。

　遺留分放棄について、予測可能性のある事業承継を目指すのであれば、民法1049条に基づき、生前贈与を受けた株式を特定し、その株式についての遺留分減殺請求権を放棄してもらう手法を検討すべきです。

§10 特別の寄与

民法第1050条（特別の寄与）

(特別の寄与)
第1050条　被相続人に対して無償で療養看護その他の労務の提供をしたことにより被相続人の財産の維持又は増加について特別の寄与をした被相続人の親族（相続人、相続の放棄をした者及び第891条の規定に該当し又は廃除によってその相続権を失った者を除く。以下この条において「特別寄与者」という。）は、相続の開始後、相続人に対し、特別寄与者の寄与に応じた額の金銭（以下この条において「特別寄与料」という。）の支払を請求することができる。

2　前項の規定による特別寄与料の支払について、当事者間に協議が調わないとき、又は協議をすることができないときは、特別寄与者は、家庭裁判所に対して協議に代わる処分を請求することができる。ただし、特別寄与者が相続の開始及び相続人を知った時から6箇月を経過したとき、又は相続開始の時から1年を経過したときは、この限りでない。

3　前項本文の場合には、家庭裁判所は、寄与の時期、方法及び程度、相続財産の額その他一切の事情を考慮して、特別寄与料の額を定める。

4　特別寄与料の額は、被相続人が相続開始の時において有した財産の価額から遺贈の価額を控除した残額を超えることができない。

5　相続人が数人ある場合には、各相続人は、特別寄与料の額に第900条から第902条までの規定により算定した当該相続人の相続分を乗じた額を負担する。

民法上の理解

　相続人に対しては寄与分（民法904の2）が認められていますが、相続人以外の者の寄与分は認められていません。仮に、夫が亡くなった後に、義母と2人暮らしだった夫の妻は、義母に「療養看護その他の労務の提供」をしたとしても、相続権がなく、義母の居宅を承継することはできません。その救済を図ったのが本条ですが、金銭請求に限ったという意味で中途半端な制度です。

　相続人との間に協議が調わないときは、特別寄与者は家庭裁判所に対して寄与額の決定の請求をすることになりますが、特別寄与分の請求は「特別寄与者が相続の開始及び相続人を知った時から6ヶ月」とされています。そのような短期間の内に、この制度に気が付き、行動を起こせるのか、大いに疑問がある

ところです。

　さらに、相続後6ヶ月も経過しない時点で法律上の金銭請求を行うことについて、相続人に与える心情的な影響も気になるところです。

　相続人が存在しない場合は特別縁故者に対する相続財産の分与（民法958の3）で救済し、相続人の場合は寄与分（民法904の2）で救済し、相続人が存在するが、自らは相続人の地位にない親族の場合は特別の寄与（本条）で救済するという3つの制度です。分与の要件は、各々の制度の趣旨によって異なりますが、共通して「被相続人の療養看護」が含まれることは、これからの高齢化社会では意味を持つものと期待されます。

　しかし、本条が相続人が存在する場合で、かつ、相続人以外の者の請求であることから、財産の分け前の請求ではなく、家政婦、あるいは介護費用程度になるものと想定されます。

税法上の理解

　特別寄与者が特別寄与料の支払いを受けた場合には、遺贈によって遺産を取得したのと同様の課税関係になるはずです。これを一時所得とした場合は、多数の親族に50万円ずつの金銭を支払うという脱法を許してしまいますし、そもそも相続時点での遺産総額に相続税を課税するという相続税法の基本に反した処理になってしまいます。つまり、特別寄与者には相続税が課税されるのですが、その申告期限については、その相続の開始があったことを知った日の翌日から10月以内（相法27）になります。

　申告期限までに支払金額が確定しない場合には、特別寄与料の支払いがないものとして申告納税をします。その後、特別寄与料の支払請求に基づき、具体的に支払金額が確定したときに、相続による取得財産の変動が生じたと理解し特別寄与者は、期限後申告の提出をする必要があります。各相続人は、支払金額等について合意が成立した日から4月以内に更正の請求をすることができます。

　特別寄与者は、相続税額の2割加算（相法18）の対象となります。納付すべき相続税額に変動が生じるので当事者間で相続税相当額の精算を行い、更正の請求と期限後申告を省略することはできません。特別寄与者が、相続開始前

3年以内に被相続人から生前贈与を受けた財産の価額は相続税の課税価格に加算されます（相法19）。

　仮に、当事者の合意に基づいて遺産の一部が給付された場合であっても、特別寄与者に対して所得税法60条を適用することは不可能なので、特別寄与者は、時価によって当該資産を取得したとみなされます。

　したがって、被相続人の下で発生していた値上がり益に対する課税が必要になりますが、それを負担するのは被相続人（準確定申告）なのか、あるいは相続人なのか。これは相続人が存在しない特別縁故者の場合（民法958の3）とは異なり、譲渡所得課税の対象になるのは相続人になります。相続した財産を、その後、金銭請求に対する代物弁済として給付したという課税関係です。

　相続人が数人ある場合には、各相続人は、「特別寄与料の額に第900条から第902条までの規定により算定」した各々の相続分を乗じた額を負担することになっていますので、代物弁済とみなされた場合の譲渡所得課税の負担も、この割合に従うことになります（通則法5）。

　既に遺産分割が完了していて、特定の者が相続した物件が代物弁済に当てられた場合は、その者のみが譲渡所得課税の対象になるのか、あるいは特別寄与料の負担割合に従うのか。これは合意内容によって異なりますが、特別寄与者の請求によって、遺産分割の一部がやり直されたと解釈することも可能と思います。

　特別寄与者への給付が過大に過ぎるとして贈与税の課税対象になってしまうことがあり得るのか。事実認定の問題ですが、そのような課税を想定しないと、例えば同居する孫への資産の移転など多様な節税策が想定されてしまいます。

民法・税法用語索引

あ

青色事業専従者給与／39
青色申告の承認／39、121
青色申告の承認申請／39、121
後継ぎ遺贈／250、252

い

遺産分割協議／16、23、24、48、57、58、63、67、72、73、77、81、85、86、87、88、89、90、94、95、96、202、227、282、291
遺産分割協議書／24、81、85、88、90
遺産分割調停／24、84
遺産分割の基準／74
遺産分割のやり直し／89、90、91、100、101
遺産分割方法の指定／57、91、223
遺贈の承認／227、230、231
遺贈の物上代位／245、247
遺贈の放棄／94、224、227、228、229、232
一身専属／35、121
遺留分／9、21、25、27、40、63、69、96、107、268、277、284、291、304、305、306、307、309、316、317、318、319、320、321、323、325
遺留分減殺請求権／322、324、326
遺留分侵害額の請求／63、96、112、190、194、253、254、276、286、308、310、311、312、313、314、315、318、319、320、321、322、323、325
遺留分の放棄／27、284、324、325、326

隠匿／25、124、132、149、255

う

売主追加請求権／43

え

営業権／35

か

外国税額控除／6
回収不能／102、103、104、105、106、107
解除条件／87、89、225
解除条件付遺言／225
価額弁償／100、101、242、243、314
価額弁償金／100、242
掛捨保険／66
火災保険／3、77、246、297
瑕疵担保／103、105、244
果実／9、77、96、97、128、174、176、185、235、236
貸家建付地評価減／76、292
過少申告加算税／10、31、125、315
家督相続人／305
可分債権／47、48、76、77、81
可分債務／47、48、76、77、81、120、158
貨幣価値／63、68、69
簡易課税の選択届／39、121
管轄／4、132、150、173、203、222、255、262、273
換価手続／92、143、144、145
換価分割／76、80、81、91、93
鑑定人／141、143、145、306

索　引　*331*

き

基礎控除／15、16、18、23、26、28、30、54、55、56、78、100、111、151、152、153、183、204、228、285

基礎控除額／54、111、151、152、183

キャピタルゲイン／126、127

兄弟姉妹／14、16、17、20、21、22、46、52、53、54、56、62、127、131、151、153、199、304

共同遺言／215、216、221、272、275

競売／76、137、142、143、144、145、173、174、180

競売による換価／143

共有持分／41、42、44、85、95、182、235、236、246、298、315、322

居住の用に供する建物／61

寄与分／47、48、49、64、70、71、328、329

金銭債権／43、247、248

く

具体的相続分／47

け

経営承継円滑化法／325

経済産業大臣の確認／306、325

欠格事由／25、198、206、211、214、215、221、255、260、279

原則的評価方法／46、78

限定承認／4、38、40、110、113、122、124、125、126、127、128、129、130、131、132、133、134、135、138、149、158、164、165、167、177、178、232、253

限定承認者／136、137、139、140、141、142、143、144、145、146、147、148

検認／4、26、202、203、210、254、255、256、276、306

検認手続／26、202、203、210、255、256

権利の承継の対抗要件／50

こ

合意解除／87

公告期間／137、141、145、164、178、179、180、181

口授／208、217

公正証書遺言／188、202、203、206、207、209、210、212、213、214、215、217、218、255、256、278、282

更正の請求／16、24、26、29、30、31、38、44、45、49、73、80、84、88、89、90、94、95、96、98、100、101、103、104、105、114、115、143、198、208、226、228、229、239、253、254、287、311、312、315、320、321、323、329

口頭による死因贈与契約／190

国外転出時課税／118、190

固有財産／117、125、133、134、135、142、143、149、155、158、159、160、165、166、167、314

婚姻期間／23、62、63、291

混同／133、134、158、248、305

さ

債権債務／47、76、81、87、129、133、295

債権申出の公告／179

財産分与／23、133、180、181、182、183

財産分離／158、159、160、161、162、163、164、165、166、167、195

財産目録／175、262、263、269、276、306

詐害行為／65、96、140、195、228

祭祀財産／306

祭祀主宰者／40

再分割／87、91、102

債務／31、34、35、47、56、58、60、63、64、76、77、81、87、89、93、103、104、105、111、118、120、127、128、130、131、132、133、134、135、136、138、139、140、141、142、146、147、149、150、151、158、171、172、174、175、178、180、182、185、194、195、224、226、228、234、245、249、250、252、260、262、265、273、286、295、305、306、309、315、319、324

債務控除／10、11、37、244、266、274、277

債務超過／17、37、38、110、125、126、129、137、143、154、159、160、161、167、173

債務の承継／17、44、48、49、51、60、81、121、194、195、224、232、233

債務の承継割合／60、194、195、232

債務の引受け／81、250

錯誤無効／87、133

3年内贈与／310

し

死因贈与／48、138、139、142、194、195、211、216、232、279、284、285、306、318、319

死因贈与契約／188、189、190、191、200、201、216、238、262、278

死因贈与契約書／201

死因贈与執行者／201、262

始期付遺贈／234、235

時効／3、7、8、44、60、103、104、105、117、146、174、276、299、321、322、323

時効の援用／8、103、104、105

死後認知／100、101、326

失踪宣告／2、3、170

指定相続分／47、48、52、57、58、59、70、93、232、238

自筆証書遺言／26、188、201、202、203、204、205、206、209、210、211、213、214、217、218、222、255、256、278

死亡退職金／18、19、24、26、28、34、36、54、65、66、153、154、318

死亡保険金／53、65、66、310

シャウプ税制／126

借地借家法／123

受遺者／9、60、93、94、118、136、137、138、141、142、143、144、145、146、147、148、149、153、158、160、161、163、164、165、171、172、175、178、179、180、184、193、194、196、197、198、201、202、206、207、211、214、215、223、224、225、226、235、237、238、244、246、247、249、250、251、252、253、255、258、259、260、265、266、267、268、273、275、276、277、281、287、306、314、315、319、320、322

住所／4、5、6、132、135、173、203、210、255、311

住宅ローン／11、49、60、81、234、

250
受益者連続信託／21、197、198、226、251、252
熟慮期間／110、113、124、129
取得費加算／36、112
手話／206、208、212、217、219
準確定申告／10、39、112、113、117、118、119、124、128、129、130、133、136、137、140、143、144、146、196、252、330
準拠法／222
純資産価額／76、78
小規模宅地等（の評価減特例）／5、6、58、73、76、78、88、195、280
譲渡所得／5、31、36、37、44、45、73、74、80、83、84、93、94、97、112、118、122、126、127、128、133、134、137、140、143、144、146、149、174、176、183、196、236、252、315、330
譲渡所得課税／37、83、93、94、112、126、127、128、133、140、146、149、196、252、315、330
譲渡制限の付いた株式／42
証人／211、212、214、215、217、218、219、220、221、261
除斥期間／3、8、29、101、229、322、323
事理弁識能力／213、221
申述／4、111、113、115、117、118、119、124、128、129、132、137、148、150、151、208、210、212、217、227、228、230
申述期間／115、117、118、119、124、128、129、137

申述書／150
審判／3、4、27、29、31、42、43、48、66、67、70、76、77、84、87、104、115、150、159、160、167、182、183、213、219、235、261、322、326
審判手続／43、77、293、324

す
推定相続人／27、28、29、30、170、206、214、215、238、261、279、306、307、324

せ
制限納税義務者／5、6、223
生前処分／241、281、282
生前の遺産分割／75
成年被後見人／115、116、192、193、199、213、214、221、231
生命保険金／11、18、19、21、24、26、28、34、36、53、54、56、65、66、116、152、153、154、183、310、318
税理士法人／261
善意の第三者／225、233、268、269
善管注意義務／135、155、174
専門家責任／110
善良な管理者の注意義務／135、296

そ
相次相続控除／114
葬式費用／9、10、11、182、234
相続回復請求権／7、8
相続欠格者／17
相続債権者／136、137、139、140、141、142、143、144、145、148、149、158、159、160、161、163、164、165、172、175、178、179、259、275
相続財産管理人／30、92、131、148、

155、159、164、172、173、174、175、176、177、178、179、181、184、265、266

相続財産に関する費用／8、9、10、306

相続財産法人／92、139、171、172、174、175、176、177、180、184

相続させる遺言／50、58、93、224、238、265、267、270、317、318

相続時精算課税／6、20、21、22、67、111、122、130、139、140、152、154、280、285、309、310、311、312、321

相続税額の軽減／23、24、45、53、58、67、73、86、88、89、94、97、114、125

相続人不存在／92、172、177、178

相続分の指定／44、48、49、51、52、57、58、59、60、92、93、94、195、202、224、232、238、318、319

相続分の譲渡／64、65、67、71、72、73、87

相続分の譲受人／72、85

相続分不存在証明書／66、67、86、88

相続放棄／4、17、54、110、111、113、115、116、117、119、120、124、125、126、131、143、150、151、152、153、154、159、165、167、173、177、227、324、325

相続放棄の申述／110、115、117、119、124、150、151

贈与税の納税猶予制度／307、325

租税債権優先の原則／140、146、171、174

租税債務／48、121、129、136、138、146、171、175、195、306

祖先崇拝／39

損害賠償請求権／34、83、128、146、246、281

損害賠償請求事件／126

た

第一種財産分離／158、159、160、161、167

対抗要件／50、51、95、224、233、265、267、268、270

胎児／14、15、16、85、115、116、197、198

代襲相続権／18、56

代襲相続人／14、17、18、19、21、26、27、28、53、54、55、56、60、64、70、93、198、232、234、237、238、304、325

代償金／11、70、72、76、79、80、83、84、87、91、105、242、321

代償金の圧縮計算／80

代償分割／72、76、79、81、91、243

第2次相続／45、62、65、75、78、113、114、115、290、294

第二種財産分離／158、167

立会人／213、214、218、220、221、261

短期賃貸借契約／123

単純承認／110、113、117、120、121、123、124、125、126、129、131、132、133、134、135、148、149、150、151、155、167、177、232

単独行為／194

担保責任／102、103、104、105、107、244

ち
中心的な同族株主／45、46、47、78、90
直系尊属／20、21、52、304
直系卑属／18、19、26、28、55、192、199
賃料収入／96、97、174、236
つ
通訳／208、209、212、217
て
停止条件付遺言／225
停止条件付遺贈／226、234、235、237、242
抵当権付不動産／244
撤回不能信託／279
と
登記原因証明情報／85
同時死亡／2、237
同族株主／45、46、47、78、90、97
特定遺贈／10、11、50、58、171、193、194、195、224、227、228、229、230、231、232、233、234、239、249、263
特定財産承継遺言／265、270、317
特定納税義務者／6
特別縁故者／23、171、172、173、174、179、180、181、182、183、184、185、329、330
特別寄与分／328
特別受益／47、48、49、61、62、63、64、65、68、69、83、183、308、310、315、325
特別受益証明書／66、67、86、88
特別代理人／16、24、67、85、86、115、150、200

特別養子／17、19、54
特別養子縁組／19、54
土地等引渡請求権／35
取引相場のない株式／45、47、76、78、79、97
取戻権／74
な
内縁関係／11、23、194
に
二重資格／52、55
二重の相続分／53、56
2割加算／19、26、27、56、234、251、329
任意売却／142、143、174
認知／99、100、101、102、111、190、257、259、261、278、326
認知の訴え／99
認定死亡／2、3
ね
値上益／126、127、128、171、174、307
根抵当権／112、121
根保証契約／120
の
納税猶予／88、118、119、307、325
農地等／78、88
は
配偶者居住権／36、290、291、292、293、294、295、296、297、298、299、300
配偶者控除／23、55、63
配偶者短期居住権／300
配偶者の相続税額の軽減／23、24、45、58、67、86、88、89、94、114、125

廃除／17、27、28、29、30、31、111、198、257、261、279
配当還元価額／45、46、47、78
半血の兄弟姉妹／52

ひ

非嫡出子／52
筆談／208、217
秘密証書遺言／188、201、209、210、211、212、213、218
表見相続人／7、8

ふ

不在者の財産管理人／85
負担付遺贈／11、60、94、226、234、249、250、251、252、253
不動産鑑定／75
不動産取得税／89、277
扶養義務／16、70、284、285
分割方法の指定／57、91、92、223、318
分筆／97

へ

弁済拒絶権／137

ほ

包括遺贈／10、48、50、59、170、193、194、195、223、224、227、228、231、232、233、239、249
包括受遺者／11、59、85、88、89、159、170、182、227、228、229、230、232、233、234、236、239、240、241、242、243、248、286
放棄／11、22、27、36、40、56、58、59、71、74、75、94、96、102、109、118、122、129、130、134、135、139、155、170、182、183、202、224、228、229、230、231、232、239、240、250、268、284、293、308、310、315、326
法人に対する遺贈／195
法定相続分／23、24、44、45、47、48、49、50、51、52、54、55、56、57、58、59、60、61、62、64、65、70、71、73、75、77、78、80、81、82、83、85、87、92、96、97、98、100、114、120、153、158、190、195、224、225、232、233、253、265、267、268、270、304、315、317、319、324
法定単純承認／117、124、149、150、155、177
法定単純承認事由／149
法の適用に関する通則法／55、222
法務局における遺言書の保管等に関する法律／202、203、206、255、256
保証債務／37、120、134、141、147、150、245
保証債務の履行／134、245
保存行為／92、118、123、124、173、272

み

未成年者／24、67、85、86、115、116、119、191、192、193、199、206、214、221、231、260
未成年者控除／16、17、116
みなし譲渡所得課税／126、127、128、149
みなし贈与／81
未分割遺産／17、31、73、202

む

無申告加算税／3、31、87、111、129、315

索　引　337

無制限納税義務者／5、6、223
無能力者／85、119
め
名義株／263
名義変更費用／9
名義預金／82、263
滅失／68、123、163、246、281、299、306
免責的な債務引受／49、60、77、120、319
も
持戻し／61、62、63、65、66、68、291、308、310
持戻し免除／63、291
や
家賃／36、44、117、171、235、236、292
家賃収入／44
やむを得ない事情／88、90、119、200
ゆ
遺言検索システム／207
遺言執行者／9、10、27、28、29、92、159、172、207、215、224、225、227、233、240、242、249、257、258、259、260、261、262、263、264、265、266、267、268、269、270、271、272、273、274、275、276、286
遺言執行者の解任／260、274
遺言執行者の権限／225、233、263、264、267、268、270
遺言執行者の地位／266、270

遺言執行者の報酬／258、273、276
遺言代用信託／189、191、197、279、285
遺言と異なる遺産分割／94、207
遺言の執行に関する費用／9、276
遺言の撤回／278、282、284、285
遺言の方式の準拠法に関する法律／222
よ
養子／17、18、19、20、52、53、54、56、85、181、307、326
養老保険／66、313
預金口座／124
預金の解約／266
預金の仮払い／43、48、77
預貯金債権／43、47、76、83
り
利益相反行為／86、115、200
利益配当請求権／128
離縁／20
利害関係人／2、7、28、30、135、172、207、227、229、255、257、259、260、261、275
れ
連帯債務／44、48、120
連帯納付義務／89、105、106、107
連帯保証債務／120、147
連帯保証人／120、126
わ
笑う相続人／21、56
藁の上からの養子／7

〔編著者プロフィール〕

関根　稔

昭和45年　税理士、同年　公認会計士、昭和50年　弁護士

〔主要著書〕

『税理士のための百箇条　―実務と判断の指針―』
　（財経詳報社　平成25年5月刊）

『一般社団法人　一般財団法人　信託の活用と課税関係』
　（共著　ぎょうせい　平成25年10月刊）

『続・税理士のための百箇条　―実務と判断の指針―』
　（財経詳報社　平成26年10月刊）

『組織再編税制をあらためて読み解く』
　（共著　中央経済社　平成29年12月刊）

相続法改正対応!!
税理士のための相続をめぐる民法と税法の理解

平成30年11月15日　第1刷発行
令和元年9月30日　第4刷発行

　　　　　　編　著　関根　　稔

　　　　　　発行所　株式会社　ぎょうせい

　　　　　　　〒136-8575　東京都江東区新木場1-18-11
　　　　　　　　　　　　　電　話　編集　03-6892-6508
　　　　　　　　　　　　　　　　　営業　03-6892-6666
　　　　　　　　　　　　　フリーコール　0120-953-431
　　　　　　　　　　　　　URL：https://gyosei.jp

〈検印省略〉

印刷・製本　ぎょうせいデジタル㈱　　　Ⓒ 2018 Printed in Japan
＊乱丁本・落丁本はお取り替えいたします。

ISBN978-4-324-10529-0
(5108449-00-000)
［略号：改正相続民税理解］